AL CAPOTE

DU MÊME AUTEUR

Dans la même collection :

Laissez tomber la fille.
Les souris ont la peau tendre.
Mes hommages à la donzelle.
Du plomb dans les tripes.
Des dragées sans baptême.
Des clientes pour la morgue.
Descendez-le à la prochaine.
Passez-moi la Joconde.
Sérénade pour une souris défunte.
Rue des Macchabées.
Bas les pattes !
Deuil express.
J'ai bien l'honneur de vous buter.
C'est mort et ça ne sait pas !
Messieurs les hommes.
Du mouron à se faire.
Le fil à couper le beurre.
Fais gaffe à tes os.
A tue... et à toi.
Ça tourne au vinaigre.
Les doigts dans le nez.
Au suivant de ces messieurs.
Des gueules d'enterrement.
Les anges se font plumer.
La tombola des voyous.
J'ai peur des mouches.
Le secret de Polichinelle.
Du poulet au menu.
Tu vas trinquer, San-Antonio.
En long, en large et en travers.
La vérité en salade.
Prenez-en de la graine.
On t'enverra du monde.
San-Antonio met le paquet.
Entre la vie et la morgue.
Tout le plaisir est pour moi.
Du sirop pour les guêpes.
Du brut pour les brutes.
J'suis comme ça.
San-Antonio renvoie la balle.
Berceuse pour Bérurier.
Ne mangez pas la consigne.
La fin des haricots.
Y a bon, San-Antonio.
De « A » jusqu'à « Z ».
San-Antonio chez les Mac.
Fleur de nave vinaigrette.
Ménage tes méninges.
Le loup habillé en grand-mère.
San-Antonio chez les « gones ».
San-Antonio polka.
En peignant la girafe.
Le coup du père François.
Le gala des emplumés.
Votez Bérurier.
Bérurier au sérail.
La rate au court-bouillon.
Vas-y Béru !
Tango chinetoque.
Salut, mon pope !
Mange et tais-toi.
Faut être logique.
Y a de l'action !
Béru contre San-Antonio.
L'archipel des Malotrus.
Zéro pour la question.
Bravo, docteur Béru.
Viva Bertaga.
Un éléphant, ça trompe.
Faut-il vous l'envelopper ?
En avant la moujik.

Ma langue au Chah.
Ça mange pas de pain.
N'en jetez plus !
Moi, vous me connaissez ?
Emballage cadeau.
Appelez-moi, chérie.
T'es beau, tu sais !
Ça ne s'invente pas.
J'ai essayé : on peut !
Un os dans la noce.
Les prédictions de Nostrabérus.
Mets ton doigt où j'ai mon doigt.
Si, signore.
Maman, les petits bateaux.
La vie privée de Walter Klozett.
Dis bonjour à la dame.
Certaines l'aiment chauve.
Concerto pour porte-jarretelles.
Sucette boulevard.
Remets ton slip, gondolier.
Chérie, passe-moi tes microbes !
Une banane dans l'oreille.
Hue, dada !
Vol au-dessus d'un lit de cocu.
Si ma tante en avait.
Fais-moi des choses.
Viens avec ton cierge.
Mon culte sur la commode.
Tire-m'en deux, c'est pour offrir.
A prendre ou à lécher.
Baise-ball à La Baule.
Meurs pas, on a du monde.
Tarte à la crème story.
On liquide et on s'en va.
Champagne pour tout le monde !
Réglez-lui son compte !
La pute enchantée.
Bouge ton pied que je voie la mer.
L'année de la moule.
Du bois dont on fait les pipes.
Va donc m'attendre chez Plumeau.
Morpions Circus.
Remouille-moi la compresse.
Si maman me voyait !
Des gonzesses comme s'il en pleuvait.
Les deux oreilles et la queue.
Pleins feux sur le tutu.
Laissez pousser les asperges.
Poison d'Avril, ou la vie sexuelle de Lili Pute.
Bacchanale chez la mère Tatzi.
Dégustez, gourmandes !
Plein les moustaches.
Après vous s'il en reste, Monsieur le Président.
Chauds, les lapins !
Alice au pays des merguez.
Fais pas dans le porno...
La fête des paires.
Le casse de l'oncle Tom.
Bons baisers où tu sais.
Le trouillomètre à zéro.
Circulez ! Y a rien à voir.
Galantine de volaille pour dames frivoles.
Les morues se dessalent.
Ça baigne dans le béton.
Baisse la pression, tu me les gonfles !
Renifle, c'est de la vraie.
Le cri du morpion.
Papa, achète-moi une pute.
Ma cavale au Canada.
Valsez, pouffiasses.
Tarte aux poils sur commande.
Cocottes-minute.
Princesse Patte-en-l'air.
Au bal des rombières.
Buffalo Bide.
Bosphore et fais reluire.
Les cochons sont lâchés.
Le hareng perd ses plumes.
Têtes et sacs de nœuds.
Le silence des homards.
Y en avait dans les pâtes

Hors série :

L'Histoire de France.
Le standinge.
Béru et ces dames.
Les vacances de Bérurier.
Béru-Béru.
La sexualité.
Les Con.
Les mots en épingle de Françoise Dard.
Si « Queue-d'âne » m'était conté.
Les confessions de l'Ange noir.
Y a-t-il un Français dans la salle ?
Les clés du pouvoir sont dans la boîte à gants.
Les aventures galantes de Bérurier.
Faut-il tuer les petits garçons qui ont les mains sur les hanches ?
La vieille qui marchait dans la mer.
San-Antoniaiseries.
Le mari de Léon.

Œuvres complètes :

Vingt-deux tomes parus.

SAN-ANTONIO

AL CAPOTE

ROMAN DÉTERGENT
ET LÉGÈREMENT APHRODISIAQUE

FLEUVE NOIR

ISBN 2-265-04768-6
ISSN 0768-1658

A Pierre Sciclounoff

Pierre, tu es pierre, et sur cette pierre je bâtirai ma famille.

San-A.

Notre drame, c'est que le dernier des cons n'est pas toujours le premier venu.

San-Antonio

*
**

La plupart des gens que je fréquente gagnent à être méconnus.

Patrice Dard

*
**

Je crois en Dieu, mais je ne crois pas en ceux qui croient en Dieu.

Nicolas Hossein

1

LE VIEIL HOMME HAIT LA MÈRE (1)

Une jeune Martiniquaise, avec un cul comme un bénitier, m'entraîne à travers un dédale de couloirs moroses jusqu'à un dortoir puant le vieux et le médicament en vente libre.

Dix lits : cinq à bâbord, cinq à tribord.

Deux fenêtres garnies de rideaux blancs tachetés de rouille. Des tables de nuit en fer. Dix placards bancaux. Comment ? Tu es sûr ? Excuse-moi : dix placards bancals, donc ; un sol en bull-gum brunâtre en pleine tumescence et deux ampoules aux ridicules abat-jour de raphia pour éclairer le tout dès potron-minette, tel est le lieu où le bonhomme que je viens visiter gère ses derniers jours, voire ses derniers instants.

La petite Martiniquaise me le désigne d'un mouvement qui occasionne une décharge d'odeurs ménageresques.

Elle annonce :

— C'est M. Alfred Constaman.

Puis me laisse en tête à queue avec lui.

(1) Chapitre dédié à Ernest Hemingway.

Je dis en tête à queue parce que le vieillard, assis au bord de son lit, est en train de pisser dans un urinal de verre. Je voudrais, par décence, ne regarder que son visage, mais le panais introduit dans le récipient est d'une telle dimension que, franchement, il est difficile d'accorder son attention à autre chose. A vrai dire, une faible partie du membre se trouve à l'intérieur de l'urinal : son extrémité seulement. Le reste serpente et dodeline sur sa pauvre cuisse maigrichonne. A sa grande époque, il devait déballer devant les dames une bite olympique, le père Alfred ; classée monument hystérique ! Son ombre chinoise, au gazier, était celle d'une pompe à essence. Le gazouillis de sa miction est le seul bruit perceptible. Sinon, tout est silence. Un sale silence sépulcral. Ayant vidé sa vessie, il dépose l'urinal dans le casier inférieur de sa table de chevet, puis, avec un ahanement misérable, se remet en position d'agonie.

C'est alors que je m'approche de son lit. Jusque-là, il n'a pas pris garde à ma présence. Déjà « ailleurs », le vieux ; il a raccroché sa clé au tableau et les choses d'ici-bas ne le concernent presque plus.

Je me penche sur son plumard malodorant.

— Comment ça va, monsieur Constaman ?

Ce qu'on peut poser comme questions connes au cours d'une vie ! Je le vois bien « comment il va », ce pauvre crapoteux en partance ! Un pied dans le néant et l'autre sur une plaque de verglas ! Il doit rôder autour des quatre-vingt-quinze balais, l'ancêtre ! D'une maigreur gerbante. T'as déjà vu une tête de mort mal rasée, toi ? Avec deux glaves dans les orbites en guise d'yeux ?

Ce qui lui sert de regard erre un instant sur ma personne.

Et, ô ironie, il articule, presque distinctement :

— Ça va, ça va !

J'avise une chaise en maraude qui passait dans la travée et l'affrète. Viens m'asseoir à califourchon au bord du fossile. Je me mets en biais pour ne pas risquer de voir l'urinal à demi plein de vilaine pisse. Moi, l'urine me dégoûte davantage que la merde ; j'sais pas pourquoi.

J'attaque :

— Vous savez qu'on a parlé de vous dans le journal, monsieur Constaman ?

Il a l'expression évasive. On devine que les mots ont du mal à forcer son entendement.

— Le journal ? il soupire.

— *V.S.D.*, un grand hebdomadaire. Tenez, j'ai ici l'article qui vous concerne.

Et d'extraire de ma fouille une double page illustrée que je défroisse avant de la lui présenter.

Il ne s'en saisit pas.

— Je n'y vois presque plus de mes yeux, allègue le vieillard qui n'est plus à un pléonasme près.

— Vous vous souvenez avoir reçu la visite d'un journaliste, il y a quelque temps ?

Ça ne lui dit pas chouchouille, au père Alfred. Je touille de la brume dans sa tronche, mais ça ne produit aucune étincelle, pas même de la crème fouettée.

Je répète :

— Un journaliste, vous savez ? Ces gens qui

écrivent dans les journaux. Il faisait une enquête sur les derniers bagnards encore vivants.

Là, j'ai l'air de marquer un point car une mimique pouvant passer pour un acquiescement passe sur ses traits Emma sciée.

— Vous êtes un des derniers à vous être tapé le pénitencier de Saint-Laurent-du-Maroni. Vous y avez, paraît-il, tiré dix piges.

Voilà, il a reconnecté, Alfred. Sa boussole s'est remise plein nord. Il murmure avec un accent canaille retrouvé :

— Ça se fait pas sur une patte !

— Je m'en gaffe ! renchéris-je. Vous vous êtes évadé, tout comme Papillon que vous avez connu, semble-t-il ?

Il opine.

— Oui, un drôle !

— Vous avez passé un certain temps à Caracas, histoire de vous refaire.

— Un pays de merde !

— Vous l'avez assez vite quitté pour vous rendre aux States...

— Ah ! là-bas, ça a été la grande période.

— Une grande période qui s'est achevée à Alcatraz où vous avez pris pension jusqu'à la fermeture du pénitencier, en 63. Cette année-là, vous avez bénéficié d'une remise de peine.

— Exact.

— Vous aviez contracté la syphilis et vous traversiez une vilaine passe du point de vue santé.

Il grommelle :

— C'était ce petit salaud de Rocky qui me l'avait filée !

— Contrairement à la plupart de vos compagnons de captivité, quand on vous a élargi, vous êtes demeuré à San Francisco plusieurs années.

— L'hôpital.

— Il s'est passé, durant votre séjour à Frisco, un truc à peu près unique dans les annales : vous avez essayé de pénétrer dans Alcatraz !

Il a un vague hochement de tête encourageant. Alors, je poursuis :

— Vous avez loué un petit bateau de pêche et avez fait mine d'attraper du poisson dans la baie, à proximité de l'île. Vous vous y êtes rendu plusieurs jours de suite pour habituer les observateurs à votre présence.

« Un soir, vous avez installé un mannequin grossier à votre place et vous avez nagé jusqu'à Alcatraz. Vous vous étiez muni d'un matériel de serrurier afin de forcer les portes. Un veilleur de nuit vous a intercepté dans “ Broadway ”, l'allée centrale du pénitencier.

« Vous avez été traduit devant le juge pour effraction. Vous avez chiqué au déséquilibre mental. Votre tentative était si folle, en effet, qu'on a mis sur le compte de votre syphilis cette démarche saugrenue de l'ancien convict désireux de retourner dans sa geôle. Le juge n'a pas poursuivi. Il semblerait qu'à compter de cet incident, vous vous soyez rangé des voitures.

« Au sortir de l'hôpital, vous vous êtes fait cireur de chaussures dans le centre de San Francisco, derrière le grand magasin *Macy's*. Après avoir vivoté de la sorte un certain temps, vous avez écrit à un fils naturel que vous aviez et qui est décédé accidentellement l'an passé. Ce type a payé votre voyage de retour en France et vous a trouvé un emploi de jardinier dans un hospice : celui-là même où vous séjournez actuellement. Ça cadre, comme curriculum ? »

Alfred Constaman demeure un long moment à regarder une mouche, au plafond, qui en sodomise une autre avec tact et sans précipitation.

Il finit par murmurer :

— Il a écrit tout ça, le journaliste ? Je lui en ai pas raconté le dixième !

— C'est moi qui ai complété le topo.

— Vous êtes journaliste aussi ?

— Non, flic.

— Je me disais...

— Ça se voit donc ?

— Non, ça se sent. Je vous intéresse encore ?

— Pas moi, maman.

— Je comprends pas.

— Je suis directeur de la Rousse, monsieur Constaman et j'habite chez ma mère. La digne femme est abonnée à *V.S.D.* et a lu votre histoire qui l'a beaucoup intéressée. Elle m'a demandé d'en prendre connaissance. Sur la photo illustrant le chapitre qui vous est consacré, vous avez un air franchement malheureux et je pense que c'est cela surtout qui a touché ma vieille. J'ai chargé un de mes collaborateurs d'établir votre biographie, ce qui vous explique que je sois documenté à votre sujet.

Il ronchonne :

— Vous avez rien de mieux à foutre, à la Police ?

— Si, et on le fait aussi, réponds-je.

A cet instant, une forte religieuse à barbe se pointe, cornette au vent.

Elle clame, d'une voix de marchande des quatre-saisons aphone :

— On m'a appris que tu as de la visite, Alfred ! Tu sais que tu ne dois pas te fatiguer !

— Va te chier, la grosse ! répond avec dévotion le vieillard.

La mère supérieure hausse ses robustes épaules.

— Je ne sais pas ce que Le Seigneur va pouvoir faire pour toi quand tu comparaîtras devant Lui, dit-elle, mais Il aura du boulot !

Puis à moi :

— Vous êtes un parent de ce mal embouché ?

— Un ami, ma mère.

— Il en a donc ? En tout cas si vous êtes vraiment son ami, ne le surmenez pas trop, il ne respire plus que par habitude ! Encore cinq minutes et vous le laissez !

Elle se retire dans un froufrou de jupailles solennelles.

— Quel vieux tromblon ! grince le vieillard. Vingt ans et mèche que je supporte ce fagot ! Y a vingt piges, elle avait encore de beaux restes, maintenant, elle en a plus que des vieux ! Avec ça, un caractère de doberman, mon gars. Je la hais ! Reste ! Reste tant que tu veux. Si elle revient encore nous les briser, je lui ferai voir ma queue : ça la met en fuite !

Il rit méphisto, le bougre. Commence à trouver quelque agrément à ma présence : elle attise son brandon de vie.

— C'est marrant, avec ces putes de nonnes. Quand elles te font la toilette, elles te fourbissent le chibre sans sourciller, mais si tu le leur déballes dans le courant de la converse, elles prennent peur comme si on allait le leur carrer dans le train !

Ça y est, le voilà en forme, Pépère, redevenu mâle par la grâce de la gaudriole.

— Ainsi, ta mère m'a à la chouette ? il murmure.

— Complètement ! C'est une sainte femme.

— Parce qu'il faut être saint pour s'intéresser à moi ?

— J'ai pas dit ça. C'est une simple précision que j'apporte pour vous faire comprendre son personnage. Cela dit, il y a une chose que j'aimerais que vous me disiez, monsieur Constaman, c'est ce que vous alliez foutre à Alcatraz après avoir eu la chance d'en sortir. Très franchement, je n'y crois pas beaucoup au coup de folie. C'est pas votre style. Et puis un fou n'échafaude pas l'histoire du bateau de pêche et ne se prête pas à cette comédie plusieurs jours durant.

Je me tais. Il a fermé les yeux et son souffle est court.

Soudain, il chuchote :

— Je crois que la grosse a raison : tu me pompes l'air, fiston. Casse-toi, ça m'a fait plaisir de te connaître. Et puisque tu diriges la Rousse, suis mon conseil : sois pas vache avec les malfrats, essaie de les comprendre. Moi, je suis tombé, jadis, parce que j'ai zingué une gonzesse qui avait déjà pompé cent mecs avant moi et qui en aurait pompé mille après sans ce coup de chaleur qui m'a fait perdre les pédales.

Je vais chercher sa main cradingue sur le drap.

— Alors vraiment, vous ne voulez pas me dire, monsieur Constaman ? Vous savez, les secrets c'est comme le pognon, vaut mieux en faire cadeau avant de partir.

Il soulève ses paupières cloaqueuses.

— Dis à ta mère de m'apporter des pâtes de fruits, j'en raffole. Si elles sont vraiment bonnes, je lui raconterai peut-être, à elle.

2

SALES LAMBEAUX (1)

Je la regarde avec attendrissement descendre le vieil escalier de pierre. Comme elle est menue dans son petit manteau de drap gris à col de fourrure synthétique (m'man est pour la protection de la nature et ne met pratiquement jamais le vison que je lui ai offert un jour, à Noël).

Ses jambes maigres tricotent les marches avec vélocité. Elle porte des gants de laine du même gris que le manteau et un petit chapeau pas croyable comme on n'en trouve plus qu'au nord de l'Ecosse ou dans l'Appenzell. Tout autre qu'elle serait ridicule avec ce bibi, mais ma vieille tire parfaitement son épingle du jeu et il lui donne même un côté « cascadeur » qui m'amuse.

Elle s'avance vers ma tire à pas pressés. J'en jaillis pour l'aider à se glisser dans le véhicule sport, un peu trop surbaissé pour ses rhumatismes. Son souffle bref fait des petites boules de vapeur devant sa bouche, comme sur les dessins animés.

J'attends que nous soyons installés côte à côte

(1) Chapitre dédié à Gustave Flaubert.

avant de laisser tomber le « Alors ? » qui me démange.

— C'est pas un méchant homme, commence Félicie.

— Non, conviens-je : il n'a tué officiellement que trois personnes au cours de sa petite vie tranquille.

M'man ne fait pas un sort à ma remarque sardonique et enchaîne presto :

— En tout cas, il a adoré ma pâte de coings. Quand je lui ai dit que je la confectionnais moi-même, il a eu les larmes aux yeux et m'a parlé de celle de sa grand-mère.

— C'est réconfortant de penser que les pires bandits ont eu une grand-mère, fais-je. Il t'a confié son fameux secret ?

— Entièrement. Attends, j'ai pris des notes !

Elle déponne son sac à plis et ventru comme un accordéon et en extrait une enveloppe usagée qu'elle a éventrée pour prendre des notes sur sa face interne.

Armée de son pense-bête, elle monte au rapport :

— Pendant sa détention au pénitencier d'Alcazar...

— D'Alcatraz, m'man.

— Pardon, j'ai écrit trop vite et ne peux me relire correctement. Oui, d'Alcatraz. Pendant son incarcération là-bas, te dis-je, M. Constaman s'est lié d'amitié avec un de ses compagnons du nom de...

Elle rapproche le papier de son nez et articule difficilement :

— Tom Garden, surnommé Doc, un ancien médecin qui assassinait ses riches patientes pour les détrousser. Cet homme a été un des derniers condamnés hébergés à Alcatraz puisqu'il y est arrivé dix mois avant sa fermeture. M. Constaman prétend qu'il se droguait et qu'il parvenait à obtenir de la cocaïne en prison. Un jour qu'il était particulièrement « chargé », c'est le mot qu'a employé M. Constaman, j'espère que tu sais ce qu'il signifie ?

— Je vois parfaitement, m'man.

— Donc, un jour qu'il était « chargé », il a fait des confidences à son ami pendant la promenade.

« Il lui a déclaré qu'il savait de source sûre qu'on allait assassiner le Président Kennedy au cours de l'année et qu'il détenait la preuve du complot. Il prétendait qu'il ne lèverait pas le petit doigt pour empêcher la chose parce que, dès qu'elle serait commise, avec ce qu'il détenait, il pourrait se faire libérer en cinq sec.

« M. Constaman lui a objecté qu'il n'aurait peut-être pas la possibilité de récupérer cette preuve, le moment venu, étant incarcéré, alors le docteur Garden a éclaté de rire en assurant qu'elle était constamment à sa disposition, vu qu'il lui avait trouvé une planque idéale dans sa cellule. »

Chère mère ! Elle parle avec le ton qu'elle emploie pour commander des escalopes chez notre boucher, sans perdre de vue son papier en forme d'étoile, couvert de son écriture penchée.

— Dis voir, c'est passionnant, exulté-je-t-il.

Elle opine gravement. Tout ce qu'elle fait est

empreint du plus grand sérieux, Féloche, qu'il s'agisse de crêpes ou de questionnaires de la Sécu.

— Le docteur Garden est mort peu après, poursuit-elle, tué dans une rixe. L'un de ses codétenus l'a poignardé avec un coutelas dérobé aux cuisines où il travaillait.

— Constaman sait les raisons de ce meurtre ?

— Selon lui, il s'agirait d'une dispute « organisée ». Quelqu'un en voulait à la vie de Tom Garden, ou bien était chargé de le tuer.

— De plus en plus exaltant, ma chérie. Quoi d'autre encore ?

— A la suite d'une action menée par l'attorney général Robert Kennedy, frère du Président, la fermeture du pénitencier a été décidée, et le 21 mars 1963, le dernier détenu a quitté l'île. M. Constaman, gracié, a été hospitalisé à San Francisco. Pendant cette période, il se demandait ce qu'il pourrait bien faire pour se procurer de l'argent. Il commençait à en avoir assez de sa vie de truand. Alcatraz l'avait brisé, de même que sa maladie. Il rêvait d'un bon coup sans danger qui lui permettrait de se refaire et de rentrer en France pour y terminer calmement sa vie.

« C'est alors que lui revinrent en mémoire les confidences du défunt docteur Garden. Il se dit que si son ex-compagnon détenait réellement la preuve d'un complot contre le Président et que si cette preuve se trouvait encore cachée dans sa cellule, il lui fallait coûte que coûte la récupérer. S'il y parvenait, il se disait qu'avec beaucoup d'astuce et de prudence il pourrait grassement monnayer le document. Voilà pourquoi il mit au point sa pauvre petite expédition pour retourner dans la prison qu'il venait de quitter. Elle échoua. M. Constaman faillit être condamné de nouveau et n'insista pas. Il était cette fois complètement vaincu et n'aspirait plus qu'à la tranquillité.

« Alors il se fit cireur de chaussures, puis, au bout de quelques mornes années, put rentrer en France où il vivote depuis lors. Il sait qu'il va mourir et assure qu'il s'en fout. Vois-tu, Antoine, je le crois. Cet homme a fait un long, un très long voyage harassant et a du mal à traîner sa pauvre vie. »

Elle chuchote peureusement :

— Ça t'ennuierait que je passe lui rapporter de la pâte de coings, de temps en temps ?

— Penses-tu, ma poule. Cela dit, je ne crois pas que tu aies encore beaucoup de voyages à faire, dans l'état où je le vois. Il t'a parlé de sa réaction au moment du meurtre de Kennedy ?

— Oui. Il prétend qu'au fil des mois, il avait oublié cette menace ou la jugeait comme étant une invention de camé. L'année 63 s'écoulait et rien de tel ne se produisait. Et puis, le 22 novembre, ce fut le coup de tonnerre qui secoua le monde. M. Constaman affirme que l'accomplissement de la prédiction du docteur l'épouvanta et que, rétrospectivement, il fut soulagé de n'avoir pu trouver le prétendu document de Tom Garden. Il te conseille de ne pas t'intéresser à cette question. Il déclare que le passé c'est le passé et qu'on n'a rien à gagner à rouvrir des cercueils. Je pense qu'il n'a pas tort, Antoine. Il ne subsiste de cette terrible affaire que des lambeaux, de sales lambeaux !

— Comme dirait Flaubert, marmonné-je, parce que je suis espiègle, même avec maman.

3

LES PLEURS DU MÂLE (1)

Il pénètre dans mon bureau, précédé de son ventre qui, selon moi, prend des proportions inquiétantes, depuis quelque temps. Il a l'air très enceint de lui, si j'ose m'exprimer ainsi. Il tient son infâme feutre à la main, comme s'il suivait un enterrement à l'intérieur de l'église, et ses cheveux clairsemés sont collés sur son crâne par une sueur ayant la consistance du saindoux en fusion.

Il rote en guise de salut et vient se déposer sur le siège me faisant face ; il emplit tout le fauteuil.

— Tu continues de grossir, l'avertis-je.

— Non, assure-t-il. D'puis qu'c'te salope d'Berthe a donné ma veste au nettoyage, elle a rétréci.

Il avance son poing fermé dans ma direction, fait éclore ses doigts et j'avise une petite clé chromée au creux de sa paume.

— Ça consiste en quoi ? demandé-je.

— Ça consiste qu' c'te fois, j'ai pris mes précautions, mon pote. Je viens d'louer un coffiot à la

(1) Chapitre dédié à Charles Baudelaire.

banque, dont seul j'ai l'droit d'déponner, si bien que ma Grosse est niquée à mort !

— Tu y planques ton magot ?

— Mieux : mes caillettes d' l'Ardèche, qu'cette pute-vache m'bouffait intranséquement. La dernière fois : vingt-quatre elle a clapées, toutes fraîches, en ord' d'marche. L'en a dégueulé plutôt qu'd'm'en laisser une seule. D'puis, j'me les fais espédier poste restante par mon charcutier d' Privas et j'les dépose dans mon coff', mec ! L'sous-sol de la B.N.P. est climaté, et puis j'ai fait la mise sous vide d'mes caillettes en respirant un grand coup devant la porte entr'bâillée avant d'la fermer ; j'croive sincèr'ment qu'é n' craindent rien. Berthy doit accompagner le pommadin à Abano où c'con va curer pour ses rhumatisses : j'm'ferai mes caillettes durant son absence.

Avec satisfaction, il rempoche sa clé, bouclier des fameuses caillettes soustraites à la voracité de sa femelle.

Le timbre de ma porte vrombit ; j'appuie sur le déclencheur (1) et Mathias paraît, un papier pelure à la main.

— Tu vas aux gogues ? lui demande Béru en montrant le document. Moi, du si fin, mes doigts passeraient à travers et y aurait des virgules sur la lourde des cagoinsses. Comme torche-cul, depuis ma primaire enfance, j' préfère des feuilles de plantes, c'est plus v'louté. Des feuilles, sinon rien ! Ma Baleine rouscaille biscotte ell' arrive pas à s'garder un philodendron à la maison.

(1) Je n'arrête pas le progrès !

— Tu as les renseignements ? fais-je au Rouquemoute (1).

Il agite son papelard.

— Bien, marqué-je-t-il ma satisfaction.

Puis, au Gros :

— C'est tout ce que tu avais à me dire, mon Bichon ?

Il la prend mauvaise, l'Obèse.

— Gênerais-je-t-il, maint'nant que môssieur est direqueteur ? maugrée l'Enflure.

— Quelle idée !

— Ah ! bon, pace qu'autr'ment sinon, j'saurais m'effacer, déclare le Poussah en adoptant une posture languissante afin de bien marquer sa détermination à rester.

Mathias, sur un signe de moi, s'assied sur mon bureau, le dos tourné au Mastard. Il survole son document du regard.

— Ton vieux type de l'hospice a dit juste : Thomas Garden a effectivement exercé la médecine à Los Angeles dans les années 40 et 50. Il était spécialiste de la chirurgie faciale et a « bricolé » la gueule de pas mal d'actrices d'Universal Studios. Il a eu comme clientes quelques vieilles milliardaires qui ne juraient que par lui après qu'il les eut ravaudées. Deux d'entre elles l'ont couché sur leur testament, après l'avoir couché dans leur lit, et sont mortes peu de temps après. Les familles ont porté plainte et les enquêtes qui s'en sont suivies

(1) Un gentil à moi, roux comme un tournesol, croit que je me moque des rouquins ! Quelle sottise ! Je les adore, surtout quand je suis enrhumé.

ont conclu à la culpabilité de Tom Garden. S'il a échappé à la peine de mort, c'est uniquement parce qu'il a nié avec opiniâtreté et que le jury a eu quelques ultimes réticences. Il a été envoyé au pénitencier de Kalamity Beach sur la côte Ouest où, vu sa profession, on l'a affecté à l'infirmerie.

« Durant quelques mois, tout s'est bien passé pour lui. Mais il s'est mis dans l'idée de s'échapper et, pour cela, il a chloroformé un garde. Trop forte dose : le type a failli crever. Son évasion a échoué, et alors, étant catalogué comme un détenu dangereux, il a été expédié à Alcatraz, la prison des durs. Toujours comme l'a dit Constaman, il a effectivement été poignardé par un de ses compagnons de détention, mais c'était au cours d'une mutinerie au réfectoire provoquée par la qualité de la nourriture qui avait baissé, alors qu'on bouffait plutôt bien à Alcatraz. Le type qui l'a planté était un certain Robin Bolanski dit « Long Museau », fils d'émigrés polonais et pilleur de banques notoire. Il a plaidé la légitime défense et n'a écopé que de quelques jours de Q.H.S. (1), ce qui est assez stupéfiant. Rien que le fait de s'approprier le coutelas aux cuisines aurait dû lui valoir bien davantage.

« A la fermeture d'Alcatraz, il a été envoyé dans une autre prison. Mais six mois plus tard, il a bénéficié d'une remise de peine pour « bonne conduite » (sic) alors qu'il lui restait encore huit ans à tirer. Je n'ai aucun tuyau concernant la façon dont il s'est comporté depuis sa vie carcérale. Tout

(1) Quartier de Haute Surveillance.

ce que j'ai appris, c'est qu'il vit toujours, ce qui n'a rien de surprenant puisqu'il n'est âgé que de 64 ans. Robin Bolanski partage la vie et la maisonnette d'une vieille maîtresse d'origine portoricaine du nom de Bella Rodriguez-Bueno à Venice, dans la banlieue de Los Angeles. Il a été frappé de paraplégie à la suite d'une attaque cérébrale. »

Ayant dit, l'Informé plie son texte en deux et le place devant moi, en forme de toit. Je souffle dessus et le document sur pelure prend un bout de vol pour s'abattre dans une corbeille à paperasse grillagée.

— Excellent travail ! complimenté-je.

Evidemment, le Sagouin, d'une jalousie sans cesse en éveil, grommelle :

— On peut en faire des choses avec le téléphone et un titre ronflant !

Mais Xavier ne se donne même pas la peine de réagir.

Je me lève pour gagner le petit bar planqué dans un casier d'apparence solennelle.

— Ça s'arrose ! dis-je.

Je sors deux verres, puis trois.

— Bloody-Mary pour tout le monde ? interrogé-je.

— Je préférerais du vin rouge, déclare Béru.

— Je n'ai à proposer *que* du Bloody-Mary !

— Alors un bloudi-Marie sans tomate pour moi.

Manière plaisante de commander une vodka.

Je joue au barman. Béru est le premier sur les lieux ; le premier également à vider son godet.

Il clape de la menteuse, examine l'étiquette.

— Quarante-deux degrés ! s'exclame-t-il. J'ai senti, au goût, qu'j'venais d' toucher d'la boisson pour mauviettes.

Je lui virgule un regard flétrisseur.

— Il y a des moments où tu ne m'amuses plus, lui dis-je, et ils sont de plus en plus nombreux.

Il me fixe d'un œil stupéfait, sa lèvre en gouttière se met à trembler. Puis il bafouille :

— Tu voudras qu'j't'dise, Sana ?

Il émet en un synchronisme complet un pet et un rot qui réveilleraient un gisant de marbre.

— Message reçu, fais-je. T'as rien d'autre à me dire ?

Il sort de mon bureau sans un mot. Comme sur un dessin de Dubout, ses bretelles traînent dans son dos, pareilles à un appendice bicaudal.

— Tu es cruel avec lui, me reproche Mathias.

Il a raison : je regrette déjà.

Le Rouquemoute rêve à haute voix :

— Ce serait amusant, dit-il.

— Qu'est-ce qui serait amusant ?

— Que ce soit la Police française qui perce à jour le mystère Kennedy.

— Parce que tu crois que nous soulevons une piste avec l'affaire Tom Garden ?

— Ce n'est pas impossible.

— Conclusion, il faut partir là-bas renifler tout ça de près ?

— Ça pourrait devenir bien, répond-il.

— O.K. ! Je vais arrêter des dispositions me permettant de prendre quatre jours de congés.

— C'est peu.

— Mais mieux que rien, comme disait ma mère-grand.

Il a un petit acquiescement nostalgique.

— Ça risque d'être passionnant ; tu as de la chance.

— Toi aussi, puisque tu viens avec moi !

Illumination de sa frime déjà surexposée.

— Vraiment ?

— Va préparer ta valdingue.

— J'entends déjà gueuler ma femme !

— Laisse-la gueuler, c'est bon pour les nerfs et les cordes vocales. Cette gonzesse, il faut absolument que tu la mettes au pas, camarade. Un de ces jours, je me poivrerai la gueule et j'irai te la baiser ; tu surviendras en plein adultère, ce qui te fournira l'occasion de lui filer une monstre rouste et de raccourcir les rênes ensuite !

Il rit :

— Tu n'y vas pas par quatre chemins, directeur !

— La ligne droite, mon petit Xavier ; la ligne droite !

Comme j'achève de formuler ces pauvres lieux communs, indignes d'un esprit de mon niveau, quelqu'un réclame le péage. Je vais débloquer la goupille. C'est le brigadier Musardin Alphonse qui bondit dans mon antre comme un para dans l'espace.

— Venez vite, monsieur le directeur ! L'inspecteur principal Bérurier veut mettre fin à ses jours. Il pleure comme un veau en criant que vous ne l'aimez plus ! Si le cran de sûreté de son pistolet n'était pas bloqué, il aurait déjà commis l'irréparable !

— Pourquoi commençons-nous-t-il par « L'Os-en-gelée » ? demande Bérurier occupé à guigner son bagage devant le tourniquet.

— Parce que c'est là que le docteur Garden a commencé sa vie et là que son meurtrier achève la sienne, expliqué-je brièvement.

Ça ne l'éclaire pas beaucoup, néanmoins il fait « Ah bon ! » d'un air entendu.

Car, comme tu le vois, il fait partie de la virée ricaine, le Gros. Je lui devais cette réparation après le traumatisme que je lui avais infligé. Une authentique crise de nerfs, il s'est payée, l'apôtre ! Y a fallu trois inspecteurs pour le maîtriser et moi, son dalaï-lama, pour l'apaiser. Ses énormes lotos globuleux lui pendaient littéralement sur les joues. Il avait le devant de sa chemise déchiqueté, le crâne fendu pour avoir tenté de défoncer un mur de son bureau avec ! Il écumait comme s'il était en proie au delirium. Au bout d'un quart d'heure de tendresse forcenée et de quatre verres de beaujolais quéris en hâte à la brasserie du coin, il s'est calmé. Pour tout planifier, je lui ai dit de rentrer chez lui préparer une valise pour quelques jours et de ne pas oublier son passeport car nous partions pour les *States* avec Mathias.

« — C'est vraiment nécessaire qu'on l'emmenasse ? » a-t-il simplement répondu.

Dans l'avion, au lieu de regarder le film, on l'a

affranchi de ce qui se passait. Il a suivi le récit attentivement, posant de bonnes questions judicieuses. Ensuite, comme il avait, tout en devisant, éclusé une bouteille de champagne (je nous suis offert des *first*) et deux de bordeaux, plus quatre Cointreau dégustation, il s'est endormi. Et nous voilà, deux heures (heure locale) après notre départ, mais onze heures (en temps réel) plus tard dans le vaste aéroport de « L'Os-en-gelée », comme dit le Fameux.

Nos bagages surviennent en dodelinant : une valdingue Vuitton pour ton serviteur, une valise Durand, en peau de porc véritable, pour Xavier Mathias, et un sac de mataf éventré et mal recousu pour l'Enflure.

Une Lincoln verte et grise nous emporte bientôt à travers cette immense ville invisible. Les maisons sont tapies dans la grande forêt couvrant Los Angeles et seuls les buildings de quelques centres commerciaux se dressent çà et là dans le paysage feutré. A Los Angeles, les distances sont si considérables qu'on ne peut s'y déplacer qu'en bagnole, si bien que tout piéton est suspect. Un gonzier qui arpente le fameux Sunset Boulevard incite les voitures de police à stopper et il lui est demandé où il se rend et pourquoi il s'y rend pedibus.

Pour te donner une idée de l'envergure de cette étonnante cité : le Sunset Boulevard en question mesure cent kilomètres de long ! Une gagneuse qui aurait à cœur de tout l'arpenter, se farcirait la distance Lyon-Grenoble, ce qui serait mauvais pour ses talons aiguilles !

J'ai retenu des chambres au *Beverly Hills Hotel* et nous avons droit à trois pièces donnant sur un grand jardin exubérant. On jette chacun sa valoche sur son lit et on se réunit autour d'une bouteille de vin californien pour tenir conseil. C'est Béru qui verse et qui boit. Mathias et moi le regardons en admirant sa santé. Les heures de vol, le décalage horaire, lui, connaît pas. Le picrate constitue sa génératrice, son carburant miracle, son élixir d'énergie. Il est là, rassemblé dans un fauteuil pullman, un verre en main, son autre paluche enserrant le goulot de la boutanche pour une imminente versée, le regard maquignonnesque, les lèvres saignant le jus de la treille, à la fois débonnaire et rusé.

Il dit :

— Si qu'on est aux Zétats-Zunis pour s'l'ment quat' jours, y s'rait bon qu'on s'bougeasse le fion sans trop tarder, mes mecs !

Exhortation pleine de sagesse.

— Que décides-tu ? questionne Mathias.

Je joins mes mains de pianiste devant mon nez délicat, comme le fait un père chartreux auquel l'un de ses frères convers vient confesser qu'il a foutu la fille du jardinier enceinte. Ce geste marquant une réflexion élevée intimide mes deux compagnons. Ils attendent, avec l'heureuse certitude qu'en fin de méditation quelque chose de noble et de grand tombera de ma bouche.

Enfin, le grand San-Antonio parle :

— Pour commencer, nous allons affréter une limousine avec chauffeur, dit-il, ce sera un gain de temps car nous ne connaissons pas cette ville tentaculaire. Dans un premier temps, nous nous mettrons en quête du dénommé Robin Bolanski, le meurtrier du détenu Garden. Si nous avons la chance de trouver cet homme, nous essaierons d'obtenir ses confidences, en admettant qu'il en ait à faire. Après quoi, nous tenterons d'enquêter sur le docteur Garden pour savoir ce qu'étaient ses fréquentations à l'époque où il exerçait. Ces deux objectifs traités, poursuit l'admirable San-Antonio, duquel je ne dirai jamais assez tout le bien que j'en pense, nous filerons à San Francisco afin de visiter Alcatraz. Qu'en sortira-t-il ? Je l'ignore, mais quelque chose d'instinctif (donc de sacré) m'intime de le faire.

— Pas mal, opine Mathias, ce qui me fournit déjà la majorité des voix.

Le bulletin du Gros tombe à son tour dans l'urne : c'est oui. Majorité absolue !

— T'es sûr qu' c'est pour nous, c'corbillard ? bée Béru en arrêt devant une interminable limousine noire aux vitres teintées.

— Du coffre arrière, au bouchon de radiateur, confirmé-je.

J'ai déjà eu l'occasion de rouler dans ce genre de véhicule lors de mes nombreux séjours aux States. Aussi maniables qu'un rouleau compresseur, mais d'un confort américain poussé au délire. Une vitre sépare les passagers du conducteur. L'habitacle est tout en acajou et en cuir. Les sièges se font face, séparés par une table-bar bien pourvue en bourbon, jus de fruits, biscuits secs et bonbons à la menthe.

La compagnie nous a dépêché, non un chauffeur, mais une « chauffeuse » noire, ravissante, bien sanglée dans un uniforme gris. On fait « tilt ! » tous les trois en l'apercevant. Le vrai prix de beauté ! Miss Black U.S.A. ! Elle est d'un noir assez pâle, porte un maquillage cyclamen (cycle amen). Dents et yeux éclatants, cheveux décrêpés, loloches dont on réalise illico la fermeté (à vingt-huit ans, tu penses !), ongles vernis du même violet pâle que la bouche et les joues !

— T'es sûr que y a pas gourance et qu'elle est pas en train de tourner un film ? murmure Alexandre-Benoît.

On grimpe dans le carrosse et je donne à la ravissantissime l'adresse de Mr. Bolanski.

— Tu croives qu'é nous bricol'rait un p'tit turlute à tous les trois ? s'inquiète le Mahousse qui se tient assis de guingois pour ne pas perdre du regard la déesse sombre.

— Très improbable, le découragé-je ; une pute ne fait pas le taxi !

— Ell' doit bien quand même s'laisser fourrager la perruque du bas !

— Je l'espère pour elle, mais c'est un homme de sa race qui doit avoir ce privilège.

Le Gros rechigne :

— Merde ! J'sais des Blancs qui sont encore mieux chopinés qu' des Noirpiots !

— Je crois savoir de qui tu veux parler, souris-je. Libre à toi de jouer ta chance, Gradu !

Fort de cette tacite autorisation, Bérurier fait coulisser la vitre.

— Hello, baby ! lance-t-il joyeusement.

La conductrice lui file l'éclat de ses trente-deux chailles dans la couperose et, gentiment, répond :

— Hello !

— Dou you spique inegliche ? demande (un peu inconsidérément) le seigneur de Saint-Locdu-le-Vieux.

— *Oh ! yes !* assure en riant la très belle.

— Mi z'aussi, assure le Gravos, voui canne pouvoir discutailler *the* morcif *of the* gras, *my* tchiquen. *And, if you are* sage, j' *you* f'rai louquer *the* muste considerabele zifolo *from* l'Europe *and his* banlieue.

Il referme la vitre.

— Et c'est parti pour la gagne ! déclare cet optimiste.

Venice, malgré son nom, n'a rien de commun avec l'autre, la grande, la noble, la vraie : celle qui s'écrit chez nous avec un « s ». Imagine une grande banlieue à la fois colorée et triste où errent des hommes-épaves de toutes couleurs. C'est à la fois grouillant et désert. D'humbles commerces alignent leurs vitrines sales. Des marchands de choses frites, plus ou moins malodorantes, font fumer des chaudrons d'huile bouillante au coin des trottoirs. La puissante odeur du Pacifique se mêle à tous ces remugles d'épices, de goudron, de fritaille et de crasse.

L'immense tire va l'amble à travers cette vaste banlieue. Notre conductrice a déplié un plan et s'arrête à tout bout de champ pour l'examiner. Elle murmure des noms : Santa Clara, Washington Way, Venice Boulevard. Puis repart, son nez au vent. Tiens : elle n'a pas un tarbouif de boxeur.

En fin de compte, sa guinde monumentale enquille une voie sans trottoir qui descend en direction de la plage. Ruelle boueuse au centre de laquelle s'écoule un égout à ciel ouvert. De la marmaille noire s'écarte à peine pour nous laisser le passage, donnant des coups de poing contre la carrosserie en riant. Les mômes bouffent du pop-corn ou des beignets froids. Une cacophonie de musiques retentit, aux mille sources. Le reggae, le jazz, des succès de Sinatra et d'autres de Prince vous saisissent, plus puissants encore que les odeurs. La rue est bordée de petites maisons aux teintes vives.

La limousine chasse de l'arrière sur le sol limoneux et finit par stopper devant ce qui doit être la plus jolie maison de la rue : une petite construction d'un étage, entièrement peinte en bleu drapeau, avec la porte et les encadrements de fenêtres jaune vif.

— Je suppose que c'est ici ? demande la petite Noirpiote.

Comme je sors de la monstrueuse bagnole, une grosse femme brune, avec un air tellement pute que c'en devient de la franchise, paraît sur le pas de sa lourde, intriguée par l'arrivée d'une pareille bagnole si peu en rapport avec le quartier.

— Vous êtes la *señora* Bella Rodriguez-

Bueno ? lui demandé-je en espagnol (langue que je parle moins bien que Cervantès, mais avec davantage de pittoresque).

— *Si ?*

Le point d'interrogation dont elle ponctue son affirmation pourrait servir de crosse au merveilleux évêque qui m'honore de son amitié.

Mathias est descendu à son tour.

Béru nous crie, par sa vitre baissée :

— Il est inutile que j'm'pointasse aussi : vous causez mieux l'étranger qu'ma pomme.

En réalité, il entend jouer son va-tout avec notre exquise conductrice, c'est couru.

— Que voulez-vous ? questionne la môme Bella.

— Parler avec Robin Bolanski.

— A quel sujet ?

— Nous nous proposons de le lui expliquer, coupé-je d'un ton rogue.

Notre calèche et nos mises impressionnent la gravosse. Elle fouette vilain : le lard rance, la culotte en fin de carrière, la poudre de riz de supermarché.

La voici qui rentre dans sa maisonnette. Elle a un monstrueux cul géométrique qui ressemble à la charge d'un sherpa himalayen en marche pour le camp de base. Ses jambes sont énormes, nouées par des varices en forme de troncs de lierre ancien. Elle se dandine plantigrade en se déplaçant.

— Robin ! (prononcer Robine, comme robinet) appelle-t-elle. Des messieurs pour toi !

Elle franchit un rideau de perles vertes et roses qui tintinnabulent. Cela compose une pluie de couleurs sur son cou en cours de gibbosité accélérée. On passe le frêle obstacle à notre tour.

Le livinge de la *señora* Rodriguez-Bueno est cucul, mais confortable : une desserte Arts déco qui fit la gloire, autrefois, des établissements Dufayel, une table assortie, une pendule murale, des saint-sulpiceries espagnolisantes plein partout, et surtout, le trône mobile du roi Bolanski, monarque podagre, privé de l'usage de ses jambes, qui n'a plus d'humain que ses contours. L'infirmité l'a rendu obèse ; mais c'est de l'obésité « accidentelle », pire que l'autre, plus gerbante et presque intimidante.

Il est en pyjama de pilou sans teinte définie, avec un plaid à carreaux brisés sur les genoux. Il a le teint jaunassou, le cheveu de jais coiffé à l'huile d'olive. D'écœurants grains de beauté presque tumoraux (*to morrow*) parsèment son visage, avec un vrai archipel au menton. Son regard est viceloque, charognard et cruel sous l'assoupissement inhérent au quotidien abrasif. L'une de ses paupières tombe plus que l'autre et la seconde moins que la première. Un mégot de cigare est accroché à la commissure de ses lèvres. Il ressemble à un vieil Al Capone décati.

Animal à sang froid, le Sancho de Bella. Il nous regarde survenir sans exprimer la moindre curiosité. Tout son être n'est que défiance. Je sens qu'avec un client de cette trempe, ça ne va pas être du point de croix. Il ne prononce pas un mot, juste son regard qui est fiché en nous, pareil à deux fléchettes.

— Bonjour, monsieur Bolanski, le salué-je

gaiement. J'espère que nous ne vous importunons pas. Mon nom est San-Antonio, je suis reporter à *L'Evénement,* un grand hebdomadaire français, et voici M. Xavier Mathias, mon coéquipier. Nous réalisons une enquête sur les survivants d'Alcatraz, lesquels se font de moins en moins nombreux, tout comme les anciens combattants de la guerre de 14, et il est normal que nous venions vous interviewer afin que vous apportiez votre précieux témoignage au récit de cette période de la vie carcérale américaine.

Ouf ! D'une traite !

Mon sourire est plus engageant que celui d'un *gay* du bois de Boulogne proposant une pipe à un avoué de province. Robin Bolanski me toise, impénétrable.

Cela dure.

Je risque :

— J'espère que vous n'y voyez pas d'inconvénient ? Nous remplacerons les noms véritables par des initiales, bien entendu.

On entend enfin sa voix.

Elle est douce comme celle de feu le cher Tino Rossi.

Elle dit :

— J'en ai rien à foutre de deux merdes comme vous. Taillez-vous !

C'est le genre d'accueil, tu vois, qui intimide toujours, qu'on le veuille ou non.

Moi, stoïque, je mets baïonnette au canon pour repartir à la charge.

— J'oubliais de vous préciser, cher monsieur Bolanski, que notre important journal nous a débloqué des crédits pour dédommager les personnes qui accepteront de nous consacrer un peu de temps.

— Combien ? demande spontanément la compagne de l'ancien convict.

Je crois apercevoir une ouverture bleue dans ce ciel de plomb.

— Je pense, chère madame Rodriguez-Bueno, qu'avec un homme de la trempe de votre mari on pourrait traiter sur la base de mille dollars.

T'as vu ce que j'en fais, ma pomme, des piastres du contribuable ?

Le Robin des bois arrache son reliquat de cigare et, d'une pichenette magistralement ajustée, le propulse dans un cendrier de terre cuite sur le fond duquel un artiste surréaliste a peint une femme nue ayant un œil à la place du sexe (de là l'expression « Se mettre le doigt dans l'œil »).

— Mec ! m'interpelle cet homme de bien, tu peux te bourrer tes mille dollars dans le cul ! Maintenant, si vous ne disparaissez pas illico, je vous fais craquer un genou à chacun !

Il rabat son plaid et nous montre un étui à revolver fixé à l'accoudoir gauche de son fauteuil d'infirme.

D'un geste expert, il dégaine l'arme pour nous braquer.

— Allons, monsieur Bolanski, fais-je, tout ça c'est des mots. Si vous agissiez de la sorte, vous ne pourriez alléguer la légitime défense : nous ne sommes pas armés. Votre seul argument : « M'ont menacé de me donner mille dollars ! »

— Ne vous occupez pas de ça : je suis le chouchou des flics.

— C'est rare pour un ancien condamné de droit commun.

— Peut-être qu'ils ont leurs têtes ! raille Robin (son Crusoé).

De la pointe du canon, il nous réenjoint de partir. Comme c'est le genre de mauvais coucheur qu'on sait capable de tout et principalement du pire, on décide de renoncer. Seulement voilà que le gros Béru se pointe rapidos. S'il est lent à comprendre des sciences tortueuses, telles que la gynécologie dans l'espace ou la culture du Coton-Tige en Haute-Volta, par contre, il assimile en un éclair ce genre de situation. Au lieu de s'arrêter pour dire « bonjour-comment-ça-va », il fonce jusqu'à l'infirme et, sans vergogne, balance un coup de saton dans son fauteuil, lequel se met à reculer en accomplissant un demi-tour. Le siège roulant percute la desserte de laquelle choit un superbe éléphant de plâtre à défenses dorées. Brwaouf ! En miettes ! Dame Bella se met à bieurler à la destruction des chefs-d'œuvre (qui n'avaient pas l'air en péril). Sur sa lancée, le Mammouth a recueilli le feu du ci-devant bandit.

— Regarde c'que j' viens de trouver ! fait-il en l'empochant.

L'infirme se met à vociférer. Il crie « Au secours », ce qui est inusité de la part d'un mec qui a buté et détroussé nombre de ses contemporains. Toujours imperméable à la compassion, le Mastard le fait taire d'une manchette normande sur la glotte. Et puis, comme la Bella continue de pleurer la désintégration de son pote Jumbo, il la calme à son tour d'une formidable baffe. Et poum ! voilà la situation complètement assainie.

— On continue les opérations ou on s'en va ? me demande l'imperturbable Mathias.

A question de subordonné réponse de chef :

— On continue !

Il déboutonne alors sa veste et ramène sur son ventre une trousse de skieur qu'il portait à sa ceinture, sur le côté.

— Embarque la femme ! ordonne-t-il au Gros.

Sa Majesté va mettre son bras tutélaire sur l'épaule grassouille de Bella.

— Pardonne ma vivacerie, ma jolie ; allons jusque dans ta chambrette refaire ton maquillage dont le rimmel est saccagé. T'sais qu'tu dois z'êt' bioutifoule, à poil ?

Ils sortent.

Mathias use d'une minuscule seringue pour injecter dans les pernicieuses veines du truand retraité sa petite toxine maison (celle qui incite au bavardage dans un premier temps et à l'amnésie dans un second).

— C'est l'affaire de quelques minutes, me dit-il. Tu te souviens d'Istanbul (1) ?

Nous attendons que la drogue fasse son effet. Au bout d'un rien de temps, Robin Bolanski rouvre ses vasistas.

— Qu'est-ce qu'il y a ? demande-t-il.

— Rien, ça baigne, lui réponds-je.

(1) Lire, si ça n'a pas été fait, *Bosphore et faïs reluire,* en vente dans toutes les librairies dignes de ce nom.

Il me vote un sourire presque amène (amen). Et le rideau de perlouses se met à bruire très fort car trois personnes surgissent.

Notre petite conductrice noire flanquée de deux flics en uniforme bleu, casquette plate, harnachement de combat. Il y a un jeune mince, tout blond, et un vieux gros, tout roux.

La chauffeuse nous demande où se trouve notre copain, le gros dégueulasse. Elle ajoute qu'il a voulu la violer dans son bahut avec une « énorme chose horrible ».

Cette pétasse s'est servie de son bigophone de bord pour prévenir les bourdilles. On avait bien besoin de ça en un pareil moment !

Moi, je commence à brandir mes fafs de chef de la police parisienne en arguant qu'il s'agit probablement d'un malentendu. Tu parles d'un malentendu : une biroute de quarante centimètres ! Le gros pandore californien m'écarte d'un geste quasi brutal, bien me montrer que, chefs ou pas chefs, les flics *frenchies* il en a strictement rien à masturber. Dans le mouvement, il aperçoit Robin Bolanski dans son fauteuil et marque un temps.

— Hello, Rob ! murmure-t-il.

— Hello ! rétorque Bolanski.

Mathias revient, suivi de Béru, suivi de Bella.

— Le voilà, c'est lui ! aboie la Noirpiote en désignant Queue-d'âne.

Le flic jeunot passe les menottes au Gros.

Le gros vieux poulaga demande à Robin Bolanski qui nous sommes.

— Des amis ! m'empressé-je de répondre.

— Exactement ! Des amis ! confirme cézigue,

ensuqué jusqu'au trou de balle par la potion magique du Rouillé.

Indécis, mais radouci, le gros bédis demande alors la raison ayant poussé notre Obèse à vouloir obaiser la chauffeuse.

— Ce n'est pas de sa faute, chef! plaidé-je. Notre copain est affligé d'un membre surdimensionné qui, lorsqu'il se dilate, lui comprime le plexus au point qu'il doit le sortir un instant de son pantalon pour rétablir les fonctions vasculaires, sinon il peut tomber en syncope. La Miss s'est méprise sur ses intentions et a pensé qu'il voulait la violer. Vous imaginez un inspecteur principal violant une jeune femme de la bonne société losangélésienne en pleine rue?

Il est perplexe, le poulardin. Se frotte le menton qu'il a rose comme un cul de porcelet.

— C'est possible de voir l'outil en question? demande-t-il à Béru.

— Wat il say me? me demande le Mastard, oubliant que je parle presque couramment le français.

— Il voudrait voir ta zézette, fais-je. Montre-la-lui sous ses meilleurs auspices.

— T'es marrant, m'faut le temps d'penser à des excit'ries!

— Eh bien! pense, bougre de gros salingue!

Il ferme les yeux, cherchant l'inspiration. Puis il se lance dans des évocations salaces :

— Voilions... Berthaga, à loilpé, av'c just' sa culotte noire fendue, qui pose un pied su' une chaise, manière qu'sa moniche fasse la moue; et Alfred, le coiffeur, à quat' pattes par de derrière qui y promène la gloutonne dans la raie ! La Gravosse se cisèle un doigt d'cour, style jeune fille de la haute pendant c'temps...

Il rouvre ses yeux splendides comme des sulfures.

— V'là, annonce-t-il, j'sus t'à point.

Alors il ouvre sa braguette, bien qu'ayant les poignets entravés et, avec mille peines, grognant et ahanant, extrait de la grotte miraculeuse un chibre qui attirerait cinq cent mille visiteurs au Grand Palais si on l'y exposait.

— *By Jove !* s'écrie le gros flic.

Dans les romans de ma jeunesse, les Américains s'écriaient toujours « *By Jove* » quand ils étaient surpris.

Son jeune coéquipier a fait un pas en arrière.

La dame Bella Rodriguez-Bueno, au contraire, en fait deux en avant et se signe en trois exemplaires.

Y a que la conductrice qui s'offre une crise.

— Oui ! Oui ! Oui ! égosille-t-elle : c'était ÇA ! C'était bien ÇA !

Et de couiner ! De se tortiller comme un ver de terre sectionné, en se tordant les mains, hystéro en plein.

La mère Bella lui ajuste une formidable mandale qui la fait choir sur son prose telle une poire mûre.

— Ta gueule, connasse ! lui lance-t-elle. Faut vraiment être une enfoirée de négresse de merde pour ne pas se recueillir devant un tel monument ! J'ai fait le tapin pendant vingt ans et, selon mes calculs, j'ai dû prendre quelque huit mille queues dans les fesses. Eh bien ! jamais, tu entends, Couleur-de-merde, jamais je n'en ai vu une de ce gabarit ! Mais c'est de la pièce unique, ça ! Les joyaux de la vieille connasse de Windsor ne valent pas un pet de lapin en comparaison !

Elle chope le gros perdreau par son baudrier.

— Dites voir, Al, vous n'allez pas faire des misères à un mec qui se trimbale une bite pareille ? C'est l'honneur de votre espèce, un type comme ça. Il assure le règne de l'homme ! Et cette petite foireuse qui a le toupet de vous appeler parce que notre ami *frenchy* sort son magistral panais de son froc ! Mais elle est lesbienne, cette morue ! Un membre comme ça, on s'agenouille devant. On lui donne des baisers. On le réchauffe dans sa bouche s'il peut y entrer. On s'assied dessus ! Pas vrai, Robin ?

Le Robin semoulé, ça lui échappe un tantisoit tout ça. Il acquiesce à tout. Murmure des « Pour sûr » entérineurs.

Les poulets, un peu sonnés par la tournure de l'incident, décident de se prendre par la main et de s'emmener promener. Le Gros déclare à la conductrice que si elle s'amuse à mobiliser la police pour rien, ça va « chier pour son cul ». Cette expression ne constitue pas exactement un euphémisme, non plus qu'une métaphore, mais n'est pas sans intérêt pour autant.

Les représentants de la *law* nous adressent un salut général, en réservent un, tout spécial, à la pine de Béru, toujours au garde-à-vous, et se retirent.

La Noire-à-la-limousine sanglote.

Alors, compatissant, je la prends aux épaules.

— Ne pleurez pas, ma douce, murmuré-je (en anglais « *my sweet* »), je l'ai déjà dit : ce n'est là qu'un malentendu. Vous êtes très belle et je suis sûr que votre bouche a un léger goût de cannelle, faites voir !

Je lui roule une délicieuse pelloche sur pneus ballons. Ses coquets nichemards durcissent contre moi. Je vais te dire : cette gosse est une délicate qui rebuffe les soudards puants. Par contre quand un beau gosse distingué, aux manières exquises, l'entreprend, elle ne demande qu'à chanter avec lui le duo de *l'Escarpolette.*

— Allez nous attendre dans votre somptueuse limousine, ma jolie, ce ne sera pas long.

Quand elle sort, je constate que Béru et Bella en ont fait autant. Bientôt des clameurs d'allégresse émises par la dame Rodriguez-Bueno nous prouvent qu'elle est en train d'acquérir le fleuron de sa collection de pafs.

Grand bien lui en soit fait !

4

MAC BÊTE (1)

C'est un grand scientifique, Mathias, doublé d'un chercheur acharné et triplé d'un esprit curieux. Parfois, je me dis que si au lieu de mettre ses fantastiques dons au service de notre modeste labo de police il les avait exercés dans un institut apte à les promouvoir, il aurait déjà obtenu le Nobel.

Sa drogue annihilante, sérum de vérité à la puissance mille, et dont les effets disparaissent en ne laissant aucune trace dans la mémoire du sujet est proprement confondante.

Ainsi ce bon Robin Bolanski, dur parmi les durs, féroce et jouissant (nous venons d'en avoir la preuve) de l'estime policière du cru est soudain frêle comme un agnelet, heureux de répondre à notre curiosité et soucieux de nous satisfaire.

On lui aborde le passé par des questions passe-partout :

— Dis voir, Rob, ç'a été dur, Alcatraz ?

(1) Chapitre dédié à William Shakespeare.

— Au début, oui. Chienne de vie, là-bas. On te foutait au mitard pour rien !

— Vraiment ?

J'ai oublié de te dire que le prévoyant Mathias a enclenché son minuscule magnétophone de fouille afin que nous puissions conserver toutes les déclarations faites par l'ancien bagnard.

— Oui, vraiment, enchaîne Robin. Dans « l'île », les cellules de haute sécurité étaient sans lumière. De quoi devenir dingue. Un de mes potes avait une recette : en y arrivant, il arrachait un bouton de sa veste et l'envoyait en l'air d'une pichenette. Après quoi, il se foutait à quatre pattes et se mettait à le chercher à tâtons jusqu'à ce qu'il l'ait retrouvé. Puis il recommençait ! Ça l'empêchait de devenir fou. Un autre prétendait qu'il fallait fermer les yeux et penser fort à la lumière, paraît qu'elle finissait par se faire dans son crâne. Alors il imaginait toutes sortes de beaux paysages, des femmes, tout ça...

— Tu as dit que la vie a été dure « au début », Rob. Par la suite ça s'est arrangé ?

Sa physionomie brigande s'éclaire. Il éclate d'un grand rire fumier.

— J'en ai roté pendant plus d'une année tout de même, d'autant que je faisais pas partie des détenus faciles. Et puis un jour, ça a été la bonne aubaine.

— Raconte !

Il se pourlèche à l'avance de ce qu'il va nous dire. Ça doit lui humecter le slip autant que les lèvres.

— Un après-midi, pendant la promenade, un

gardien est venu me chercher pour me conduire chez le directeur. Habituellement, on m'y menait quand j'avais fait une connerie, mais là, c'était une période où je me tenais à peu près peinard, aussi j'étais curieux d'apprendre ce qu'il me voulait. Avec lui, dans le bureau, se tenait un grand costaud avec un costume clair, un large chapeau de feutre qu'il gardait sur la tête et un regard qui vous attaquait d'emblée comme la flamme d'un chalumeau. Il m'a fixé sans broncher, puis a fait un signe de tête affirmatif au directeur. Alors celui-ci m'a présenté :

« — Voici Robin Bolanski, lieutenant Quinn, une sacrée charognerie de forte tête. »

« Le type a murmuré :

« — Hello, Robin ! »

« Il avait une voix de gonzesse à laquelle on ne s'attendait pas étant donné sa gueule et son gabarit.

« — Je vous laisse ! » a fait vivement le directeur.

« Et il est sorti précipitamment. Le gars s'est assis sur le coin du bureau, une de ses jambes se balançait et le bureau couinait. Moi je me tenais devant lui sans trop savoir quelle gueule faire, ni s'il fallait poser des questions ou quoi. Je sentais que du pas banal se préparait. A la fin, le lieutenant a dit de sa drôle de voix haut perchée :

« — Vous ne seriez pas contre un petit marché, Robin ? »

« — Je suis pour tout ce qui pourrait m'arracher à cet établissement de merde, lieutenant. »

« — Justement, il a répondu. Je crois savoir

qu'il vous reste encore près d'une dizaine d'années à y tirer, non ? »

« — Dans ces eaux-là, oui. »

« — Si vous acceptez ma proposition, dans moins d'un an vous serez sur la rive d'en face, à bouffer de la langouste dans un restaurant de *Fisherman !* »

« — Et il faut faire quoi, pour ça ? Démolir l'Empire State Building avec une pioche ? »

« Il a sorti un paquet de Camel de sa poche, en a pris une et m'a lancé le paquet :

« — Vous pouvez le garder. Que pensez-vous d'un de vos compagnons qui se nomme Tom Garden, dit " le Doc " ? »

« — Un sale crâneur qui se prend pour le nombril de cette taule ! »

« — Ça vous ferait du chagrin s'il mourait tragiquement ? »

« — Vous rigolez ! Si j'avais la foi, je prierais pour ça tous les soirs avant de m'endormir. »

« — Eh bien d'autres que vous prient aussi pour la fin de ce type, Robin. »

« — Ah oui ? »

« — Si fort, même, que je vous laisse carte blanche pour réaliser leur vœu. »

« On s'est regardés bien fort. Il a allumé sa Camel qu'il n'en finissait pas de rouler entre ses doigts (1).

(1) Je dis une Camel, mais ça peut être une Gauloise, une Marlboro ou toute autre source cancérigène du genre ! Je ne fais aucune pub payante.

« — Si je vous comprends bien... » ai-je commencé.

« Il m'a coupé :

« — Vous m'avez parfaitement compris. Il faut que votre crâneur aille crâner sous terre. Si l'opération est menée à bien, vous serez libéré dans moins d'un an ! »

« Malgré son regard terrifiant, je crois que je me suis marré.

« — Vous pensez tout de même pas, lieutenant, que je vais couper dans vos promesses. Si je refroidissais le Doc, je serais condamné à perpète, pour le moins, et j'irais me faire bronzer en haute sécu ! »

« — Non ! Ma promesse sera tenue. »

« — Qu'est-ce qui me le prouve ? »

« — Rien. »

« Il s'est levé, est venu poser ses deux mains sur mes épaules et m'a dit :

« — Vous êtes un homme, Robin, un vrai dur. Vous devez bien comprendre que, maintenant que je vous ai fait cette proposition, si vous ne butez pas Garden, c'est vous qui serez buté.

« — Si je le bute, également, j'ai soupiré. Vous êtes venu m'annoncer ma mort, somme toute ! »

« Il a grommelé un juron.

« — Une vraie tête de bois ! a-t-il poursuivi. Je vous dis qu'il s'agit d'un marché ; pas d'un marché de dupe : d'un vrai ! »

« Curieux, j'ai subitement cru à sa sincérité. Je lui ai dit :

« — Lieutenant Quinn, vous avez toujours votre mère ? »

« — Non, elle est morte la semaine passée ! Pourquoi ? »

« — Jurez-moi sur sa mémoire que ce que vous me proposez là n'est pas du bidon. Jurez-moi qui si je refroidis l'autre pomme on ne me condamnera pas mais, qu'au contraire, je serai élargi l'an prochain. »

« Il a eu un air très grave et sa voix s'est raffermie, il a levé la main et a déclaré solennellement, comme s'il s'était trouvé devant un tribunal :

« — Je jure que le marché que je viens de vous proposer sera respecté. »

On entend gueuler la mère Bella sous les rudes assauts du Gros. Il y va du guiseau, l'artiste ! C'est le grand démantèlement de printemps ! Je sais pas si le Robin est également fané du chauve à col roulé, ce qui laisserait sa radasse en panne d'émotions glandulaires, en ce cas, dis-toi que messire Queue-d'âne lui compense ses années de frustration physique !

— C'est Bella qui crie comme ça ? s'inquiète tout à coup le forban.

— Non, non, le rassuré-je : c'est la chauffeuse de limousine qui se fait avoiner par notre gros pote parce qu'elle a prévenu les draupers d'ici qu'il voulait la violer.

Mathias, qui continue de brandir son charmant enregistrement de gousset, revient à l'interrogatoire :

— Et donc, vous avez refroidi le Doc, Mister Bolanski ?

— Je me le suis payé au couteau à désosser. Vingt centimètres entre les côtelettes, au bon endroit, croyez-le. Je m'y connaissais en anatomie autant que lui !

— Et les conséquences ?

Il tapote les roues de son engin avec jubilation.

— Zéro ! Quinn avait dit vrai. Tout s'est déroulé ensuite comme prévu au « contrat ». Quelques mois plus tard, le pénitencier a été fermé, on m'a libéré officiellement peu après.

— Vous avez une idée sur la raison qui a motivé l'exécution de Tom Garden ? Car on peut parler d'exécution, vous êtes bien d'accord ?

Il fait un bruit d'après cassoulet avec la bouche.

— Aucune et je m'en tamponne : c'est pas mes oignons.

— Et après votre libération, ça a été quoi, votre vie ?

Là encore il jubile pendant que son égérie, limée à mort, pousse un cri de triomphe qui déclenche la sonnerie du carillon.

— Quand on sort d'une pension comme Alcatraz, on est un peu désemparé. J'ai failli aller à New York pour essayer de travailler avec la bande de Kid Harvey dont j'ai connu le lieutenant dans « l'île », et puis je me suis dit qu'il y avait peut-être mieux à faire, pour peu que je stimule un peu mes méninges. Je me suis mis à la recherche du lieutenant Quinn et j'ai fini par le dégoter à Washington après pas mal de pérégrinations.

« Je suis tombé sur lui dans un couloir de la C.I.A. Il était en bras de chemise, avec toujours son putain de chapeau sur la tête (peut-être qu'il a la pelade ou un truc de ce genre ?). Sur le coup, il a pas eu l'air heureux de me voir, mais alors pas du tout J'ai cru qu'il allait prétendre ne pas me connaître. Vite, j'ai pris les devants. Je lui ai dit : « Paraît que vous êtes le lieutenant Quinn ? » Il n'a pas bronché, alors j'ai poursuivi : « Moi, je suis Robin Bolanski, un ancien pensionnaire d'Alcatraz, libéré pour “ bonne conduite ”. J'appartiens à ce genre de gars qui font confiance et auxquels on peut aussi faire confiance. J'ai pas envie de me relancer dans la grande truanderie, lieutenant. Ce que je cherche, c'est un boulot pépère “ au coup par coup ”, si vous voyez ce que je veux dire ? On peut faire appel à moi dans les cas délicats. Je suis descendu à l'hôtel “Anticosti ” pour quarante-huit heures. Supposez que quelqu'un aimant les marchés honnêtes ait un petit boulot à me proposer, il est sûr de m'y trouver jusqu'à jeudi. Allez, salut, lieutenant, heureux de vous avoir connu ; très heureux ! »

Robin se racle la gorge pour un glave de *first* importance. Il le rassemble puis l'expectore par la fenêtre ouverte.

— Et tu as eu du boulot, Rob ? lui demandé-je, sûr de la réponse.

— Un velours ! Deux ou trois fois l'an, je recevais une enveloppe. Dedans, y avait la photo d'un type, ses coordonnées et une botte de cent mille piastres ! J'ai pu m'arranger une existence pépère. Parfois, mon tempérament fougueux prenant le dessus, je commettais une petite bévue ; il me suffisait d'en informer le lieutenant Quinn et tout rentrait dans l'ordre. Les choses continueraient sûrement encore sans cette hémorragie cérébrale qui m'a déguisé en pot de fleurs.

— Et Quinn, tu as de ses nouvelles ?

— Non, mais à vrai dire je n'en ai jamais eu directement : une simple enveloppe je vous dis, sans nom d'expéditeur. Je continue d'en recevoir une, à Noël, avec cinquante billets dedans. C'est gentil, non ?

— En somme tu es pensionné de l'Etat ?

— Comme qui dirait. Je mène la bonne petite vie avec Bella. On s'est connus à l'époque héroïque et ça a été le grand amour. Evidemment, à présent j'ai plus les moyens physiques de la faire reluire, mais je lui propose une bonne manière quand elle a des vapes. Elle se couche sur la table, les pieds sur les accoudoirs de ma formule I, et Robin la déguste scientifiquement. Comme racontait un éléphant dont un chasseur avait sectionné les balloches : je compense avec ma trompe !

On rit avec lui de sa boutade. Sa gagneuse revient, la démarche en crabe, le cul bas (dirait Castro).

Béru qui devrait être apaisé semble soucieux. Il vient à moi, le masque déformé par l'inquiétude :

— Tu sais ce dont je repense, Grand ? A mes caillettes dans mon coffiot à la banque. Tu croives pas qu'é s'ront nazebroques quand t'est-ce j'irai les récupérer ?

— Penses-tu. Du moment que tu as fait le vide en aspirant un grand coup l'air du coffre...

— Moui, hein ?

Il ne demande qu'à être heureux, le Gros. Il est fait pour. Alors il chasse son angoisse et sourit.

Désignant la dame Bella, il déclare :

— Un bon petit lot ! Pas feignasse du train, la mère ! Quand j'l'ai eusse eu monté la chatte en mayonnaise, elle a voulu que j'y défonce la porte de derrière ! Pas fastoche car elle avait jamais dérouillé du monumental dans la bagouze. Elle acceptait la visite dans la lune s'l'ment des michetons qu'avaient le braque format cigarillo. Alors tu penses, quand j'ai arrivé dans sa bétonneuse à chocolat av'c mon mandrin hors classe, ses miches jouaient plus *L' Beau Danube bleu,* fatal ! J' peuve te dire qu'elle a mordu l'oreiller pour pas ameuter la garde. « Tu veux qu' j'te signasse un armistice, mon trésor ? », j'y d'mandais. « Non, non, continue ! elle répondait, m'l'faut tout ! » Elle avait beau causer en espingouin, j'pigeais sa volonté. « C'est la dame de fer, cette grosse vache. Et même j'sus certain qu'la mère Tâte-Chair eusse pas pu enquiller une empétardée pareille, tout anglaise qu'elle soye été. Regarde-la arquer, Poupette ! Doit z'avoir l'couloir à lentilles kif l'tunnel sous la Manche ! C'est des enragées, ces anciennes radeuses. Tu croirais qu'é profitent de leur retraite pour oublier les choses du sesque, ben non, tu voyes ? Quand une superbe occase s'présente, é sautent dessus, la moniche grande toute verte ! »

Ainsi parle Bérurier le Grand, Bérurier le Gros. Bérurier l'Unique, Seigneur de la grosse veine bleue !

Avant de prendre congé du couple, je me penche sur Robin Bolanski.

— Hé ! Rob ! Tu sais des trucs à propos de l'affaire Kennedy, toi ?

Il sourcille. J'ai idée que la potion miraculeuse commence à cesser ses effets car il reprend sa sale gueule chafouine de gus en pétard contre tout ce qui bouge.

— Quelle affaire Kennedy ? il demande.

— Ben, l'attentat de Dallas, quoi !

Il hoche la tête :

— Qu'est-ce que j'en ai secouer, moi, de Dallas ! S'ils l'ont refroidi, c'est qu'ils avaient leurs raisons, non ?

— Qui « ils » ?

— Ceux qui le voulaient viande froide, pardi ! Que d'histoires pour quelques coups de flingue !

— T'as raison, Rob ! Allez, salut !

On les met.

A notre vif étonnement, il y a foule devant la maisonnette bleue. Des gamins, des adolescentes efflanquées, des grosses commères joyeuses, des vieillards sarcastiques, des marchands de fritailleries, un pasteur noir, des filles de joie, des hommes de peine, un chamelier ayant égaré sa caravane, un pêcheur de perles de culture complètement inculte, plus quelques badauds en ordre dispersé. Un touriste japonais rembobine son rouleau de pellicule en riant magot.

Notre garce de petite chauffeuse se tient légèrement à l'écart et je m'informe de la raison de ce rassemblement : on ne distribue rien gratis, Jean-

Marie Le Pen ne harangue pas, et l'épouse du Président Bush ne montre pas sa cicatrice de césarienne, alors ?

La *dark* môme m'explique que la fenêtre dépourvue de rideaux donne sur la pièce où Bérurier vient de perpétrer avec la dame Bella. Un gamin alerté par les clameurs de la gagneuse de Robin a eu l'idée de mater. Ayant vu, il a donné l'alerte, ce qui dénote de la part de cet enfant un esprit altruiste, car il est rare qu'un individu tombant sur une pareille aubaine ne la garde pas pour sa satisfaction personnelle.

Lorsque Alexandre-Benoît passe la porte, il est littéralement ovationné. On l'entoure ! Des gens lui font signer des autographes, des dames lui proposent dix dollars pour avoir le droit de palper sa braguette et le Japonais insiste pour qu'il exhibe son membre devant l'objectif. Tu parles ! Dans un patelin où l'on fabrique des capotes anglaises format sapajou, la photo d'un tel braquemard aura davantage d'impact que le musée Bernard Buffet.

Sa Majesté assume avec brio son vedettariat. Il rechigne pas à produire son sexe, non plus qu'à le laisser caresser. Ce n'est pas la première fois de sa carrière de queutard qu'il connaît un tel succès de masse.

Aidé de Mathias, je finis par l'engouffrer dans la belle limousine.

Il n'a même pas le temps de réintégrer Popaul dans son studio, aussi son monstre du Loch Ness se met-il à folâtrer sur ses genoux.

— Si tu t'installais dans ce pays, remarque le

Rouquin, tu aurais vite une réputation supérieure à celle de Sinatra.

Le Mastard a une expression de noblesse maîtrisée.

— Pourquoi, ici ? Partout ! fait-il, très simplement.

Je donne des directives à la Noiraude qui se prénomme Nancy, comme la vieille peau du père Reagan.

Béru remise tant mal que bien son instrument de forage en soulevant sa partie inférieure, le dos arc-bouté contre la banquette.

— Elle était sympa, c'te Bella, fait-il. Tout l'temps qu' j'y enquillais mon fox à poil ras dans l'joufflu, é m' criait un mot d'amour en espago. Pourtant, l'était pas à la noce, Ninette. T'as meilleur compte d' t'enfiler un oursin en guise de suppositoire dans le recteur plutôt qu' Mister Mandrake ! Elle m'hurlait commak : « *Mantequilla ! Mantequilla !* » C'est gentil, non ?

— Ça veut dire beurre, en espagnol, lui apprends-je.

Il bouche-bée (1) et la lumière inonde son esprit magmateux.

— Ah ! je comprends ! La pauvrette ! Comme quoi, faute d'causer français, on s'fait enculer sans confession ! Enfin, maint'nant qu'c'est fait, elle est parée, la chérie.

Il sourit puis nous dit :

— Ma d'vise pour bien vivre, vous savez quelle était-ce, les gars ? La même que le P'tit Chapon

(1) Verbe bouche-béer, 1er groupe.

Rouge : « Beaucoup de galette et un p'tit pot de beurre ». Avec ça, on est paré. S'l'ment, évid-'mment, pour être riche, faut avoir les moyens !

Ayant proféré cette vérité première, il fait coulisser la vitre de séparation et lance rageusement à notre conductrice :

— Espèce de punaise !

Il referme brutalement, mais se sentant incomplètement soulagé, il rouvre et ajoute :

— De merde !

Il avait son cabinet à Hollywood, le docteur Garden. Le magicien Mathias a pu retrouver l'adresse de « Doc » dans Bloomfield, pas loin des studios Universal. On s'arrête devant un immeuble en pierre de taille, bâti dans les années 20, avec des ornements de bronze tarabiscotés sur la façade et une porte en bronze elle aussi évoquant quelque vieille banque de la City londonienne. Ça fait pas loin de quarante piges qu'il a quitté le quartier, le « paysagiste en gueules ». Pour retrouver quelqu'un l'ayant connu, ça va pas être « évident », comme ils disent tous, avec leur foutue manie des mots ou expressions à la mode. Maintenant, t'interviewes n'importe qui à la téloche, t'entends dire que « c'est pas évident ». Moi je trouve que ce qu'il y a de vraiment évident, c'est leur connerie. Alors là, te fais pas de souci : elle est toujours présente au rendez-vous !

Béru s'est endormi après ses exploits de sommier. Le repos du guerrier ! Ensuite il se réveillera et clamera qu'il a faim. C'est un animal authentique, ce mec !

Nous descendons, Xavier et moi, et nous demeurons plantés sur le trottoir d'en face à mater ce building d'une douzaine d'étages.

— En somme, tu espères quoi ? me demande Mathias.

— Je ne sais pas... Rien ! C'était pour voir où Garden vivait avant de plonger la tête la première dans le crime. Essayer de piger...

Et mon pote, impitoyable :

— De piger quoi ?

— Oh ! tu me les casses ! Tu sais bien que moi, c'est à la renifle que ça se passe. Il vivait là dans la fin des années 50.

Le Rouquemoute murmure :

— En tout cas ce n'est pas à l'époque où il habitait cet immeuble qu'il a pu entendre parler de l'assassinat de Kennedy puisque celui-ci n'était pas encore Président.

— Très juste, Auguste. Par contre, comme il évoluait dans un monde de rupins, il a pu connaître quelqu'un qui serait amené un jour à participer à un complot contre J.F.K.

— Il est parti d'ici pour vivre dans des pénitenciers, ce n'est pas le genre d'endroit où on rencontre des personnes d'influence.

Il veut toujours faire prévaloir la logique, l'Incendié. Y a rien de plus casse-bonbon que les cartésiens : ils vous mettent trop le nez dans la vie ! Et le rêve, alors ? Et le merveilleux ? Ils en font quoi, ces branques ?

Je traverse la chaussée pour pénétrer dans

l'immeuble. J'avise un grand Noir loqué d'un jogging blanc qui est en train de briquer l'énorme boule d'escalier. Il a une joue enceinte de quatre plaquettes de chewing-gum mâchées simultanément.

— Hello ! l'abordé-je, manière de lui montrer que j'ai de la conversation.

Il me file une œillée en chanfrein et m'honore d'une onomatopée qui, si elle était répétée onze fois de suite fournirait, ma foi, un honnête alexandrin.

— Vous êtes le gardien de l'immeuble ? insisté-je.

— Y a de ça, ouais.

— Savez-vous s'il y a un locataire habitant l'immeuble depuis les années cinquante ?

— J'étais pas né à cette époque, ricane le Noir ponceur-de-boules.

— Je n'étais pas né à l'époque de Lincoln, pourtant je sais qu'il a existé, j'objecte.

Pour tempérer le sarcasme, je lui tends un bifton de vingt dollars. Il l'enfouille sans hésiter et me remercie d'un signe de tête désinvolte.

Puis, comme je semble attendre, il déclare :

— Au 1102, y a les Minsky ; ils sont tellement vieux qu'ils ont dû arriver aux States avec le *Mayflower*, voyez toujours.

Puis il reponce sa boule de cuivre avec une telle énergie qu'elle a déjà perdu dix centimètres de circonférence. J'ai idée que cette pomme d'escalier, pour lui, c'est un peu le noyau atomique de la bâtisse ; son point névralgique.

Je dis merci et on va fréter un des trois ascenseurs pour se faire hisser jusqu'au onzième.

Une petite dame au nez pointu chevauché par des yeux de souris, aux cheveux blanc bleuté mistifrisés, et au maquillage de plâtre, nous ouvre. Elle porte une robe rose d'adolescente se rendant à la distribution des prix de son institution.

Elle nous considère avec une attention qui la fait loucher davantage.

— Mais oui, messieurs ? fait-elle gentiment.

— Je vous prie de nous pardonner, madame Minsky, mais nous souhaiterions avoir une petite conversation très brève avec vous. Rassurez-vous, nous n'avons rien à vous vendre.

Elle sourcille.

— Cet accent ! s'exclame-t-elle. Cet accent ! Ne seriez-vous pas français ?

— En effet !

Elle pousse un petit cri de joie et appelle :

— Scott ! Viens vite voir : des Français !

Là-dessus, elle me tend la main en gloussant des « *Hello, French boys ! hello ! hello !* »

L'autre moitié du couple se pointe (du Raz, ou plutôt du rase) avec une fausse barbe de père Noël consécutive à un savonnage exubérant. Il tient un rasoir à manche à la main et il ferait franchement nain s'il mesurait deux centimètres de moins. Il est en maillot de corps douteux (le corps comme le maillot) et caleçon court à rayures roses sur fond blanc.

A son tour, il pousse des « Hello » frénétiques,

gambadant comme un gnome sur la lande bretonne, à qui une faunesse dévergondée montre sa petite culotte fendue.

Les Minsky délirants nous font pénétrer dans leur antre ce qui nous permet de constater qu'ils sont, (lui du moins) « tailleurs en chambre ». Ils nous expliquent qu'étant juifs polonais, ils sont parvenus à s'évader du wagon qui les conduisait à Dachau, et par miracle ils sont tombés sur un camp de prisonniers français travaillant dans les bois, alors qu'ils erraient sans nourriture. Ces derniers les ont planqués pendant plusieurs jours dans les ruines d'une grange ; ils leur ont fourni des vêtements, un peu d'argent, une boussole et, grâce à cette aide inespérée, le couple est parvenu à gagner la Suisse où de la famille les a accueillis et leur a payé le voyage aux Etats-Unis.

Nous sommes « leurs premiers Français », depuis cette époque mémorable, d'où la liesse déclenchée par notre survenance.

Dès que je peux en placer une, je leur demande la date de leur arrivée dans l'immeuble de Bloomfield. La réponse me comble : 1948.

— Vous avez connu, par conséquent, le docteur Thomas Garden ?

— Très bien : il habitait le huitième ; c'était un homme charmant.

— Mais qui a mal fini ?

Pépère court achever son rasage, tandis que Poupette tient seulâbre le glaviotoir. A tout bout de champ elle nous attrape une main et la baise. Elle est exquise, cette petite vioque. Un bijou.

Je reviens à mon Doc :

— Il lui est arrivé de graves ennuis, n'est-ce pas ?

La souris couine de compassion.

— Il a perdu la tête pour une femme ! affirme-t-elle catégoriquement. Une petite actrice, mais qui a fait son chemin depuis, davantage avec son derrière qu'avec son talent ! On a projeté, en Europe : *Princesse Indigo ?*

— Pas que je sache, ou alors sous un autre titre, réponds-je.

— Eh bien, c'était elle la vedette, déclare la vieillette. Elle a également fait du théâtre à Broadway. Et puis elle est devenue la maîtresse quasi officielle du sénateur Della Branla. Elle s'appelle Norma Cain, ça ne vous dit rien ?

— Vous savez, j'habite Saint-Cloud et je lis peu les journaux américains.

— Une fieffée garce ! ponctue mamie Minsky.

— De qui parles-tu, ma colombe d'azur ? demande son nabot qui radine, superbe dans un pantalon de velours et un blouson de daim en chlorure de vinyle.

Ses vieilles joues flasques saignotent par les mille coupures qu'il s'est infligées et il lui reste des zones de barbe sous le menton, plus de la mousse à savon dans le pavillon des portugaises. Une fois qu'il est rasé, tu t'aperçois qu'il a une frime de marionnette jubilatrice.

— Je parlais de Norma Cain, mon bijou, l'affranchit sa bergère.

— Et qu'est-ce que ces gentils Français ont à voir avec une pute pareille ? s'étonne le cher vieillard.

— Ils me questionnent à propos de ce pauvre docteur Garden. Je leur racontais que si Thomas s'est mis à perdre les pédales, c'était pour faire une vie de rêve à la gueuse !

— En tout cas, elle est bien punie, ricane le gnome.

Je dresse l'oreille (la droite, ma meilleure).

— Pourquoi dites-vous cela, monsieur Minsky ?

Il grattouille son étagère à mégots avec le doigt que, dans sa grande mansuétude, le Seigneur nous a donné pour le faire, à savoir l'auriculaire.

— Tu leur as dit que cette sale garce était devenue l'égérie du sénateur Della Branla, ma libellule ?

— En quelle année ? coupé-je.

Ils réfléchissent à l'unisson.

— En 61, répond le faux nain.

— Je dirais plutôt 62, rectifie Baby-mémé.

Moi, driveur d'interrogatoires professionnel, je ramène l'eau de leur conversation dans le caniveau des révélations, comme l'écrirait, j'en suis intimement convaincu, M. Maurice Schuman de l'Académie française s'il savait écrire des romans.

— En quoi Norma Cain a-t-elle été punie ?

Ils vont pour jacter tous les deux, mais le gnome laisse la priorité à Colombine.

Elle narre :

— Le sénateur Della Branla était un homme extrêmement puissant et séduisant, vous avez vu sa photo dans le journal ?

— Je ne lis que *Le Courrier des Hauts-de-Seine*, petite madame, et il est rare que cet hebdomadaire, particulièrement bien fait, au demeurant, publie des photos de sénateurs U.S.

Elle a ce geste en chasse-mouches auquel rêvent tous les étrons abandonnés dans les chemins creux.

— Je vous disais que Dean Della Branla était un homme séduisant, donc un homme à femmes. Il ne comptait plus ses conquêtes et vivait au milieu d'une cour de pécores jalouses. Norma était la maîtresse en titre, certes, mais ce titre envié faisait grincer beaucoup de jolies dents blanches. Un jour, elle a été révolvérisée dans sa maison de Beverly Hills par un tueur à gages, et l'on n'a jamais su qui avait commandité le « travail ».

— Elle a été tuée ? demande Mathias.

La question me paraît saugrenue, la chose allant de soi. Un tueur à gages ricain, en général, ça ne pardonne pas. Mais contre toute attente, le vieux déclare, voulant prendre part à la converse :

— Elle en a réchappé après deux mois de coma. Seulement maintenant elle est non seulement défigurée mais complètement poreuse.

Le terme est amusant, ou alors je traduis mal le mot « *porous* », non ?

— Parce qu'elle vit toujours ?

— J'ai lu un entrefilet à son sujet dans un journal de télévision, annonce Alice (au Pays de la mère Veil), car on repassait un de ses films : « *Touch me, Darling* ». Il paraît qu'elle vit dans une petite maison de Sunset Boulevard en compagnie d'une femme de chambre et d'une infirmière car, après l'attentat, le sénateur lui a établi une rente à vie, ce qui était chic de sa part, ne trouvez-vous pas ?

— Il a la reconnaissance du sexe, conviens-je.

— Avait ! rectifie le farfadet, car il est mort aussitôt après dans un accident survenu à son Jet privé.

— C'était en quelle année ?

— Fin 63.

Mathias a enregistré toutes ces bavasses, en homme précautionneux.

On se retire après avoir fait la bibise aux Minsky et leur avoir promis de radiner à leur secours si un jour le Ku Klux Klan les faisait chier.

— Tu vois que j'avais raison de vouloir connaître cet immeuble, triomphé-je. Mon flair, Rouquin, mon pif d'homme bien membré ! Je n'ai qu'à marcher derrière mon nez : il m'emmène toujours là où je dois me rendre !

5

LES LÉSIONS DANGEREUSES (1)

Dans ma grande sagesse climatisée, je me dis que si la grande Norma Cain vit dans une vraie maison, c'est qu'elle n'est pas réduite à l'état de géranium, sinon elle serait dans un hospice pour riches gâteux. Premier point.

Et puis je me dis aussi, mais ça avec l'aimable participation de Xavier Mathias, que la version selon laquelle c'est une rivale jalouse qui l'aurait fait abattre par un tueur n'est guère satisfaisante.

Je veux bien que nous soyons aux States, pays de toutes les dingueries, mais je vois mal une pétasse jalmince se mettre à la recherche d'un équarrisseur pour lui faire zinguer une autre radasse. Qu'elle l'eût fait vitrioler, d'accord, c'est monnaie courante chez les frangines exacerbées. Mais buter froidement, c'est une autre paire de quenouilles, comme disait ta grand-mère qui en avait vu de dures.

— Sais-tu à quoi je pense ? me demande

(1) Chapitre dédié à Pierre Choderlos de Laclos.

l'homme aux cheveux couleur de désastre-écologique-d'été-dans-l'Estérel.

— Toujours, réponds-je, car je le pense également.

— Le sénateur Della Branla est mort « accidentellement » à la fin de l'année 63.

— Et Kennedy a été assassiné le 22 novembre de la même année. Alors toi, graine de Sherlock, tu échafaudes l'hypothèse suivante : « Et si le sénateur Duchnock avait trempé dans un complot contre le Président J.F.K. ? Et si, cavaleur et mec à femmes comme il est, il en avait touché un ou deux mots à sa belle Norma ? Et si cette dernière avait confié le secret au docteur Garden ? Et si, en haut lieu, on avait eu vent de ces fuites et, pour assainir la situation, décidé de liquider les trois personnes compromises ?

Mathias hoche la tête.

— D'accord, je pense dans ce sens-là, mais on bute sur une impossibilité.

— Laquelle ?

— Comment Norma Cain aurait-elle pu affranchir Garden puisque quand elle est devenue la maîtresse du sénateur, il se trouvait dans un pénitencier ?

On retrouve la rue, la longue limousine noire avec Béru pionçant à l'intérieur. Nancy écoute de la zizique que lui transmettent des écouteurs. Le léger casque écrase sa chevelure calamistrée. Elle me sourit, adossée à l'aile avant droite de son véhicule. Il fait beau. Au sommet de la colline, le mot « Hollywood » se détache sur le ciel en immenses caractères blancs.

— Où allons-nous ? s'informe la chérie noire.

— Sunset Boulevard, chez Miss Norma Cain. Vous pouvez demander son adresse précise aux renseignements, par votre téléphone de bord ?

Elle a ôté ses écouteurs et remonte dans le grand fourbi à la con. Le luxe vu par l'Amérique, je te jure, c'est quelque chose ! Bérurier a glissé de sa banquette. Il est agenouillé sur le plancher de la tire, le buste sur le siège, les bras en oreiller et il ronfle comme un meeting d'aviation.

On le repousse un peu afin de se loger dans le véhicule.

— Il n'y a qu'une personne qui pourrait nous affranchir, déclare Mathias.

— Je sais, dis-je : le lieutenant Quinn. Seulement pour le faire parler, celui-là !

Il tapote sa poche.

— Tu oublies mon petit nécessaire. Tu as vu comme après une injection le truand était docile et coopératif ?

— Pas commode de bricoler une injection à un homme de son importance. Il a dû monter en grade, depuis 63.

— Ou plus vraisemblablement prendre sa retraite, ce qui le rendrait davantage accessible.

Je feuillette mon petit calepin minable (qui me vient de papa). Couverture de moleskine noire, papier jauni, ligné, avec une marge rouge. L'avant-guerre, quoi ! Il nous en reste plusieurs paquets de cinquante au grenier ; je te l'ai déjà dit, c'était sa marotte à mon dabe, les calepins. Il va falloir des générations pour écouler son putain de stock !

— Avant de partir, j'ai pris le numéro du service de renseignements de notre ambassade de Washington.

J'ouvre la vitre et demande à Miss Bronzette de me composer le numéro. En moins de jouge j'ai en ligne un mec qui a l'accent du Midi. Parler le *yankee* dans ces conditions, ça devient un numéro de music-hall, l'aïoli corrige la nasillerie américaine.

Je me fais connaître et annonce mon chiffre de code secret. Après quoi j'exprime mon problème qui est d'obtenir l'adresse d'un certain lieutenant Quinn qui devait marner pour la C.I.A. au début des années 60. Mon terlocuteur me demande de le rappeler dans une heure.

En général, les crèches alignées sur le Sunset Boulevard sont plutôt opulentes, parfois même somptueuses, mais avec souvent la faute nouveau-riche-ricain : soldats peints, en tenue de grenadier sur les terrasses, personnages de la mythologie Disney disséminés à travers les pelouses, ponts chinois sur des cours d'eau en circuit fermé ! Tout ce pauvre folklore de gens qui, n'ayant pas de passé, tentent désespérément de se fabriquer un présent de pacotille. Tu as des maisons de style andalou, d'autres néogothiques, beaucoup de normandes à colombages, des crèches Arts déco et même, même quelques maisons californiennes !

La demeure de Norma Cain est des plus simples : huit cents mètres de gazon avec, posée dessus, une construction cubique, blanche, qui ressemblerait à un dispensaire dentaire si elle était un peu plus grande.

Un chien danois à l'expression aussi avenante que celle qu'avait le regretté Adolf Hitler lorsqu'il souffrait de ses hémorroïdes, se jette contre le portail blanc quand nous sonnons. Pas le genre aboyeur : le genre déchireur de culs.

Au bout d'un temps, une donzelle noire se pointe. Elle n'est pas vêtue en soubrette puisqu'elle porte un pantalon de lin rouge et un gros pull, de cinq tailles trop vaste, bleu marine (d'ailleurs il est décoré d'une grosse ancre). Elle saisit le vilain toutou par son collier, s'arc-boute pour nous laisser entrer.

— Vous êtes les nouveaux ? demande-t-elle.

Nous répondons par l'affirmative et sans avoir l'impression de mentir. Effectivement, nous sommes nouveaux, n'ayant encore jamais mis les pieds céans.

Elle nous introduit dans un livinge-roome comme je n'en ai jamais revu depuis que Mme Ripaton a fermé son bordel plus ou moins clandestin, à Courcelles.

Deux personnes l'occupent pour l'heure : une monstrueuse obèse d'au moins trois cents livres, vêtue d'une blouse blanche défaite sur le devant, because l'ampleur du ventre, et qui gît dans un fauteuil club environné de bouteilles de bière vides. Elle en a une, à demi pleine, posée en équilibre sur l'accoudoir de son siège et elle se gave de pommes chips puisées dans un grand sac en papier transparent. Je la situe comme étant l'infirmière annoncée à l'extérieur. C'est une Blanche, et même une blonde, aux joues écarlates. Ces dernières sont si grosses que t'as l'impression qu'elle est en train de gonfler l'enveloppe d'un ballon d'observation.

Je ne vois que de dos le deuxième personnage, car il se tient devant un poste de téloche et nous tourne le dos. Tout ce que nous en savons, c'est qu'il s'agit d'une femme et qu'elle est en robe du soir avec un boléro de vison blanc sur les épaules.

La bonniche en civil nous montre un tapis roulé, le long d'un mur.

— Cette fois, vous allez avoir du boulot, nous dit-elle. C'est du vin rouge et du vernis à ongles qu'elle a répandus.

Je réalise dès lors qu'elle nous prend pour des nettoyeurs de tapis, gens auxquels on doit beaucoup faire appel dans cette maison, la propriétaire devant probablement les souiller à tout propos.

Je lui explique qu'il y a maldonne et que nous sommes des journalistes français venus faire un reportage sur les anciennes gloires d'Hollywood, dont Miss Norma Cain, l'inoubliable interprète de *La Princesse Indigo*.

Là, c'est l'infirmière obèse qui nous prend en charge :

— Ecoutez, les gars, vous vous êtes déplacés pour rien : Miss Cain n'est pas en état de vous répondre.

— On ne sait jamais, insisté-je en passant devant ses abominables cuisses écartées pour gagner le poste de télé.

Madoué ! Cette vision d'enfer ! Totalement défigurée, la vedette ! Elle a un grand trou sombre à la place de l'œil droit. La pommette a été pulvérisée par une balle, le lampion arraché, la bastos a traversé la tête et elle est ressortie par la joue gauche que laboure une profonde cicatrice à bourrelets.

De son œil valide, Norma Cain suit les roucoulades d'un couple. Dans les feuilletons *made in U.S.A.*, ils se cassent pas le chou : tout en gros plans ! Chaque fois tu as des couples jeunes, vieux ou entre deux âges face à face, champ contre champ ! Tantôt ils s'invectivent, tantôt ils se font des déclarations. *Dynastie, Santa Barbara, Mon cul sur la commode :* même circuit. Ça ressemble aux petits ruisseaux des luxueuses propriétés : c'est toujours la même flotte qui sert, qui fait des cascades, des pièces d'eau, des jets irisés. Histoires pré-mâchées, prédigérées. Elles te font simplement chier, point c'est tout !

— Hello, Miss Cain ! lui lancé-je.

La blessée tourne vers moi un regard gris et sans expression.

— Hello ! me répond-elle.

— C'est beau ce que vous regardez ?

La grosse infirmière boulimique essaie de s'arracher du fauteuil mais son prose apocalyptique est coincé dedans. De plus, son énorme anus fait ventouse sur le cuir, tu comprends ? Elle est là, à jambonner des cuissots en tirant sur les accoudoirs, mais elle reste soudée. Elle glapit :

— Laissez Mlle Cain tranquille, sinon j'appelle la police ! C'est de la violation de domicile !

— Calmos, ma blanche colombe ! lance Bérurier qui vient d'entrer.

Il s'est réveillé et veut être de la fiesta, le Gros, faire de la figuration inintelligente, mais participer, quoi, bordel ! Coubertin, merde !

— Le danois ne t'a pas inquiété ? demande Mathias.

Sa Majesté sourit finement.

— J'sais pas si tu l'sais et si tu l'sais pas, je te le dis : j'ai pratiqué les arts marsupiaux au service militaire ! Le *car raté,* le *jus d'os,* le *j'lu chie d'ssus* a pas d's'cret pour moive. Le cador, qu'à peine il me tirait des crocs gros comme des portemanteaux, il s'a r'trouvé su' le gazon, avec sa menteuse violette en guise de bavoir.

Il s'approche de l'obèse en blanc et mate entre ses formidables cuisses.

— Là, ma Berthy est battue ! reconnaît ce grand dissident de la Culture, tu parles d'un n'hangar à zobs, la mistress ! Y a tant tell'ment d'graisse su' l'parcours qu'on lui voye pas l'entrée des artiss' ! Non plus qu'l'tablier d' sapeur ! Moi, j'viendrais pas d'donner, ça m'amus'rait d'entr'prend' c'te dame, juste pour essayer d'me flécher un itinéraire dans c'te masse ! Notez qu'avant d'arriver z'au bute, on risque d'se gourer et d'emplâtrer un d'ses bourrelets !

L'infirmière lui tend sa menotte afin qu'il l'aide à se dégager de son carcan. Le Mahousse, galant, même avec les cétacés de haute mer, la saisit au poignet et tire de toutes ses forces qui sont grandes. Au point de la faire jaillir du siège et de se la prendre sur la coloquinte. Dans les meilleurs

Laurel et Hardy t'as jamais vu ça : le monstre des profondeurs renverse le Gravos et s'abat sur lui, l'ensevelissant sous un éboulement de viande rance. La vision est féerique. Le prose de l'infirmière sans culotte fait songer au ballon d'Alsace sous la neige car elle est de peau blême.

Surpris par cet écroulage vivant, Bérurier suffoque ! Va falloir envoyer des chiens d'avalanche pour le repérer ! Mander des trucks, des pelleteuses, mobiliser la troupe ! Xavier profite du tumulte pour venir faire une petite piqûre amitieuse à Norma, sans que son dragon de garde s'en aperçoive.

La bonniche noire, héroïque, se lance courageusement dans la mêlée pour tenter de sauver ce qui est encore sauvable. Elle se penche sur l'amas et saisit un gigot antérieur de la garde-malade. Ce faisant, elle est troussée par sa position. Alors une main sort du tas d'immondices et s'engage résolument entre les cannes de la gentille Noiraude. Béru qui a, malgré son inconfort et la précarité de sa respiration, aperçu l'ouverture et compris le parti à en tirer, joue son grand air de « Je viens à toi, culotte chaste et pure ».

La bonniche couine, lâche l'infirmière pour tomber à genoux et mordre au sang cette main généreuse qui ne lui voulait pourtant que du bien !

Alexandre-Benoît crie de souffrance. Puis, d'une voix étouffée (et pour cause) tonne :

— Mais qu'est-ce é ont donc, ces mâchurées de merde à rebuffer les Blancs ! Aut'fois jadis, on lynchait les Noirs qui r'gardaient les Blanches, et maint'nant les Noires mordent les Blancs qui s'intéressent z'à elles ! Y a d'quoi s'lestraire et s'la passer au brou d'noix !

Et puis vaille que vaille, ça se remet en place. Je me penche sur la malheureuse actrice défigurée. Elle est tragique, dans sa robe du soir en lamé vert qui la fait ressembler à une sirène qui se serait pris la frime dans l'hélice d'un barlu, et vieille, aussi ! On ne la teint qu'à la Saint-Trouduc, ce qui laisse le temps aux racines blanches de faire leur boulot.

— Miss Norma, lui fais-je, je suis l'un de vos fervents admirateurs. Seriez-vous d'accord pour que nous évoquions un peu le passé, vous et moi ?

Elle semble écouter des voix qui tombent du ciel, réfléchit un instant et acquiesce.

L'infirmière qui s'est remise droite (mais peut-on dire d'une boule qu'elle se tient droite ?) accourt :

— Pas de ceci, Betty ! (1) proteste-t-elle.

Et la voilà qui m'écarte d'un coup d'épaule dont la porte principale de Notre-Dame de Paris ne se remettrait pas, moyenâgeuse comme je la sais.

Agacé, je crie à Béru, dans notre langue maternelle que Miss Triplevache n'est pas censée comprendre :

— Emballe-nous ce tas de merde pendant un quart de plombe qu'on puisse jacter tranquillos avec la vioque, Gros !

— J't'interdille d'm'app'ler Gros en présence de médème ! rigole l'Enflure. J'm'sens tout mignard au bord d'elle !

(1) « Pas de ceci, Betty », est l'équivalent américain de notre « Pas de ça, Lisette ».

Mais déjà conditionné pour sa mission, voilà qu'il se prend les siamoises à deux mains en geignant à pierre fendre.

— Naïce litele madame ! fait-il, avec des sanglots, ayame véri île ! You have écrased and broquène my baloches ! Look, plize ! Oh là ! Oh ! la la !

Il se lâche la couille gauche pour prendre la main gauche de Miss Robinson (je viens juste de retrouver son nom sur mon calepin) et la porter à sa braguette soi-disant sinistrée. L'infirmière palpe, pense instantanément à une orchite triple et — le professionnalisme avant tout — l'entraîne jusqu'à la cuisine américaine contiguë au livinge auquel elle est reliée par une ouverture équipée d'un bar-repas (ouf ! une vingtaine de mots sans virgule, faut être Proust !).

On peut ainsi continuer d'apercevoir la partie supérieure du couple, de même que celle de la soubrette en pull. Aux gestes, on devine que le Terrific baisse son pantalon. La supposition nous est confirmée par le « *Oh ! my god* ! » incrédulard que lance le tombereau en blouse blanche.

Vite, j'entreprends Norma Caïn :

— Vous vous rappelez, Miss, le sénateur Della Branla qui eut des bontés pour vous ?

Elle réfléchit sitôt qu'on lui pose une question, car il lui faut un certain temps pour l'assimiler.

— Bingo, finit-elle par articuler, avec la difficulté qu'éprouvent pour s'exprimer certains pauvres enfants attardés.

— Comment ça, Bingo ? répété-je, ahuri.

— Ce doit être un sobriquet intime, propose Xavier, beaucoup moins con qu'il n'est roux.

Je demande à Norma :

— Vous l'appeliez Bingo ?

Elle opine.

Cette malheureuse me navre. Rien n'est plus terrible qu'une gonzesse défigurée et, de surcroît, « à la masse ».

— Il était gentil, Bingo ?

Elle fait « *yes* » de la tête (1).

— Il était fou de vous, n'est-ce pas ?

Une sorte de projet de sourire passe dans son regard « d'ailleurs ».

Y a remue-ménage dans la kitchenette américaine. Une assiette (voire un plat) est brisée. Glapissements de la grosse infirmière. Il n'est tout de même pas en train de la fourrer princesse, l'artiste ? Après sa séance avec l'autre gravosse de Venice, ce serait dur dur ! Mais en y regardant de plus près par l'ouverture du passe-plat, je crois que c'est la bonniche noiraude qu'il grimpe en danseuse, le Valeureux, l'Inextinguible ! Alors la garde-malade ronchonne comme quoi c'est pas des façons et qu'elle va appeler la police ! Qu'est-ce que c'est que ce trio d'étrangers qui pénètrent en force, houspillant une malade, tirant la servante avec une bite antédiluvienne ? Pas de ceci, Betty ! elle obstine !

— Va calmer le jeu ! enjoins-je à Mathias. Manquerait plus qu'on se farcisse les draupers de

(1) Le « *yes* » de la tête yankee rappelle le « oui » français à cela près qu'il est effectué plus lentement.

« *L'Os-en-gelée* » et qu'on soit enchtibés pour viol !

Il vaque prompto, ce Précieux. Toujours à la tâche, plus rarement à l'honneur.

Je me penche sur Norma Cain, lui saisis la main pour la réchauffer dans les miennes. Il faut l'apprivoiser, bien qu'elle soit « conditionnée » à mort. La seule entrave à cet interrogatoire bizarre, c'est son esprit dérangé, et même plus que dérangé : saccagé.

— Il vous disait tout, n'est-ce pas, quand vous étiez au lit ? C'était le genre d'homme qui a besoin de faire, à la femme qui le comble, l'offrande de ses secrets.

Mutisme ! Phrase sans doute trop élaborée pour un cerveau qui fait du delta-plane.

Je continue.

— Il vous a parlé du Président Kennedy ?

Ce nom la laisse songeuse.

— Le Président Kennedy qui est mort assassiné à Dallas, vous vous rappelez ? insisté-je.

Elle a une étrange lueur dans la prunelle. Elle articule faiblement :

— John ?

— Oui, c'est cela : John Kennedy. Della Branla vous a raconté ce qui se préparait contre lui ?

Elle répète :

— Contre lui ?

— Vous savez bien qu'on l'a tué à coups de fusil ?

Incompréhension de sa part. Nette, sans fioritures. Norma ne pige pas, c'est clair. A croire qu'elle a occulté le meurtre de Dallas. Elle se souvient du Président, non de sa fin tragique.

Je n'en tirerai rien, c'est couru. Avec une gamberge qui roule sur la jante depuis trente balais, ça n'a rien d'étonnant.

Je lâche sa main. Soupir de détresse de l'illustre Sana. On est venu foutre la merde pour la peau ! Je décide d'ordonner à mes troupes le repli général et je m'avance vers la cuistance pour ce faire. Mais qu'y découvré-je ? Tu donnes ta langue au chat ? Comment dis-tu ? Y a pas de chat ? Bon, ben garde-la ! M'agine-toi que Béru s'est emparé du fignard de la bonne en civil. Voilà qu'il vire sodomite, ce gros Gomorrhe ! Il ne lui suffit plus de se coltiner un braque qui ferait éclater la craquette d'une génisse, faut qu'il le carre dans des petites voies à sens unique, le sale dégueulasse ! Il déprave vilain, je te le dis.

Mais la surprise ne vient pas que de ses performances. Y a aussi Mathias qui me pose des problos. L'obèse a jeté sur lui son énorme dévolu et lui pelote les bas morcifs à travers le bénoche. Le Rouquemoute en est coi, de stupeur, de timidité ou de plaisir inavouable ? La bonniche, naturellement, part dans la complainte des pots cassés. C'est dantesque ! Tout cela dans une cuisine de pitchpin de deux mètres sur trois avec quatre protagonistes dont une baleine blanche.

Ulcéré, je reviens à la « chancetiquée du bulbe ». La contemple avec reproche. Je lui en veux d'être inapte aux confidences. J'ai honte. Si elle est inapte, la pauvre, moi je suis inepte !

Et voilà que, tu sais quoi ? Norma Cain m'adresse la parole.

Si je te répète ce qu'elle me bonnit, tu vas en avoir des fourmis rouges dans les testicules, Ursule.

Elle me fait comme ça, bien doucement :

— Il est mort, John ?

Tu juges ? Elle se rappelle Kennedy, mais ignore son trépas !

Et brusquementalement, la lumière m'inonde : elle a été révolvérisée *avant* qu'on ne tue le Président. Se trouvant dans le coma au moment de Dallas, et y flottant toujours plus ou moins, *elle n'a rien su de l'événement !*

Dedieu ! comme s'exclame à tout bout de champ le maréchal-ferrant où je fais changer les pneus de ma bagnole ; Dedieu de Dieu ! Ça modifie le tracé de notre entretien !

Pour lors, j'amène une chaise près de son fauteuil et éteins la téloche qui me fait passablement tarter avec ces blondes platinées qui n'en finissent pas de chialer ou de traiter de salauds des mecs à gueules de hockeyeurs.

— Mais oui, ma chère grande vedette, Johnny est mort.

— Comment ?

Et tu vas voir la feinte à Julot ! Un nectar (de forêt).

— Comme l'avait prévu votre cher Della Branla, Miss Cain, lui réponds-je.

Je sonde son visage détruit. Voudrais aspirer avec une paille ce qui se passe peut-être dans sa tronche trouée malgré les mauvaises apparences.

C'est l'inexpression intégrale. Elle semble avoir interrompu toute forme de réflexion.

— Vous vous rappelez de Thomas Garden, naturellement ?

Toujours ce décalage qui donne l'impression d'une boule chromée lancée sur le pan incliné d'un billard électrique et qui dévale la pente en ratant ses objectifs possibles le plus souvent.

Répondra ? Répondra pas ? Pigé ? Non pigé ? Ma question produit des sortes d'ondes excentriques.

Puis, ce mot, pareil à une bulle éclatant à la surface d'un marais :

— Merveilleux !

— Thomas est merveilleux ? insisté-je, prenant soin d'utiliser le présent puisqu'elle est reportée trente ans en arrière.

Sourire béat.

— Oui.

Il devait la calcer comme un chef, le Doc !

— Il fait bien l'amour ?

— Merveilleux !

Qu'est-ce que je te disais ? Elle garde au toubib marron la reconnaissance de la chatte.

— Quand l'avez-vous vu pour la dernière fois ? risqué-je.

— Hier, je crois, ou avant-hier...

— Au pénitencier de Kalamity Beach ?

Elle rêvasse un peu, puis assentime.

— Vous lui avez parlé de l'affaire Kennedy ?

Elle se tâte la gamberge, et soudain, comme si une illumination s'opérait dans sa comprenette, elle a un sursaut :

— Dans le gâteau ! dit-elle.

— Quel gâteau, Norma ?

— Dans le gâteau.

— Vous lui avez fait parvenir un gâteau au pénitencier ?

— Dans le gâteau !

Et puis la voilà qui se met à piquer une crise de nerfs fracassante, la mère ! Au point de choir de son fauteuil et de se tordre sur le sol. Elle a les yeux révulsés et écume. Ses doigts se crispent. Elle émet des cris sauvages. La grosse garde-malade lâche le pinceau de Xavier pour radiner tel un muid pourvu de jambes. En voyant sa patiente au sol, elle se fâche :

— Qu'est-ce que vous lui avez dit, misérable ?

Elle hèle la bonniche pour de l'aide. Sans réplique. La môme se pointe avec toujours le paf à Béru dans la chambre à gaz ! Ils ont une drôle de démarche chaloupée, les deux !

L'infirmière a saisi Norma par les épaules. La bonne veut se pencher un peu plus (elle est déjà à l'équerre, compte tenu de son occupation de l'instant) afin de prendre les jambes, mais le terrible mandrin qui lui compose une armature interne ne cède pas à ce projet. C'est moi qui la supplée bien que la garde me récuse comme un avocat d'assises récuse un juré qui a une sale gueule.

Elle finit pourtant par se soumettre à la nécessité.

— Portons-la dans sa chambre ! m'intimide-t-elle (comme dirait Béru).

On gagne la pièce voisine. Immense lit rose,

moquette rose, tapisserie rose, meubles roses, pralines dans un compotier d'opaline rose. Le nid de vedette U.S., quoi !

On étend la pauvre dame sur son couvre-lit. Elle se calme, devient inerte.

— Elle est cardiaque ? demandé-je à l'obèse.

— A outrance ! Vous l'avez contrariée, hein ?

— Pas le moins du monde : j'essayais de lui parler de sa carrière.

La monumente hoche son potiron et tire de sa poche un stéthoscope. Elle le coiffe et appuie l'embout chromé sur la poitrine de Norma Cain.

Son regard bouffi s'élargit. Chez les hyper-mahousses comme elle, ce qu'on peut le moins apercevoir, après le frifri, c'est le regard. Trop de bouffissures, de replis, de graisse, quoi !

La voilà qui se met à chevroter :

— Seigneur tout-puissant ! Mais elle est morte !

Oh ! ce seau d'eau glacée qui m'arrive dans la poire.

— Vous l'avez tuée ! gronde la garde. C'est vous ! La police !

Elle va de son plus vite possible au téléphone (rose), décroche.

Je la rejoins juste à temps pour couper la communication.

— Laissez-moi téléphoner, assassin ! Ou j'appelle au secours !

Joignant la gueulanche à la promesse, la voilà qui entonne des « *Help* », heureusement d'asthmatique. Je vais au plus pressé : ma carte de police.

On ne dira jamais suffisamment l'efficacité de ce mot aux riches voyelles.

Elle s'énuclée sur ces six belles lettres barrées de tricolore.

— Allons, Miss, réagissez ! dis-je avec autorité. Loin d'être des assassins, nous sommes des policiers et nous travaillons en pool avec la C.I.A. Je n'ai fait que poser d'anodines questions à cette femme ; peut-être lui ont-elle provoqué une crise cardiaque, suis-je pour autant un meurtrier ? Songez à ce qui se passerait si la police de Los Angeles arrivait ? Vous qui caressiez le sexe de mon second ! La domestique qui se laissait sodomiser par mon troisième ! Mon tout serait dès lors une catastrophe pour vous ! Toute la presse ferait des gorges chaudes car il me serait impossible d'étouffer le scandale !

Ces mots pleins de sagesse la convainquent autant que ma carte.

— Dès que mon collaborateur aura déculé, nous partirons et vous appellerez le médecin de Miss Cain. Inutile, dans l'intérêt général, de mentionner notre visite.

Il nous faut attendre une dizaine de minutes avant que ce chien lubrique de Bérurier puisse recouvrer la liberté.

Pendant qu'il tente de prendre congé de sa partenaire, je dis à Mathias :

— Dis voir, la Fournaise, ta drogue qui rend bavard, tu es sûr qu'elle n'est pas contre-indiquée aux grands cardiaques ?

Il hausse les épaules.

— Je ne saurais te renseigner sur ce point,

avoue le savant, ça vient pratiquement de sortir et je n'ai pas eu le temps de procéder à des tests poussés.

— Quelque chose m'assure que tu devrais le faire à tes moments perdus, mec.

Un bruit de bouchon de champagne nous apprend que Bérurier a rompu sa chaîne du bonheur.

6

VOILAGES AU BOUT DE LA NUIT (1)

Nancy interrompt la radio en nous voyant.

C'est un boulot peinard que le sien, nonobstant l'empâtement de son char d'assaut qui la contraint à des manœuvres fastidieuses dans les rues étroites. Tu peux rêvasser à loisir, lire, te faire les ongles, écouter les disques d'Yvette Horner (qui est un peu à la musique ce que je suis à la littérature).

Nous reprenons nos places en silence.

Elle attend mes directives.

— Vous connaissez Kalamity Beach ? je questionne.

— Certainement.

— C'est loin d'ici ?

— Une soixantaine de *miles*.

— On y va !

Docile, elle lance sa batteuse.

— Demande-z'y si elle aurerait pas un peu d'vasline à mon service, murmure le Mastard. C'te

(1) Chapitre dédié à Louis-Ferdinand Céline.

bonniche m'a esquinté l'pompon, pire qu'si j'aurais flanqué Coquette dans une moulinette !

— Tu te crois chez une pute ! l'envoyé-je au bain.

Renfrognée, Sa Majesté déclare :

— Jockey ! Jockey ! J'veux pas faire d'vagues, j'm'sognerai av'c l'huilier du restau où qu'on va pas tarder d'aller, si j'en croive mon estom'.

— Alors, interroge Mathias, positif ?

— Il me semble. Positif, mais incomplet.

Et de lui relater la scène avec la vedette du temps jadis.

— Il semblerait donc que nous ayons vu juste, conclut Mathias après mon exposé. Le sénateur Della Branla aurait trempé dans le complot contre Kennedy. Il a fait des confidences à sa belle, laquelle les a transmises au docteur... Elle lui rendait visite au pénitencier, car elle conservait un faible pour lui. Le Doc a vu là un moyen de négocier sa libération anticipée. Mais il lui fallait quelque chose qui ressemblât à une preuve, pour étayer ses dires.

— Ce quelque chose, elle le lui a fait parvenir à l'intérieur d'un gâteau.

Le silence revient. Nancy *drive* impec derrière sa vitre teintée. Je note qu'elle me coule de longs regards enamourés dans son rétroviseur large comme une psyché. Je te parie un kilo de caviar contre cent de ton fourrage préféré qu'elle n'appellerait pas les flics si moi je l'entreprenais.

Mathias demande :

— Tu espères quoi, du pénitencier ? En trente

ans, tout le monde a changé : gardiens et prévenus !

— On trouvera bien quelqu'un ayant connu l'homme qui a vu l'homme qui a vu l'os !

— Ton éternel optimisme...

— L'optimisme est aussi vital que l'oxygène. Si tu ne fabriques pas celui dont tu as besoin, personne ne t'en cédera car tout le monde en manque.

Je fais glisser la vitre :

— Puis-je utiliser encore votre téléphone, mon petit cœur ?

Elle me confie l'appareil portable et je rappelle mon correspondant méridional de l'ambassade de France (l'une des plus belles du monde).

— Vous avez pu obtenir mon renseignement, cher ami ?

— C'est fait ! chantonne l'homme des renseignements généreux. Votre lieutenant Quinn fume depuis belle lurette les pissenlits par la racine.

— Il est mort accidentellement ? fais-je.

— Si vous considérez que prendre un chargeur de 9 millimètres dans le buffet est un accident, alors d'accord, il est trépassé d'un accident ! ironise mon nain terlocuteur.

— Et il est mort en 63 ?

— Vous brûlez : 64 !

— Dans quelles circonstances ?

— En pleine nuit, sur les bords du Potomac, près du cimetière d'Arlington.

— Le cimetière des héros, fais-je. Le Président Kennedy y repose.

— Exact. Je peux encore faire quelque chose pour vous ?

— Merci, ça va comme ça. A l'occasion je vous ferai parvenir une bouteille de pastis.

Il rigole :

— Ne vous fatiguez pas, j'en ai plein un placard.

— Qui a dit qu'on n'emmenait pas la France à la semelle de ses souliers ?

— Danton. Mais il ignorait la valise diplomatique ! Allez, salut, monsieur le directeur.

Je rends son appareil à la poulette *dark*. Nos doigts s'effleurent. Dans le rétro, je lui fais un bisou à vide et avide. Elle l'accepte et me signe l'accusé de réception d'une œillade pas farouche. De ce côté-là, ça baignerait plutôt.

— Décidément, ça a été l'hécatombe ! remarque Mathias.

— Oui : la grande lessive. Les balles tirées sur le Président ont tué beaucoup de monde !

Le pénitencier de Kalamity Beach s'étale dans une plaine sablonneuse du genre aride, à quelques kilomètres du Pacifique.

Alentour, c'est une espèce de savane broussailleuse agrémentée de boqueteaux aux arbres chétifs. Les bâtiments ne sont plus modernes et pas encore vieux. Fonctionnels et grisâtres, tu vois ?

Les hauts murs sont prolongés par une triple barrière de barbelés et quatre miradors marquent les angles de l'établissement. Je me dis qu'il ne doit pas être facile de s'évader de cette pension de famille car, outre ses défenses, le fait qu'elle soit environnée d'espaces vastes et dénudés complique singulièrement une « belle » éventuelle. Une seule route y conduit et tout arrivant est repéré de très loin.

Sonner à la lourde d'un pénitencier est presque aussi intimidant que de carillonner à celle d'un monastère.

Un vaste guichet s'ouvre et un visage découpé en neuf morceaux par les barreaux du judas m'apparaît. La vérité m'oblige à dire qu'aucun de ces neuf morceaux n'inspire la sympathie.

On me demande ce que je veux. Je plaque ma carte sur l'un des carrés vides et débite par-derrière ma petite histoire.

La bouche inscrite dans le carré du milieu me conseille de patienter.

Pour tromper la tante, comme disait mon oncle, je m'accoude à la portière de Nancy. Nous voilà à trente-deux centimètres l'un de l'autre. J'estime que c'est encore trop, c'est pourquoi je passe ma tête à l'intérieur de la limousine. Sa forte bouche est déjà humide. Que doit-il en être de sa chattounette ! Affaire à suivre.

— On peut goûter ? murmuré-je.

Elle a un sourire qui, précisément l'oblige à écarter ses lèvres. L'ouverture est trop belle, d'où pelle aspirante, philippine de menteuses, crissement d'ivoire, cocktail d'amygdales.

— Après vous s'il en reste ! gouaille l'énorme sodomite vautré à l'arrière.

Mathias, soucieux de mon confort moral, fait taire le terre-à-terre. Notre baiser se prolonge infiniment, jusqu'à ce qu'une voix grasse comme un bac à friture lance derrière moi :

— Hé ! Vous !

Le « vous », qui est « moi » en l'occurrence, s'arrache, tout filamenteux, et fait front à deux gaziers en uniforme. L'un des deux m'apprend la bonne nouvelle : le directeur du pénitencier, M. Archibald Graigh, consent à me recevoir.

Pas très marrant, ce dirluche. Faut dire que sa fonction, non plus que l'endroit où il l'exerce, n'incitent à la gaudriole. En voilà un, quand il va retrouver la grande Betty, pour son jour de congé, il doit lui faire mettre les pinceaux en bottes de radis avec les arriérés qu'il trimbale !

Il est assez épais, les cheveux rudes et gris, le menton carré, la paupière en peau de croco, le regard vigilant et fonctionne en bras de chemise derrière un burlingue paperasseux.

Il ne se lève pas pour m'accueillir, se contentant d'un hochement de tête. Il me désigne néanmoins le siège placé en face de lui. Moi je lui remontre ma carte et lui déballe une très mignonne histoire, qui, bien illustrée par un dessinateur de talent constituerait un joli album de Noël pour la jeunesse. Une réforme pénitenciaire est à l'étude, en France, et je préside la commission chargée de visiter les établissements américains afin que nous nous en inspirions éventuellement.

A ces mots il rit comme un bulldog aboie après le facteur des recommandés et me déclare que sa taule est le prototype même de ce qu'il ne faut pas faire ! Une cage à cancrelats où l'on crève de chaud l'été et de froid l'hiver. Elle est loin de tout. Les gardiens sont plus mal logés que les prisonniers et il redoute davantage une mutinerie des premiers que des seconds. Les détenus sont à six par cellule de deux. Le sanitaire est naze, au point que les coupures d'eau sont fréquentes, etc. Le tableau qu'il nous dresse flanquerait la fièvre acheteuse (Béru dixit) à une vache.

Je le laisse se vider en prenant des notes dont je n'ai rien à cirer. Ça lui fait du bien à cet homme de déverser sa bile dans le giron pare-balles d'un étranger. L'administration doit l'envoyer aux pelosses et se torcher le fion avec ses rapports, alors il n'en peut plus, Archibald. Il me tient, il me garde ! Un homme lancé à cinq mille tours, si tu as la patience de l'écouter, c'est pas difficile ensuite de lui tirer les vers du pif. Tu joues un air de flûte et, tels les najas marocains qui sortent de leur couffin en se dandinant, le v'là qui répond « Présent ! ».

Il jacte à la mitraillette, le dirluche. Evidemment, il ne subsiste personne ici y ayant vécu au début des années 60. Par contre, à Kalamity Beach City, on peut rencontrer le vieux Hogland, un ancien gardien-chef de la boîte, qui faisait régner la terreur parmi les fortes tronches. A lui seul, il a maîtrisé une émeute dans la cour de la promenade, rien qu'avec sa matraque et sa tête d'Irlandais. Si je veux des histoires, c'est lui que je dois rencontrer. Il habite chez sa fille, sur le port. Elle tient un restaurant : *Au Bourlingueur*.

Alors là, oui, je prends note avec plaisir.

Les huîtres ressemblent à des belons. Elles sont énormes et sans saveur. Renseignement pris, la loi américaine oblige les restaurateurs à les laver avant de les servir. Je n'ignorais pas que les Ricains étaient des cons, mais je m'aperçois que ce sont également des béotiens et dès lors, je trouve logique leur défaite au Viêt-nam, pays qui, lui, sait admirablement manger quand il a de quoi.

Après les huîtres, on se cogne des steaks larges comme des pizzas mais cinq fois plus épais, avec des *back potatoes* pour garniture. Le picrate californien se laisse boire et la serveuse qui s'occupe de nous se laisse peloter par le Gros, ce qui rend ce restau convivial.

Une grosse dame de cinquante carats avec la poitrine comme un péristyle de théâtre, un peu de barbe grise et des cheveux de couleur abricot s'occupe de tout un chacun : clients et serveurs, avec une autorité joviale. Je te parie, chérie, ma belle grosse bite contre celle de ton époux, qu'il s'agit de la fille du père Hogland.

Dès que nous avons terminé notre gelée de foutre à la framboise (1) je hèle la dame *for the*

(1) Ne commande jamais de gelée comme dessert dans un restaurant amerlock, non seulement tu ne sais pas ce que tu bouffes, mais c'en est !

bill et j'en profite pour lui demander des nouvelles de son cher papa. Elle me répond, sans grande joie, qu'il doit être quelque part « par là » tout en montrant le port.

On s'apprête à lever le siège quand Nancy, que j'ai conviée à partager nos agapes, demande à emporter les restes pour son chien, ce qui est l'usage dans les pays civilisés comme les Etats-Unis d'Amérique. Les restaurateurs ont des boîtes de carton revêtues d'étain pour cela. La chauffeuse nous explique sans vergogne qu'elle emporte nos reliefs (moins ceux de Béru qui n'en laisse jamais) pour son vieux père avec lequel elle cohabite depuis qu'il est veuf. Ce soir, elle va réchauffer cette ragadasse à l'oncle Tom qui, dès lors, se fera un gala gastronomique de première.

On le déniche dans le quatrième bar, l'ancien maton. Il y joue aux fléchettes avec un petit Noir déguenillé, morveux mais charmant, au sourire en tranche de noix de coco. Le vieux Hogland devait être aussi roux que Mathias avant de blanchir. Sa forte tignasse d'Irlandoche hésite entre la couleur queue-de-vache et le gris moisissure. Un pif monstrueux qui fait songer à une ruche, des yeux presque blancs, durs comme des cailloux de rivière, un menton trapézoïdal, il a tout du vieux fumier décrépit par le temps.

J'applaudis à l'exploit qu'il vient de réaliser en fichant sa fléchette au cœur de la cible, l'aborde en lui demandant s'il est bien lui — ce qu'il m'affirme avec autorité —, lui raconte la même histoire qu'au dirluche du pénitencier et le convie à prendre un verre avec nous, ce qui semble l'humaniser quelque peu.

Nous voici tous quatre à une table. Il se commande un « Dynamitero ». Béru, intéressé par ce breuvage inconnu, veut en connaître la composition. Par mon intermédiaire, le vieux l'affranchit : un tiers de tequila, un tiers de gin, un tiers de bourbon avec, pour finir, une giclée d'angustura. Autrement dit, il ne s'agit plus d'un breuvage, mais d'une lampe à souder. Six mois de ce traitement et te voilà avec une chouette cirrhose en bandoulière. Le Mastard, dont on ne dira jamais suffisamment l'héroïsme et l'esprit de découverte, se fait servir la même potion magique. Y ayant trempé ses lèvres, ce qui produit un bruit de pomme de terre plongée dans de la friture bouillante, il la déclare conforme à ses rêves d'alcoolo, déplorant de n'avoir pas connu plus tôt cette merveilleuse recette de cocktail qu'il est bien décidé à implanter dans la région parisienne.

Ce préambule achevé, je me mets à questionner l'ex-garde-chiourme sur son métier. Rien qui ne comble autant d'aise un retraité que d'évoquer ses activités passées. Faut voir comme il bondit hors de ses *starting-blocks*, l'ancien. Tout ce que je veux, comme je le veux, où je le veux, il déballe ! Son cher boulot basé sur la matraque et la brimade, les lascars expédiés au gnouf, les évadés qu'il a seringués dans des couloirs ou fait tomber du toit où ils faisaient les guignols ! Il est déjà humide du calbute bien qu'il ne fasse pas encore d'incontinence.

Doucement, je l'oriente sur le Doc Garden. Se

le rappelle-t-il ? Tu parles ! Un malin qui endormait son monde avec ses airs de bon apôtre ! Seulement, il fallait s'en gaffer comme du Sida, de ce vilain coco. Il a bien failli jouer la belle mais il aurait dû consulter son horoscope car c'était pas son jour de chance et il s'est fait niquer. Par la suite on l'a transféré à Alcatraz où un plus coriace que lui l'a planté avec un coutelas de la cuisine.

Je mets sur le tapis le blaze de Norma Cain, du coup il y va pleins gaz, le père Hogland. Cette pimbêche qui sentait la pute de luxe à cinquante mètres ! Quand elle venait au parloir, fallait ouvrir les fenêtres après son départ, tellement son parfum était tenace. Comment ? Si elle venait souvent le voir ? Chaque mois ! Recta ! Madame s'annonçait dans un froufrou. Les gardes se battaient pour « s'occuper d'elle », la driver jusqu'au box vitré. Elle leur en flanquait plein les naseaux, prodiguait des œillades salaces qui les rendaient flageolants des cannes. Un jour qu'il s'était personnellement « chargé d'elle », vous savez quoi, les gars ? Elle lui a caressé le machin à travers son pantalon. Textuel ! Une drôle de rapide qui se faisait le sénateur Della Branla ! Le politicard était dingue de cette ébouriffante ! On raconte qu'un jour, elle lui a taillé une pipe pendant une exposition qu'il inaugurait consacrée à l'hyperréalisme américain. Derrière une toile immense représentant le Capitole grandeur nature, vous jugez, les gars ?

« Les gars » jugent. Moins sévèrement que ne l'espérait le bonhomme, parce que « les gars » sont français et que la baise et ses dérivés, eux, non seulement ils la comprennent, mais ils la pratiquent !

— Arrivait-il à Norma Cain de faire passer des colis à son cher détenu ? je questionne.

Pépère branle son chef (ce qui est une belle façon d'arriver à quelque chose dans la vie).

— Des colis, non. Mais chaque fois qu'elle venait, elle lui apportait un gâteau : une sorte de pudding qu'elle confectionnait elle-même et dont il raffolait, assurait-elle. Elle nous suppliait de le lui faire passer. Comme c'était la souris du sénateur, on se chargeait de la commission.

— Sans ouvrir le gâteau ?

Il éructe, Hogland, me fustige du regard et, pour me punir, se commande un troisième « Dynamitero », imité en cela par Béru qui lui file le train avec dévotion.

— Dites donc, mon garçon, vous nous prenez pour des enfants de chœur ? En quatre, le gâteau ! Toujours : tchloc ! et tchloc ! Deux coups de couteau ! Et on poussait le scrupule jusqu'à bouffer l'un des quarts. Alors venez pas insinuer !

— Je n'insinue rien, monsieur Hogland ! Je voulais une simple confirmation de la chose. Elle apportait donc à chaque visite son petit pudding au prisonnier.

— Exactement !

Je réfléchis, maussade. Que peut-on introduire dans un gâteau dont on sait qu'il va être découpé en quatre parts dont l'une sera consommée ? Ça ne colle plus, décidément.

Mathias demande :

— Il était mou, ce pudding ?

— En voilà une drôle de question, réplique Hogland ; pourquoi me demandez-vous ça ?

— Ça vous ennuie de me répondre ?

— Pas du tout. Comment il était ? Je réfléchis... Ben, oui, il était plutôt mou.

— Donc il reposait sur un carton ?

Génial Mathias ! Mathias *for ever !* Si précieux ! Si fabuleusement et efficacement fouille-merde !

— Ben, je me rappelle plus, probable, oui. Un carton couvert d'étain. Pourquoi ?

— Comme ça, répond mollement Mathias.

Le sale requin ne s'en laisse pas conter.

— Je vous vois venir : vous vous dites que la pétasse pouvait écrire au dos de ce carton. Eh bien ! c'est non, mon gars ! Imaginez-vous que je regardais sous ce putain de carton ! Mais qu'est-ce que c'est que ces bleus *frenchmen* qui viennent me chercher des noises !

On se prodigue pour le calmer. On y parvient à coups de « Dynamiteros ». Si bien qu'au moment de quitter les lieux, Béru est incapable de marcher et que nous devons le soutenir jusqu'à la limousine. Il est blindé à mort, à ivre mort. Plus un mot ne sort de lui, plus un rot, plus un pet. Il est désert dans son ivresse, muet comme un violon dans son étui ! Nous nous rabattons au *Beverly Hills*. Justement, il y a un congrès, ou une convention ou une connerie du genre, avec plein de mecs saboulés de bleu marine et de pécores mistifrisées, en cape de vison ou de bonne espérance, qui parlent haut et du nez, et ne sont pas plus vulgaires que certaines marchandes de poissons marseillaises.

Notre arrivée avec le Mastard inanimé (mais qui

a toujours une âme) fait sensation. Les gonsmen de la réception nous demandent s'il faut mander un médecin, je leur réponds qu'il ne s'agit que d'un malaise diabétique dû à de l'hypoglycémie, on va lui faire prendre de l'eau sucrée et il sera O.K. On finit par virguler cet alambic saturé sur son lit en entourant son minois de linges de bain pour le cas où il aurait des remontées au carburo et nous revoilà libres de nos mouvements.

Nous sommes dans la carrée de Mathias. Il a l'air sonné par la fatigue, le Brasero.

— Bilan ? demande-t-il.

— Plutôt positif, réponds-je. Je suis de plus en plus convaincu que le sénateur Della Branla a participé à une noire magouille, qu'il en a touché deux mots sur l'oreiller à Norma Cain et que celle-ci a vendu le morceau au Doc.

Il opine.

— Moi également, mais je me demande pourquoi Garden a tenté de s'évader du pénitencier de Kalamity Beach s'il disposait d'une pareille cartouche de dynamite ! C'était probablement un type intelligent qui aurait su négocier un secret d'une telle ampleur. Il y a un os !

— Il y en a sûrement plusieurs, appuyé-je, mais à chaque jour suffit sa peine. Goûtons une nuit réparatrice, comme on écrivait jadis dans la littérature d'après la grand-messe, et demain sera un autre jour !

Je le baise au front, tel un enfant, et me retire dans mon appartement. Là, je décroche le biniou et demande au concierge d'envoyer dire au chauffeur de ma limousine qu'il vienne prendre les ordres concernant la journée du lendemain. Me débarrasse de mon veston sur les épaules d'un serviteur muet, me file une giclette de « New York », mon eau de toilette d'élection créée par Patricia de Nicolaï et vais ouvrir car on frappe à la lourde.

Elle arbore un beau sourire pour arbre de Noël, Nancy.

— Entrez et asseyez-vous, lui dis-je en accrochant subrepticement l'écriteau *Do not disturb* au pommeau extérieur de ma porte.

Elle obéit.

— Ouf ! fais-je (car j'ai de la conversation) en me laissant tomber auprès d'elle sur le canapé.

— Vous paraissez épuisé, note-t-elle.

— Ce n'est qu'apparent, je possède encore des ressources que vous ne soupçonnez pas. Si on prenait un drink pour conclure la journée ?

— Pourquoi pas ? J'aimerais un whisky-Coke plutôt léger.

Je fais droit à sa requête bien que je n'eusse jamais été préparateur en pharmacie. Moi, je m'octroie un gin-tonic *fifty-fifty*. On trinque.

Elle boit, puis demande :

— Vous êtes satisfait de vos visites ?

— Pas mal.

— Vous recherchez quoi, si ce n'est pas indiscret ?

— A reconstituer un passé de trente ans.

— C'est beaucoup !

— Oui et non : il reste encore des témoins.

Elle souhaiterait me questionner davantage,

mais elle sait que dans sa profession il ne convient pas d'être curieux.

Quand elle a terminé son verre, elle le dépose sur la table basse.

— Quel est le programme de demain ?

— Je n'en sais encore rien, mais je peux vous indiquer celui de maintenant.

Avant qu'elle ne parle, je la prends dans mes bras et lui bouffe la gueule comme un sauvage.

Bien que tu sois un peu mou de la membrane, tu sais combien la fatigue stimule le désir. A peine ses nichebards me frottent-ils la poitrine que je me sens pousser, non pas des ailes, mais une tuyère grosse comme celle du lanceur « Ariane ».

Elle réfute pas, la Nancy. S'en ressent tellement pour ma pomme qu'elle fait l'impasse sur les petites rebufferies d'usage avant cession du fonds de commerce. C'est un oui franc et massif qu'elle me fait. La preuve : elle déboutonne elle-même sa veste de tailleur, puis l'ayant ôtée, procède de même avec son chemisier. Ses seins de bronze me jaillissent au visage. Tu parles d'un site à visiter ! Tu me verrais faire la brasse papillon au milieu de ces merveilles ! Ah ! je suis dans mon élément, ça je l'affirme très fort. Je m'en gnaf-gnaffe jusqu'aux oreilles.

N'ensuite de quoi, je la dévale avec la bouche. La jupe va rejoindre son complément supérieur sur le plancher et j'atteins la brousse équatoriale. Là, c'est pas pareil : faut s'expliquer avec son échinocactus, épineux mais gorgé d'eau comme préviennent les dicos. Les figues des Noirpiotes sont des figues de Barbarie, savoureuses, seulement faut savoir les éplucher avant de les déguster. Les poils de cul à ressort ne nous sont pas familiers à nous autres, pauvres et piètres Occidentaux habitués à brouter du soyeux. Mais la difficulté accroît le plaisir et quand tu as su vaincre le roncier de la chérie, ce qui se passe alors est plus exceptionnel qu'un requiem de Mozart. Ah ! le sublime breuvage, savoureux comme le lait de coco, si frais au sein du péricarpe garni de fibre !

Elle n'est pas accoutumée à ce traitement, Nancy ! Du chibre de zèbre, d'accord, mais un tel solo de tuba, c'est une grande première pour elle. La menteuse en tuile romaine à l'envers, puis ensuite en vrille, tel le pampre de la vigne, puis à plat et élargie au max, façon filet de limande, elle pouvait pas se douter, la merveilleuse ! Et moi, grand connétable de la minette chantée, tu imagines si je déploie mes dons ! Elle est pour ainsi dire en friche, cette chatte ! Toute une initiation à faire ! Heureusement que nous avons le temps. Je l'entreprends à larges traits, comme un peintre recouvre la toile avant de peindre vraiment. Et déjà ça l'enfolise, ma perle noire. Elle trémulse du valseur en exclamant de légers cris, mi de surprise, mi de plaisir.

Moi, je m'installe dans une posture durable, pas me mettre à ankyloser des postérieurs. Assis sur mes talons, tu vois ? Elle a ses mollets sur mes épaules et je les y maintiens pour pas qu'ils glissent. J'aurai besoin de mes mains un peu plus tard, mais rien ne presse. Une demi-heure de cette première phase, afin de ne pas bâcler. Ensuite je resserre mon propos, l'effectue de manière plus insistante, plus appuyée.

Alors, là, oh! pardon : message reçu. Elle devient follingue, la miss! C'est carrément la beuglante des savanes! Des clameurs émises dans le dialecte de ses ancêtres d'Afrique et qui ont survécu à l'esclavage. T'as toujours un moment, chez l'homme, où l'hérédité ramène sa fraise, comme disait Henri III, reine de Pologne, puis de France et départements d'outre-mer.

Cette jouissance fortement exprimée en mangbetou me stimule les centres corrosifs. Le mangbetou est un magnifique dialecte qui fait songer un peu au bambara avec les sonorités du kwa, si tu vois ce que je veux dire? Sauf que le « h » aspiré se prononce à l'envers, tu saisis?

Nouvelle demi-heure pour la phase 2; c'est à partir de cet instant qu'il me faut récupérer ma main droite pour l'opération dite de la fourche Claudine (on prétend que c'est la grande Colette qui l'aurait inventée).

Cette fois, elle ne peut aller beaucoup plus loin, la Superbe. Alors c'est la pâmoison nègre avec youyous, agitation des mains, ce qui fait tintinnabuler ses bracelets d'argent riches en pendeloques, cambrement du dos, pédalage des jambes (j'en ai les oreilles chauffées au rouge). Un panard tout à fait exceptionnel. Après lequel elle se met à gésir sur le canapé, comme foudroyée par une décharge de ligne à haute tension.

J'en sais plusieurs milliers qui, à ma place, se diraient : « Et maintenant, à toi de jouer, Popaul! » Ils enfourcheraient sans vergogne ni pitié cette exquise monture fourbue pour se dégager les voies respiratoires sud. La calceraient soudard, impétueusement et vitos afin de se mettre à jour au plus tôt, et puis retomberaient comme des cons sur la moquette, la zézette en compte-gouttes.

Mais la classe du Sana le retient d'animaler ainsi.

Au lieu de, il place la fabuleuse dans une position récamière, de repos. Lui baisote les tempes, ensuite les cabochons qu'elle a d'un brun foncé velouté. Pour finir, il pose sa joue sur le ventre plat de Nancy et, la queue toujours à l'équerre, éperdue de solitude insatisfaite, dodelinante et en cours de prélubrification, il glisse dans une somnolence proche de la volupté.

C'est doux, c'est tiède, c'est parfumé. J'aimerais écouter de la belle musique : le menuet de Boccherini ou l'ouverture de *Fidelio* de Beethoven, par exemple.

Moment ténu, impondérable, chuchotement du néant. Ma débande s'opère doucement, comme se ferme un volubilis à l'approche du soir.

Soufflés par l'aérateur, les voilages de la fenêtre produisent un imperceptible friselis.

Sublime !

7

LE SOULIER DE SAPIN (1)

Elle est partie tard dans la nuit. Je voulais la conserver avec moi, seulement elle tenait à rentrer, because la gamelle de son vieux papa.

Mais avant sa décarrade, on a fait trembler les montants de mon plumard, je te prie !

Il y a eu ce temps de récupération béni dont je t'ai fait un bref résumé dans l'excellent chapitre précédent. Qu'après quoi, j'ai renouvelé mes caresses expertes qui l'ont débusquée de sa léthargie, espère !

Cette fois, ce que je lui sers, c'est pas du réchauffé, c'est du Reichshoffen ! La Charge ! interprétée par la musique de la Garde républicaine sous la conduite du chef Radezobbinche. Passion, grandes orgues, amours ! Délices garanties.

Elle marchait en forme de diabolo en partant. Pour toi, ça ne veut rien dire, mais je me comprends sans sous-titres. Elle voulait savoir si j'allais demeurer longtemps à « L'Os-en-gelée. »

(1) Chapitre dédié à Paul Claudel.

Plein les baguettes, et elle préparait déjà en pensée sa tringlette du lendemain ! Je lui ai répondu qu'on ne partirait que par l'avion de l'après-midi et que je lui ferais volontiers voir les anges avant de m'en aller.

In petto, je me proposais de lui interpréter le minon-minette double gamahuche, la sangsue vorace, l'omnibus renversé, le portrait de Mao, le tire-bouchon moldave, la rose des ventres, le concert sur le grand Canal, le levier d'Hercule, l'hôtel du Pou Nerveux et la Corolle d'Aubépine, convaincu que ces pratiques lui laisseraient un souvenir perdurable et affirmeraient dans son esprit le prestige français préoccupation toujours présente en moi.

Donc, elle s'en est allée, la vaillante, et ma pomme qui escomptait tirer un bilan de nos pérégrinations californiennes, ma pomme, ce zéro au fou rire si con, de s'endormir plouk ! pof ! comme un bestiau délardé de sa semence.

Le rêve qui vient me visiter, ainsi qu'il est dit dans les grands textes, mêle Robin Bolanski à Norma Cain, M. et Mme Minsky, les anciens voisins de Garden à Alfred Constaman, maman à la grosse infirmière de Miss Cain, Mathias épouse, la soubrette noire, et Nancy tape un rassis à Béru. Bref, c'est la fresque onirique à grand spectacle, mi-plaisante, mi-angoissante. Pour ma part, je joue un rôle de fève des rois. Me sens réduit à la dimension d'un haricot sec et suis perdu dans un gros poudinge que le père Hogland taillade à coups de poignard. Une gigantesque lame passe et repasse autour de moi. Je reste immobile, blotti entre une amande et un morceau de prune confite, n'en menant pas large.

La grésillerie du téléphone vient me chercher au sein de mes étranges démêlés. Je retrouve ma chambre luxueuse dont un soleil matinal force les stores.

J'ai la faculté, consécutive à ma redoutable profession, je présume, de m'éveiller instantanément. Pas de *no man's land* comateux, de bâilleries à n'en plus finir, de brouillard difficile à dissiper. L'homme est présent à la seconde. Je décroche le turlu.

Un réceptionniste m'informe que le chef inspecteur Esbarraco souhaiterait me parler d'urgence.

Passablement surpris, j'interroge ma Pasha du regard. Elle m'annonce 8 heures 14. Je prie le préposé d'accompagner le chef inspecteur jusqu'à ma chambre. N'ensuite de quoi, je remonte les stores, ouvre la fenêtre en grand, m'introduis dans ma robe de chambre et mes mules de cuir, et reçois deux messieurs pas plus antipathiques que n'importe quels autres flics yankee (mais pas moins). Esbarraco est d'origine mexicaine car ses sourcils rejoignent sa moustache et il a le teint d'un gazier en train de mal se remettre d'une hépatite virale. Le mec qui l'escorte est blondinet au regard de porc-celaine (lui, ses origines seraient plutôt bataves).

Je prie cet aimable tandem d'entrer, lui montre le coin salon et m'y installe de concert.

— Qu'est-ce qui me vaut l'honneur de votre visite ? questionné-je.

Cette tournure de phrase européenne les fait chier. Esbarraço renifle de mépris.

Il dit :

— Vous êtes français, ainsi que les deux hommes qui vous accompagnent. A la rubrique, vous avez mis « fonctionnaires », exact ?

— Naturellement.

— Fonctionnaires, reprend-il, dans quelle branche ?

— Police.

Il sourcille.

— Comment ça ?

Je vais cueillir mon porte-cartes à l'intérieur de mon veston afin de lui apporter la preuve de mes dires.

Il la prend, la contemple avec un intérêt manifeste et s'en tapote les ongles avant de me la rendre.

— Hier, vous avez loué une limousine à la compagnie Californian Cars ?

— Exact.

— L'auto était pilotée par une Noire du nom de Nancy Pearl.

— Et alors ?

— Après ses prestations, elle est venue dans cette chambre et y est demeurée un sacré moment, paraît-il ?

— C'est un délit ?

— Ça, non. Ce qui en est un c'est qu'elle ait été assassinée tout de suite après vous avoir quitté.

Je bondis :

— Qu'est-ce que vous dites !

— Elle a quitté l'aire de stationnement devant

l'hôtel et a gagné la sortie, mais elle ne l'a pas empruntée et a stoppé la limousine sous le couvert des arbres du parc. Là, on l'a d'abord bâillonnée avec des bandes d'albuplast. Puis on l'a molestée. Elle porte des traces de brûlures sur les seins causées par un cigare. On lui a également entaillé les joues au moyen d'une lame effilée. Ces sales manœuvres, je suppose, afin de la conditionner. Après quoi on a arraché incomplètement l'albuplast pour qu'elle puisse parler. Lorsque le, ou les tortionnaires ont appris ce qu'ils voulaient savoir, ils lui ont tranché la gorge. Une belle cochonnerie ! Elle s'est vidée pendant la nuit et un jardinier a trouvé son corps à cinq heures et demie ce matin.

— Mais c'est épouvantable ! m'exclamé-je, conscient d'émettre là un lieu commun tout venant, du genre de ceux qui me font hausser les épaules quand un suce pet me les sert.

— Oui, épouvantable, admet Esbarraco. Les premières constatations du médecin indiquent qu'elle a subi une agression sexuelle avant de mourir.

Il me darde de ses yeux noirs, pas généreux.

— Qu'appelez-vous une agression ? fais-je, mal à l'aise.

— Elle a eu des rapports récents et ne portait pas de culotte ; sans doute que son assassin, un vicieux, la lui a dérobée et l'a emportée.

Pendant qu'il dit cela, son coéquipier se penche à son oreille et chuchote. Esbarraco se soulève alors de son siège pour regarder un endroit précis de la chambre qui est le lit. Mes yeux font un brin de conduite aux siens. Ce qui me permet de découvrir l'objet de leur attention : le coquin slip noir de Nancy, bordé d'un liseré rose chargé d'en souligner la salacité.

Pour lors, mon guignol exécute un quadruple axel. Je sens un froid polaire envahir mes extrémités.

En moi, une voix qui a les inflexions de celle de m'man me dit :

« Ne te laisse pas démonter, Antoine ! Tu n'as rien à te reprocher. Alors, fonce ! »

Et je fonce :

— Je crains, monsieur Esbarraco, que votre légiste ait tiré des conclusions hâtives en prétendant que Nancy Pearl a subi des violences sexuelles. Il se trouve tout bonnement que nous avons fait l'amour ensemble avant son départ et que, dans son émotion sans doute, elle a oublié son slip ici.

— Vous vous tapez des Noires ? demande sèchement le chef inspecteur.

— Quand j'en ai l'occasion, avec plaisir. Je pense que, pour un expert, ce lit où j'ai dormi « ensuite » porte encore les traces de nos ébats. La malheureuse n'a donc pas été *violentée* dans sa voiture, mais *aimée* dans cet appartement ; la nuance est capitale.

Le policier ricain se lève pour arpenter la chambre. Puis il va ouvrir la porte-fenêtre donnant sur une terrasse.

— Venez voir quelque chose ! m'enjoint-il.

Lorsque je l'ai rejoint, il me montre une masse noire entre des haies de lauriers en fleur.

— Vous savez ce que c'est que ça ?

— Une voiture, non ?

— Exact, c'est une voiture : la limousine de la fille. Vous n'auriez eu que dix grands pas à faire en passant par la terrasse pour gagner la sortie, faire signe à la Noire de stopper et lui demander de se garer un instant à l'abri des arbres.

Je bondis :

— Non mais vous m'insultez, inspecteur ! Vous avez vu qui je suis ? Je dirige la Police judiciaire de Paris, je ne suis pas un meurtrier sadique !

— Vous faites l'amour avec des Noires ! s'obstine ce con.

— Et alors ? Chez vous aussi, les Blancs se font des femmes de couleur, non ? Je lis périodiquement des comptes rendus à propos d'hommes politiques qui ont des liaisons avec des Noires !

— En effet, convient cet enfoiré. Et savez-vous pourquoi on publie ces comptes rendus ? Parce que ce genre de chose fait scandale !

Là-dessus ma porte s'écarte et le museau mordoré de Mathias survient. Te dirais-je que son arrivée me fait le plus grand bien ?

Rapidos, je lui résume ma fâcheuse situation : j'ai baisé Ninette, peu après elle a été trucidée dans son carrosse et les soupçons se portent sur moi ! Un comble !

Il méduse, ce rat d'eau ! Joint son indignation à la mienne. Il proclame, dans son anglais de faculté, que je suis le plus grand policier de France ! Le plus célèbre ! Le plus honoré depuis Balzac ! Tout ça !

Mais autant pisser dans le violon du grand

Yehudi Menuhin ! Je serais le président de la République française, une et indivisible (m'a-t-on enseigné en classe), qu'il montrerait la même intransigeance, le Mexicano dévoyé. Il trouve mon rôle ambigu, mon personnage contigu, mon comportement aigu.

— Je vais vous prier de vous habiller et de nous suivre afin que nous examinions cette affaire de plus près, décrète-t-il. Et j'aimerais bien que les deux hommes qui voyagent avec vous nous accompagnent également.

Je comprends qu'il n'y a pas à tortiller du prose pour déféquer droit.

Je hausse les épaules.

— O.K. ! fais-je. Va réveiller Béru, Xavier !

Exit le Rouquemoute.

— Vous permettez au moins que je prenne ma douche ? demandé-je.

Esbarraco hésite.

— D'accord, mais faite vite !

Je gagne la salle de bains. Mes ratiches en priorité, puis le jet tiède et impétueux. J'enrage de ce contretemps. Va falloir attendre des résultats d'expertise et tout le circus, bordel !

Quand j'interromps la giclette, je perçois des bruits en provenance de ma chambre. Je suis prêt à te parier mon droit d'aînesse de fils unique contre un kilo de lentilles qu'ils profitent de mes ablutions pour fouiller la piaule, ces salauds ! La pré-perquise en douceur : examen du lit, exploration de ma valoche, plongée de rapaces sur mon passeport et nos biftons d'avion. Non seulement il va falloir que je me disculpe, mais je vais devoir, en outre leur bonnir nos allées et venues d'hier et leur motivation.

Je passe le peignoir de *bath* au chiffre de l'hôtel et réapparais, luisant comme un paf de marié.

J'éprouve une légère surprise en découvrant les deux draupers yankee, verre de bourbon en main en compagnie de Mathias. Te dire que le Rouillé est rayonnant serait un pléonasme de bas étage. Il me fait songer à ces globes terrestres en verre éclairés de l'intérieur.

— Tu trinques avec nous ? me demande-t-il.

Mais volontiers.

A ma venue, les flics ricains se sont levés et me matent d'un œil curieux.

— Voici monsieur San-Antonio, le directeur de la Police judiciaire, déclare Mathias. (Et, à ma pomme :) Le chef inspecteur Esbarraco et le détective Van Kontrer.

Je pige tout : le mâtin (des magiciens) vient de se les faire au sirop d'oubli. J'espère que ni l'un ni l'autre n'est cardiaque. Comment s'y est-il pris ? Mystère. Il est diabolique, mon pote !

Nous trinquons (comme la lune). Bavardage à propos de la pluie et du Bottin (1). Puis ces messieurs prennent congé.

— Raconte ! exigé-je dès que la porte est refermée sur leurs chers talons anguilles.

— Tu t'en doutes ?

(1) Je l'aime bien, celle-là. Elle était de mon ami Léon et je la ressors souvent en mémoire de lui.

— Evidemment, mais comment as-tu pu les piquer tous les deux sans qu'ils réagissent ?

Il tire de sa vague une minuscule seringue à l'aiguille arachnéenne.

— J'espère qu'aucun des deux n'a le Sida, sinon l'autre risque de l'attraper : c'est la même aiguille qui a servi à les piquer. Ça a été facile. Ils fouillaient ta valise, j'ai frappé l'omoplate du premier, comme pour l'appeler ; il n'a rien senti. Ensuite j'ai trébuché et me suis retenu à l'autre qui n'a pas réagi non plus. Je finis par acquérir une certaine virtuosité.

Je le complimente d'un sourire admiratif.

— Seulement sommes-nous sortis de l'auberge pour autant ?

— Tu as dit la phrase clé, monsieur le directeur : il *faut que nous sortions de l'auberge.* Pour l'instant ils sont sans mémoire et ne se rappelleront plus être venus ici, mais les nécessités de leur enquête les inciteront à nous rendre visite, ou si ce n'est pas eux, ce seront leurs collègues.

— Tu préconises qu'on les mette ?

— Le plus rapidement possible.

— Il faut réveiller le Gros.

— Impossible. J'ai essayé, il est en plein coma éthylique. Les cocktails du vieux, hier, lui sont fatals. Je lui ai administré un tonicardiaque, par mesure de prudence, mais il lui faudra bien un jour ou deux pour se remettre.

— Et tu voudrais qu'on se casse ! Mais lui, alors ?

— Il servira de caution, le cas échéant. Comme nous l'avons rentré raide comme barre, à la vue de tous, il ne saurait être inquiété pour le meurtre de la petite Noire.

— Tu es certain qu'il ne risque pas d'en crever ?

— Il est bâti à chaux et à sable, notre gros lard. En partant nous préviendrons la réception qu'il n'est pas bien et doit garder le lit ; nous devrions conserver nos chambres pour que ça ne fasse pas débandade.

— Tu sais où nous allons ? lui demandé-je ironiquement.

Il cligne de son œil de renard (1).

— Ne sommes-nous pas venus aux States POUR ÇA, Antoine ?

— Mais oui, Mathias. C'est fou, c'est presque inconcevable, mais nous sommes en Californie POUR ÇA !

Je mets une chemise et un slip propres dans mon attaché-case ainsi que ma brosse à dents et nous partons en emportant discrètement la jolie petite culotte de Nancy.

Depuis le taxi qui nous conduit à l'aéroport, je

(1) Le mot « renard » me fait penser à une blague. C'est Jeannot lapin qui passe devant une nichée de renardeaux.

« Salut ! leur dit-il, je viens baiser votre mère. »

Outrés, les renardeaux vont rapporter ses paroles à leur maman, laquelle, folle de rage, annonce qu'elle va égorger le goujat. Elle se lance à la poursuite de Jeannot lapin. Celui-ci plonge dans son terrier. La renarde en fait autant mais reste coincée, un terrier de lapin étant plus étroit qu'un terrier de renard. Comme elle a le derrière à l'extérieur, Jeannot sort de chez lui par l'autre bout du terrier et se met en position pour tirer la maman renard. Il soupire :

« C'est pas que j'en ai tellement envie, mais je l'ai promis aux enfants ! »

la jette en loucedé sur Santa Monica Boulevard.

Elle avait un exquis frifri, la môme ! C'est bien, dans le fond, qu'elle ait pris son pied avant qu'on ne la glisse dans son soulier de sapin.

N'empêche que son assassinat me confond. Il est clair qu'il ne s'agit pas d'un meurtre sexuel et que c'est « à cause de nous » que la pauvrette est passée de vie à trépas. Quelqu'un s'intéresse à nos agissements et lui a fait raconter nos différentes démarches à « L'Os-en-gelée. » Ensuite il l'a bousillée pour l'empêcher de parler, ce qui est radical.

Questions, en passant :

Qui a eu vent de notre arrivée ? En quoi est-elle susceptible de gêner, voire d'inquiéter ?

C'est un métier de chien que le nôtre !

8

L'HAPPÉ DES PROFONDEURS (1)

Tu penses que notre siège est fait, comme disait un ébéniste. Elle s'ancre de plus en plus dans nos esprits, la belle certitude. Clair comme de l'auroch ! J'ai beau la redire, l'écouter répéter par Mathias, je la trouve seyante, d'une solidité à toute épreuve, comme disait un photographe. Les certitudes, ça se construit comme les maisons. Elles débutent par un plan, continuent par un gabarit, s'édifient brique à brique, tout ça. On en est aux finitions, l'Etendard-sanglant et ma pomme. A la peinture, aux rideaux, à la robinetterie de luxe, à la climatisation.

Une fois pour toutes, je te répète notre version sur l'embrouillamini Kennedy : complot (personne n'en doute plus de nos jours), et Della Branla en faisait partie. Il s'est confié à sa maîtresse, et celle-ci en a fait part à son ex-amant (de cœur), le docteur Garden. Elle a dû lui écrire tout ça *dans* le carton de ses puddings afin que ça puisse franchir les barrages du pénitencier. Dans

(1) Chapitre dédié à Aldous Huxley.

l'esprit de la comédienne, un tel secret allait permettre au Doc de négocier son élargissement. Parvenu à ce point, je dis chaque fois au Rouquemoute :

— Pourquoi a-t-il tenté de s'évader de Kalamity Beach par la violence s'il disposait d'une telle monnaie d'échange ?

Et l'Amarillo de répondre imperturbablement, car c'est le bon sens même :

— Parce qu'il était trop tôt pour l'utiliser.

— Il lui aurait suffit d'attendre ! objecté-je, obstiné.

Et le coriace de plaider :

— Tu oublies que Garden se camait. Il aura agi par impulsion, croyant à une occasion propice.

N'empêche que là est, à mon avis (et c'est un avis de premier choix), le point faible de notre beau roman. Passons outre, comme disait un caravanier. Garden échoue dans sa tentative de jouer la belle. Classé forte tête dangereuse, il est alors muté à Alcatraz. Il y emporte son secret avec lui, preuve que celui-là peut résister à n'importe quelles fouilles poussées. S'étant lié d'amitié avec Alfred Constaman, il lui confie que la chose se trouve bien planquée dans sa cellule.

Alors nous, on se dit quoi ? Que nous devons trouver la nature matérielle du secret. S'il s'agissait d'un texte oral, il se serait contenté de l'apprendre par cœur : la mémoire résistant à presque toutes les investigations. S'il s'agissait d'un texte écrit, c'est une autre paire de manches ! Qui vient de crier « A couilles ? » Oh ! c'est fin ! Tu peux être fier de ton humour ! Je disais donc que s'il est question d'un texte écrit, il faut que sa placarde soit bigrement astucieuse. DANS SA CELLULE ! C'est cela qui nous motive. Garden ayant été planté par Bolanski, il n'a pas eu le temps de récupérer « la chose ». *D'où il est facile de conclure qu'elle s'y trouve peut-être encore !* Pas con, notre raisonnement, hein ?

Le ciel est bleu, la mer est grise, avec des reflets jaspés comme si un pétrolier venait d'y lâcher un pet foireux. Le barlu sent l'huile chaude, la ferraille et le pop-corn frit. Accoudés au bastingage, côté proue, on regarde l'île, droit devant nous, plate comme une grosse belon et sur laquelle s'élèvent une série de bâtiments rébarbatifs aux toits en terrasses. La masse du pénitencier domine les autres. Vue depuis San Francisco, l'île semble toute proche. Au premier abord, on comprend mal qu'il eût été presque impossible de s'en évader. La brochure, achetée en même temps que nos billets de passage, nous en fournit les raisons : les eaux de la baie sont froides (10 °C au maximum) ; elles sont parcourues de courants très violents ; les barreaux des cellules résistaient à tous les outils ; des barrières barbelées et des détecteurs de métal renforçaient l'efficacité des six tours de garde ; les gardiens étaient plus nombreux que dans les autres établissements du genre (un garde pour trois détenus) ; le comptage des prisonniers s'effectuait plusieurs fois par jour ; les gardes circulant parmi les « pensionnaires » n'étaient pas armés, mais des collègues qui l'étaient circulaient dans des « *gun galeries* » suspendues, auxquelles il était impossible aux prisonniers d'accéder ; enfin les plafonds se trouvaient pourvus d'ouvertures circulaires par lesquelles on pouvait lâcher des gaz, en cas d'urgence. Le même opuscule nous apprend que durant l'existence du fameux pénitencier, trente-six hommes seulement tentèrent de s'évader ; deux y parvinrent mais furent repris au bout d'une heure, et cinq disparurent à jamais. On ne retrouva aucune trace de leurs corps ; la version qui prévaut est qu'ils périrent noyés ou dévorés par les requins infestant la baie.

Par-delà l'île redoutable, on voit le fameux Golden Gate qui enjambe la baie d'un élan magistral. Il brille dans le soleil neuf et les voitures qui le sillonnent ressemblent à des jouets, comme ne manqueraient pas de le préciser les écrivaines du Prix Fémina-Tante Laure qui ont, pour la plupart, un beau brin de plume au croupion.

Le barlu se rapproche. Je lis, de loin, un immense écriteau placé au bord de la mer, sous le phare, et qui subsiste depuis la fermeture du pénitencier :

WARNING

Persons procuring or
concealing escape of
prisoners are subject
to prosecution and
imprisonment

Illico tu es dans l'ambiance.

Un chemin tortueux, raviné, hérissé de pavés inégaux et de ferrailles enfouies dans le sol, coupé d'escaliers aux marches gagnées par la mauvaise herbe, nous conduit au pénitencier. Des rangers en uniforme assurent la visite de l'île pour le compte des Parcs nationaux. Mais étant de nature indépendante, nous préférons voler de nos propres ailes, aussi, parvenus aux quartiers cellulaires, nous louons une cassette explicative et des écouteurs pour prendre contact avec l'univers carcéral le plus redoutable que connurent les Etats-Unis d'Amérique.

Bien que désaffectée, la prison d'Alcatraz est angoissante. Il y flottera à jamais une atmosphère tragique, faite de peurs, de haines et de désespoirs rassemblés dans l'immense local.

Coiffés de nos écouteurs qui diffusent un texte captivant, nous déambulons le long des couloirs. Nous entendons tour à tour des gardes et des prévenus évoquer cette « prison des prisons », la discipline de fer qui y régnait, les « clients » les plus sérieux qu'elle hébergea : Al Capone, Robert Stroud, George « Machine Gun » Kelly, Thomas Limmerick, Sam Shockley, Rufus Mc Cain, Marvin F. Hubbard et bien d'autres « seigneurs » du *Who's who* criminel.

Tout de suite, je grimace.

— On l'a dans le sacotin, Xavier · ils ont vidé les cellules, à l'exception de deux qui servent « d'appartements témoins » !

Les visiteurs peuvent pénétrer dans ces dernières et se faire une opinion sur les pensées susceptibles d'occuper la vie d'un détenu. L'équipement se compose d'un lit étroit, d'une table et d'un strapontin rabattants qui pouvaient se plaquer contre la cloison d'un chiotte de faïence, d'un lavabo, d'un portemanteau et de deux étagères destinées à recevoir des livres et des objets.

On attend que le flot des visiteurs soit passé pour pénétrer chacun dans l'une des deux cellottes en se posant l'un et l'autre la même colle : si j'avais un papier secret à planquer dans cette cage à homme, où le mettrais-je ?

Le lit ? C'est l'élément le plus exploré en cas de fouille. Le glisser entre deux pages d'un livre que l'on collerait ensuite l'une contre l'autre ? On peut à tout moment, te confisquer le bouquin. Le fixer sous le strapontin ou sous la table ? Ça ne résisterait pas à un « épluchage » en règle des lieux. Alors ? Il reste la solution de le fixer au dos d'une photographie personnelle ; mais là encore la cache reste incertaine, fragile.

Comme un nouveau groupe se présente, je vais rejoindre Mathias dans le couloir.

— Tu as eu une illumination ? lui demandé-je.

Il opine.

— Oui, mais pas en ce qui concerne la planque. Je ne trouve aucune cachette valable, là-dedans.

— Ton éblouissement a trait à quoi ?

— Je crois avoir compris pourquoi Garden ne s'est pas servi du document pour s'évader.

— ... ? fais-je.

— Il a eu peur, mon grand.

Voilà que l'Amérique rend le Rouquemoute familier.

— Peur de quoi, mon petit ?

— Qu'on le zigouille s'il faisait état de la chose, qu'on le zigouille comme on a buté le sénateur Della Branla. Comme on a essayé de tuer la belle Norma Cain. Il a compris que son fameux document, il lui serait impossible d'en faire état avant l'attentat contre Kennedy !

Comme je ne réponds rien il murmure :

— Tu crois que je me trompe ?

— Je te parie un trou de mémoire répertorié par Alzheimer, contre un trou du cul sublimé par Roger Peyrefitte, que tu as trouvé la solution de ce problème laissé en attente, Mathias.

Nous reprenons notre marche. La cellule d'Al Capone se trouvait au premier étage du quartier B.

Mais ce haut lieu ne semble pas intéresser Mathias qui, le nez au vent, se met à circuler dans les couloirs au pas des chasseurs alpins en parade. Le connaissant bien, je me doute que cette précipitation n'est pas fortuite et qu'elle correspond à un mouvement réfléchi. Je le suis jusqu'au quartier cellulaire « D », celui réservé à la haute surveillance.

Il étudie les numéros des cellules, s'arrête vers la fin du couloir, juste avant la porte donnant sur la bibliothèque et lève les yeux après avoir pris un maximum de recul.

J'attends ses explications.

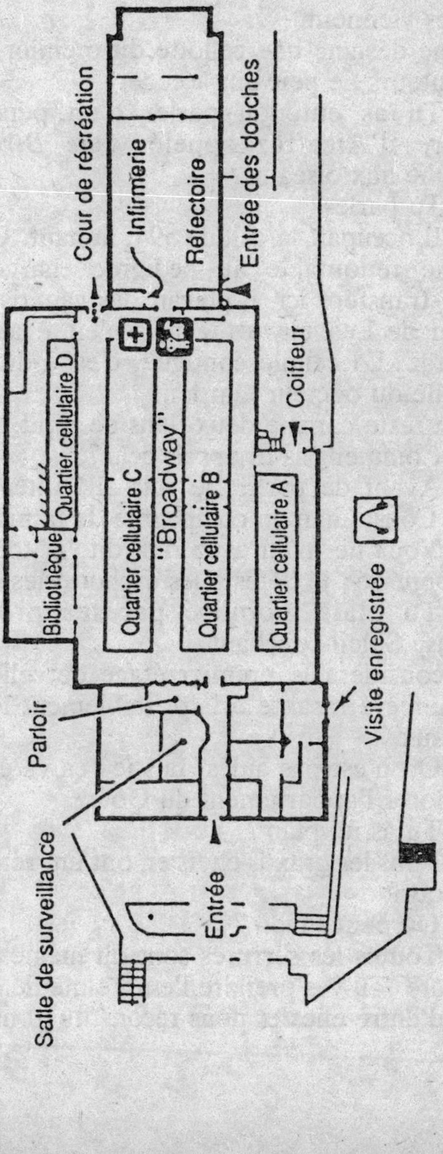

Plan de la prison

Elles viennent.

Il me désigne une cellotte du premier étage où les visiteurs ne peuvent accéder.

— Tu as entendu parler d'un pensionnaire célèbre d'Alcatraz appelé « *the Birdman* » : l'homme aux oiseaux ?

— Tu parles !

— Il occupait la cellule 594, là-haut. C'était un homme redoutable au pedigree chargé. Avant d'être transféré ici, il élevait des canaris au pénitencier de Leavenworth, mais n'en a jamais eu à Alcatraz. La cellule contiguë, c'est-à-dire la 593, fut celle du docteur Garden.

J'en reste comme deux flans de rond.

— Comment as-tu appris cela ?

— Avant de partir, je suis allé interviewer le vieux Constaman en compagnie de ta maman.

— Vous ne m'en avez rien dit, ni toi, ni elle ! bougonné-je ; je déteste les cachotteries.

— Tu étais mobilisé par tes préparatifs, s'excuse Soleil-couchant.

Je considère le premier étage de cellules dont une lumière rasante éclaire faiblement le bas des barreaux.

— On n'est pas aidés, fais-je ; ça va être coton d'explorer l'appartement du Doc.

— Tu as un plan ?

— Tous les grands chefs en ont un, rengorgé-je.

Il sourit.

— On peut savoir ?

— Toutes les serrures sont du même modèle à clé plate. Tu vas prendre l'empreinte de quelques-unes d'entre elles et nous reconstituerons les clés.

Cet après-midi, nous reviendrons ici pour la dernière visite de la journée. Je serai muni du matériel adéquat et je me laisserai enfermer dans la prison. Pendant la nuit, à l'aide des différentes clés et des outils qualifiés que j'aurai en poche, je tenterai d'entrer dans la cellule 593. Il est pratiquement certain que je n'y découvrirai rien, mais je dois en avoir le cœur net. Le lendemain matin, je me mêlerai aux premiers visiteurs et repartirai avec eux.

Il m'a écouté sans piper, le regard perdu.

— C'est bien ainsi que j'imagine les choses depuis le début de cette équipée, fait le Tournesol. Et moi, dans tout ça ?

— Tu viendras ce soir, repartiras avec les touristes et rappliqueras à nouveau demain matin.

— Pourquoi ne veux-tu pas que je participe à l'opération nocturne ?

— Parce que quelque chose me dit que tu peux m'être plus utile dehors que dedans.

Il amorce une moue incrédule, mais c'est un mec qui sait s'incliner devant la volonté de ses supérieurs, tout supérieur qu'il soit lui-même.

— Maintenant, prends les empreintes dont je t'ai parlé, fils.

— C'est fait, assure-t-il en tapotant sa poche droite. Je savais ce que tu allais me demander : ça tombait sous le sens !

— Unique, marmonné-je ; ce mec est unique ! Et quel doigté de gynécologue ! Je ne me suis aperçu de rien.

M'étant haussé sur la pointe des pinceaux, je regarde par l'une des hautes fenêtres le Golden

Gate et ses lilliputiens affairés. Tu parles d'un supplice de Tantale pour les prisonniers de jadis !

Sans Francisco est faite de gigantesques taupinières rassemblées, que les fameux tramways (emblèmes de la ville) escaladent et dévalent à une allure vertigineuse avec des grappes humaines agglutinées sur leurs marchepieds. Les automobiles sillonnant ces montagnes russes paraissent toutes appartenir à quelque remake de *Bullit*, et l'on se demande, en les voyant perpétuellement sauter les bosses, si les amortisseurs sont bien d'un modèle standard ou s'ils sortent d'une chaîne spéciale de Detroit qui leur est exclusivement réservée.

Nous grimpons en direction de notre hôtel, lestés d'emplettes surprenantes de la part d'honnêtes touristes venus visiter l'une des villes les plus « attractives » des Etats-Unis.

A Frisco, les Asiatiques dominent, néanmoins la ville est un creuset où viennent se fondre toutes les races de la planète. Les gens y ont l'air à peu près heureux et les regards que l'on recueille au passage sont, pour la plupart, empreints de bienveillance.

Chaque fois que je croise une jolie fille noire, mon cœur se serre car je pense à la jolie Nancy qui savait si bien piloter des limousines et faire l'amour.

Une fois dans notre suite, nous déballons les petits paquets achetés chez *Macy's*, le super-*big*-

magasin du centre-ville, et l'ami Mathias se met en devoir de me préparer mon paquetage, comme un moniteur de sauts aide son élève à plier son parachute. Il fait particulièrement porter sa science sur les clés.

— Vois-tu comme elles sont pratiquement toutes semblables, me dit-il. Le gars de la serrurerie m'a regardé drôlement et a murmuré : « Alcatraz ? » Comme la taule est fermée depuis 30 ans, il n'en a pas dit davantage.

— Peut-être pourrais-je ouvrir à l'aide de mon seul sésame ?

— M'étonnerait. Ces serrures au pêne étroit ne lui conviennent pas. J'ai acheté des limes en irridium de flocage parce qu'elles peuvent mordre dans les métaux les plus récalcitrants. Avant d'essayer les clés, prends l'empreinte de la 593, ce qui te permettra de voir le boulot à pratiquer sans inutiles tâtonnements.

Il poursuit son enseignement, et ma pomme, bon élève, mémorise toutes ses indications prodigieuses car, comme disent les dames de mon entourage : « San-Antonio a *aussi* une mémoire d'éléphant ! »

On se repose un peu ensuite en regardant un merveilleux dessin animé à la télé, que ça raconte l'histoire d'une girafe qui a introduit son cou dans le conduit d'une cheminée d'usine, tout ça. Bien. Très intéressant.

Rien de plus harassant que l'attente d'un jour « J », voire d'une heure « H ». Le sablier coule trop menu.

Après le film, on décide de descendre vers

l'embarcadère et de boire quelques verres sur *Fisherman* en attendant la dernière rotation du barlu. Les éventaires de marchands de frigousse se succèdent. Tu trouves tous les produits de la mer : poissons, crustacés dans des bacs de friture qui te font redouter l'enfer. Ça pue le rance (le rance d'Arabie), la merde surconsommée et surchiée. Des nuages épais imprègnent tes fringues ! Presque gênants sont les appels des marchands ! Quelques-uns t'ordonnent pratiquement de leur acheter de la bectance, d'autres t'en supplient. *Struggle for life !*

— Je vais envoyer une carte postale à la maison ! décide Mathias.

Il choisit un coucher de soleil sur la baie qui ressemble à un portrait de lui surexposé, griffonne quelque formule de voyage et me demande de cosigner. J'écris en post-scriptum : « Voyage de rêve ! Les filles sont subimes et peu farouches » et je me hâte de confier ce coup de pied de mon camarade Jarnac à une boîte des postes californiennes sans le faire lire à Xavier. Ça fera de la conversation assurée pour le couple lorsque Mathias rentrera.

Je fais l'acquisition d'un gros ceinturon de cuir pour Toinet, dont la boucle représente une tête d'Indien toutes plumes dehors. Il n'est jamais trop tôt pour enseigner le bon goût aux enfants.

Et on retrouve le gros barlu avec son pavillon ricain, sa rouille et sa cargaison d'obèses en train de se gaver de pop-corn, de beignets, de chips et de club-sandwiches pour s'occuper les maxillaires pendant les quelques minutes de traversée. L'Amérique est le pays qui fournit la plus grosse quantité de monstres au *mile* carré.

N'en plus d'être énormes, ils s'accoutrent ridiculement, ces nœuds, avec des hardes insensées aux couleurs grinçantes. Les caméléons explosent à leur approche et on a trouvé des gens malvoyants qui devenaient franchement aveugles en les examinant. C'est un bled *very dangerous,* les States, sans parler de leurs conneries atomiques qui commencent à lézarder kif celles des Popoffs ! Ecolos, pas écolos, on va l'avoir dans cul avant lurette, je pressens. Entre le trou de l'ozone et la pollution terre-mer, c'est du peu avant de jouer dans « La Planète des Allongés ». On y passera tous, mes frères. Ne restera plus, çà et là, qu'un alpiniste et un spéléologue qui se trouvaient en « situation » au moment du grand vilain clash et qui seront obligés de s'enculer pour tenter de perpétuer l'espèce.

C'est pas faute d'avoir été prévenus, pourtant !

Moi qui rêvais de laisser derrière moi un humus fertilisant, j'ai le bonjour.

— Tu crois que Béru dort toujours ? me demande Mathias.

— Essaie de lui téléphoner en rentrant de l'île.

Le Gros, à cet instant de tension nerveuse, j'en ai rien à triturer. J'ai enfilé un thermolactyl sous ma limouille, car, malgré tout, je crains que la nuit soit humide et peu bandante.

Il fait frisquet dans ce gigantesque pénitencier désert. Je me demande s'il est surveillé nuitamment ? A quoi bon ? Y a personne à garder, rien à prendre ! Mais les yankees sont tellement chenilleux ! Tu veux parier que, juste pour le sport, ils ont foutu des signaux d'alarme ?

Je m'en confie à Xavier.

— Non, me rassure-t-il. J'ai observé les lieux et je n'ai rien vu d'inquiétant à ce propos. Mais je vais encore examiner les portes.

Il dit, et voilà qu'il se produit un petit turbin regrettable. Ma faute ! Sémaphore, sémaphore, c'est ma très grande faute !

J'avais allongé mes jambes et l'une d'elles débordait dans la travée ; une vieillarde dénuée de vision a buté sur mon tibia favori. Bien qu'elle fût agrippée au bras de sa petite-fille, elle choit, entraînant sa descendance dans sa chute !

La vioque cogne du cigare contre la banquette d'en face et se met à appeler sa mère ! Tu te rends compte ? Sa mère ! A elle qui est devenue trisaïeule par un ami de son défunt époux.

Elle a un bleu à l'âme, à l'arcane souricière, à la rotule, à la pommette, à la cuisse gauche ; sa dernière dent gît sur le sol et une touffe de poils pubiens, rêches et gris, tombe de ses jupes. Sa petite-fille, une exquise créature blonde, aux yeux presque verts et au tailleur tout à fait rouge, s'applique à relever ce *century* à terre, aidée du chevaleresque San-Antonio qui, après avoir fait gourder la mémé par inadvertance, s'active volontairement à la relever. On la fait asseoir, on la choie, on l'essuie, on la frotte, on l'oint, la console, l'emmitoufle de notre tendresse.

Ces attentions, puisqu'on se dit tout, me permettent de respirer à pleins poumons la belle fille blonde, de caresser ses doigts, de frôler ses cheveux de mes lèvres, bref, de lui interpréter cette danse incantatoire que je réserve aux personnes du sexe qui me procurent un émoi immédiat et impératif.

S'en aperçoit-elle ? Probablement puisqu'elle me vote des sourires éclatants qu'on a envie de bouffer sur l'arbre. Quand l'ancêtre est colmatée, étoupée, vulnérée (un bourbon sec), j'entreprends cette aimable créature sur laquelle, je le sens, mon charme et mon accent français agissent comme une application de pommade Eucéta sur une brûlure.

Elle me raconte qu'elles arrivent de Vaginston, la grand-mère et son petit chaperon rouge. Native de Frisco, mémé souhaitait revoir sa Normandie avant d'aller débiter des vers dans le sol du district de Columbia. D'où ce voyage. Le premier époux de la vioque a été secrétaire d'un des directeurs de la prison d'Alcatraz et ces dames viennent visiter la fameuse maison.

Elles sont descendues à l'hôtel *Whitekouilh,* lequel se trouve pile en face du nôtre qui s'appelle grand hôtel *Blackburn.* J'extasie devant la coïncidence et je lui demande à quelle heure on couche les vieillards en Californie. Elle me répond 9 heures p.m., ce qui va nous permettre de dîner en tête à tête demain, vu que ce soir j'ai un engagement antérieur. Le postérieur sera pour *tomorrow*, O.K. ? C'est par un *yes* franc et massif qu'elle accepte mon invitation. Rancard est pris à mon hôtel pour 9 h 30. Et moi, sa culotte, je la vois déjà grosse, non pas comme une maison, mais comme une main de bébé, et je décide que si elle est blanche, je lui demanderai de me l'offrir afin que j'en fasse une pochette pour mon smoking.

Le valdingue de la mère-grand la handicapant pour arquer, on la laisse dans la maison tenue par les rangers, près de l'embarcadère, et nous partons à l'assaut de la prison. Mathias fait la gueule, jugeant que j'ai mieux à faire en cet instant que de chambrer une nana. Mais tu connais le gars Ma Pomme, fils aîné, unique et préféré de Félicie ? Quand la digue le biche, il vendrait périmètre (comme dit Béru). Rien n'est plus primordial qu'un beau cul et je lui accorde priorité absolue.

Je te passe mes délicates et innocentes manœuvres d'approche (pour commencer), puis d'installation. D'abord je lui prends la main comme pour l'aider à grimper, puis le bras, puis la taille. Alouette, gentille alouette. On marque un premier temps d'arrêt comme à un chemin de croix et je lui fais face en riant éclatant, somptueuse image de santé rayonnante, d'assurance tranquille ; qu'on sente bien la vigueur déterminée de l'homme, ses inépuisables réserves physiques, son goût marqué pour la troussée cosaque. C'est plein d'ivresse retenue, de promesses échevelées. Elle sait déjà que le coup de rapière qui se prépare, ce ne sera pas du yaourt *fitness* et qu'elle aura la démarche du pingouin pour se rendre « ensuite » à la salle de bains.

A la seconde station de ce merveilleux rosaire, je me risque à une pelle mutine. Elle l'agrée, alors je lui vote une galoche à talon aiguille qui en raconte long commak sur mes capacités thoraciques.

C'est parti sur les bouchons de roue. Ils loueraient des piaules à Alcatraz, aussi sec je serais client. Que même (si tu ne me crois pas, va te faire mettre), que même, reprends-je, je caresse un instant le projet d'aller tirer Mary (elle se prénomme comme ça, et moi je raffole) sur le plumard d'une cellule témoin en demandant à la Rouillance de faire le gaffe ; ce serait bénaise, d'autant qu'il n'y a pas foule pour cette dernière visite de la journée. Malheureusement, un tordu de Japonouille, nikonné jusqu'aux roustons, n'en finit pas de se perpétrer un documentaire avec sa gerce aux cannes arquées et à la frime large comme un brie de Meaux qui se tient assise sur le bord du plumard.

Il la prend à travers les barreaux, le gars La Jaunisse, ce qui lui est plus fastoche que de la prendre en levrette avec sa bistougne de sapajou. Donc, projet irréalisable, auquel je renonce à regret car j'adore calcer des sœurs dans des coins à hauts risques. Or, s'en faire une dans Alcatraz constituerait une prouesse amoureuse fort exquise, selon moi.

Xavier est de plus en plus en renaud.

Il me souffle :

— Tu as une façon de te préparer à un coup de main délicat, toi !

— Ne t'inquiète pas.

— Comment vas-tu faire ?

— Comme pour moi !

— Après le départ des visiteurs, il y a fatalement une ronde pour vérifier que personne ne traîne dans les locaux.

— C'est probable, oui.

— Tu sais où tu vas te planquer ?

— Je sais.

— Où ?

— Dans le local du coiffeur, où prend un escalier en colimaçon. Avant la fin de la visite, je le gravirai jusqu'à ce que je sois hors de vue ; l'inspection ne peut s'étendre au premier étage puisqu'il est fermé aux visiteurs.

— Et la môme ?

— Quoi ?

— Elle va trouver anormal que tu la largues à ce moment-là et que tu ne prennes pas le dernier bateau !

Il a raison, je sais. Furieusement raison. Il va me falloir trouver une feinte. Facile à dire. On se roffre un tour complet des lieux : réfectoire, bibliothèque, quartier de H.S., déambulation sur « Broadway »... Et d'elle-même, la gosse dit qu'elle doit aller rejoindre sa grande-vioque qui morfond. Elle s'attend à ce qu'on lui filoche le dur, mais j'allègue qu'avant de tracer je vais expédier des cartes postales (on en vend près de la salle aux écouteurs, ainsi que des brochures et des babioleries-souvenirs).

Un peu déçue, elle redescend donc seule.

Je commence à me rabattre côté *barber shop*. *Nobody*.

J'enquille l'escadrin qui vibre sous mes pas. Tout m'a l'air bonnard. Je rejoins Mathias pour un au revoir ému.

— Maintenant file retrouver la môme et sa grande-vioque, Xavier ! Raconte-lui que le gazier qui tient la boutique d'ici est un pote que j'avais perdu de vue et que je rentrerai avec la vedette automobile assurant le transport des rangers et du personnel.

Il opine.

— Je te dis merde, monsieur le directeur.

Paraît qu'il faut jamais remercier dans ces cas-là : ça porte la cerise.

Etourdiment, je lui dis merci.

9

LA BATAILLE DURAILLE (1)

Longtemps je me suis attendri sur mon sort et j'ai dû trouver pour qualifier mes états d'âme quelques-unes des plus belles phrases de la langue française. Mon humilité naturelle m'incitait à penser que « mon cas » n'avait d'intérêt que pour moi, mais il m'intéressait beaucoup. Je me croyais malheureux au point que je le devenais plus ou moins. Cette situation inconfortable dénaturait les joies existentielles qui m'échurent et je vécus une sorte de convalescence morale sans vraiment avoir été malade. Du temps passa, et un jour je m'aperçus que j'avais guéri de cette longue non-maladie à séquelles sans m'en apercevoir. J'en fus soulagé mais troublé ; guérir sans pilules est toujours suspect pour les gens comme moi qui savent trop bien que tout a un prix et que la gratuité est un piège à cons.

Voilà où dérivent mes pensées tandis que je fais le point de ma piètre existence, assis sur la brève marche en fer de cet escalier en tire-bouchon.

(1) Chapitre dédié à René Clément.

Le silence s'amplifie, si je puis dire, en même temps que la pénombre. Les bruits ne sont plus qu'extérieurs et parviennent à l'état de chocs réverbérés. Ils montent de l'embarcadère.

Ensuite, quand la nuit sera là, je pressens que seule m'atteindra encore la rumeur de San Francisco, tout proche mais inaccessible. Frisco dont les lumières se mettent à flamber, puis à trembler à travers la brume du soir.

Je ne suis pas d'un tempérament couard, tu le sais ; pourtant j'avoue que ma raie culière est hermétique à cet instant. Se sentir seul dans le pire pénitencier d'Amérique a de quoi te filer la glaglate. Je me dis qu'il y a trente piges, à cette même heure, les vies des détenus devaient produire un monstre fourmillement. Toutes ces respirations, toutes ces toux composaient — je crois l'entendre — un grondement de fauve terré. Les incongruités, les branlettes, les soupirs ! Mon Dieu ! Et les gémissements ! Hein, dis : les gémissements ? Forbans ou pas, meurtriers ou non, y en a bien qui devaient souffrir, ou je me goure ? Souffrir dans leur viande, souffrir dans leur âme. Pleurer, peut-être, en faisant passer leurs sanglots pour des quintes de toux, pour des glaviots, voire des ricanements ?

Le froid me gagne. Je pose mes pompes pour ne plus faire de bruit en me déplaçant. Je retourne vers l'entrée : c'est bouclarès. Je ne perçois aucune présence au-delà des lourdes. Le dernier prisonnier d'Alcatraz, c'est moi !

Bon, au turbin ! La nuit sera rude.

Me croiras-tu quand je t'aurai dit que les clés confectionnées par l'Incandescent s'avèrent inutiles car mon éternel sésame est, à lui tout seul, à la hauteur de la situation. Je m'en étais douté.

Il suffit d'insister, pour le mettre au pas, ce farceur ! Cric ! crac ! et les serrures font leur reddition à qui mieux mieux ! Un beurre !

Je m'active silencieusement, avec précision, mais une angoisse irréfléchie m'investit. Tu m'imagines, cousine, dans ce pénitencier désert marqué par tant de souffrances, tant de violences, tant de déchéance et de misère ? L'absence des quelque trois cents forçats qui purgèrent là leurs peines constitue je ne sais quelle étrange menace ; à croire que chaque vilain a déposé en ces lieux ce qu'il y avait de plus pernicieux en lui. Des bêtes féroces ! Des tueurs, des kidnappeurs, des violeurs, des braqueurs. Tous ces ennemis publics classés *number one !* J'ai lu qu'un jour, au cours d'une tentative d'évasion, un groupe de forcenés est parvenu à neutraliser les gardes avec des armes prises dans la *gun galerie* ; ils les ont enfermés dans les cellules 402 et 403, et le fameux Joe Cretzer les a abattus à travers les barreaux. La photo de Cretzer figurait au dos de la couverture du livre : un gars massif, jeune, le cheveu épais séparé par une raie presque médiane, avec un regard tranquille et homicidaire. D'ailleurs, ce qui caractérise tous ces convicts, ce sont leurs yeux implacables : Hubbard, Thomson Coy, McCain, Young, Karpis, sans parler de la vedette Al Capone... Des regards « d'ailleurs », qui condamnent impitoyablement, sans rémission. Des regards qui tuent !

Cellule 593.

Elle est plongée dans l'obscurité, le halo lumineux en provenance de la ville, s'arrêtant au ras de la galerie. J'actionne ma torche à halogène (qu'il ne faut pas confondre avec l'allogène qualifiant certaines populations). Le local est rigoureusement vide, à l'exception du lavabo et du chiotte qui sont demeurés scellés, l'un au mur, l'autre au sol.

Un vif découragement me saisit. Qu'ai-je à attendre de ces 4 ou 5 mètres carrés de ciment ? Malgré tout, puisque je suis là, je me mets à étudier le sol, le plafond et les murs centimètre par centimètre. Rien ! Pas une fissure, pas un orifice, sinon quelques trous peu profonds résultant de l'enlèvement de la table, du tabouret et des deux étagères. Je les examine néanmoins.

Mais je sais qu'ils ne me révéleront rien. A l'époque où Thomas Garden « habitait » cette gentilhommière, ces petits orifices abritaient chacun une vis, et même si Doc les avait utilisés pour planquer son secret (il aurait fallu que celui-ci fût très petit), on l'aurait découvert en évidant la cellule.

Un souffle glacé semble errer dans la prison et je crois déceler des odeurs écœurantes de sueur et d'excréments. Je vais m'accouder au bastingage de la galerie. Des découpes de lueurs géométriques éclairent faiblement cet endroit maudit, selon le caprice des fenêtres. Est-il arrivé que Doc s'accoudât ainsi sur cette main courante glacée ? En eut-il jamais la possibilité ? Délirait-il quand il affirmait à mon compatriote, la vieille canaille d'Alfred Constaman, qu'il détenait la preuve d'un complot contre J.F.K. ? Il se camait, le brave médecin. Peut-être que, dans ces périodes-là, il fabulait ? Pourtant, aux dires du « copain de Félicie », il parlait de l'attentat en 62, c'est-à-dire une année avant qu'il n'ait lieu !

Je m'ébroue et retourne dans la cellule 593.

Je viens de penser au siphon du lavabo. J'espère que les mâchoires de la pince dont je me suis muni seront suffisamment larges. Elles le sont. Le hic c'est pour dévisser le « collier ». Plusieurs décades qu'il est en place, tu juges ? Le calcaire, la rouille, ont boulonné pendant ce temps-là. Je m'arc-boute, les pieds à plat contre le mur ; je tire sur le manche de la pince à m'en faire éclater les balloches. Mes biceps sont en feu ; je vais me faire une hernie, c'est couru ! Quand je fraiserai une frangine, elle croira que mon pneu a heurté un trottoir et craindra qu'il éclate pendant l'opération du ravitaillement en viol.

Au moment où je vais renoncer, je crois percevoir un frémissement. Au lieu d'insister, je reprends souffle. Inutile de me bousculer, j'ai toute la noye pour moi ! Je frotte mes mains aux paumes brûlantes sur mon pantalon. Paraît que dans l'hémisphère sud, en se vidant, l'eau d'un lavabo tourne de gauche à droite et non de droite à gauche comme dans le nôtre. A moins que ce soit le contraire, la physique et moi, tu sais ; toujours est-il que c'est inversé. Marrant, non ?

Je crache dans mes pognes, pas qu'elles aient du jeu, et hardi petit ! Ho ! Hisse ! Et ça vient ! Triomphe de la volonté humaine ! On est loin de l'époque où on sautait de branche en branche en se retenant par la queue, hein ? Je braque le faisceau de ma loupiote dans le siphon. Ballepeau ! Zob ! *Nothing !* Evidemment, Garden ne disposait pas d'un outil comme le mien pour débrancher ce putain de tuyau. Et s'il y avait introduit un corps étranger, il n'aurait pas tardé à être obstrué, déjà que quand ça coule normalement il se bouche !

Je n'ai plus qu'à raccorder le siphon grosso modo, manière de cacher la merde au chat (J'ai connu une vieille bonne femme qui s'appelait Dauchas et tout le monde disait d'elle : « la mère Dauchas » ; ça faisait poiler ceux qui ne s'appelaient pas Dauchas).

Pour m'activer, je place ma torche verticalement sur le sol, son faisceau blanc éclaire le dessous du lavabo. Comme j'achève de revisser le collier récalcitrant, quelque chose me fait tiquer. Un rien ! Je note simplement que le scellement qui fixe le bac de faïence au mur n'est pas partout de la même couleur. Dans la partie supérieure il est blanc sale, par-dessous, il est d'un gris verdâtre. Effet de l'humidité ? Probablement. Malgré tout, je le gratte du poinçon de mon couteau « armée suisse ». Et que constaté-je-t-il, Achille ? Qu'il ne s'agit pas de plâtre ni de ciment, mais de chewing-gum archisec, comme les chemises de l'archiduchesse.

Tu sais, le changeur d'un électrophone quand il

met un disque sur le plateau ? Cette lenteur solennelle, majestueuse en tout cas, qu'accompagne un léger cliquettement. Il dépose son disque, se retire ; puis le bras de l'appareil entre en piste (c'est le cas de le dire) et la musique éclate. Ici, c'est rutilant comme *Tannhäuser*.

Je vis un instant de folle intensité. Je touche au but. Je bouche au tut. Ai-je déliré sur ce sujet qui restera brûlant jusqu'à ce que la vérité éclate ? Etait-ce de la fumée de gamberge ? De la poudre de perlimpinpin ? Une délirade collective entre mes collaborateurs et moi ? On a cru aux mouches ? On s'est embarqués sur un bateau de papier ? On s'est fait mousser le pied de veau ? Trituré le mental ? On a berluré de concert ? On navigue dans de la choucroute ? On patauge dans du caramel mou ? On croyait des choses ? On s'est gonflé l'espoir au pet de lapin ?

Je suis là, agenouillé, ce qui est la position d'humilité absolue. Caressant du bout des doigts cette frange rugueuse. Peut-il encore subsister des microbes dans cette gum mâchée voici trente ans ? Questions imbéciles, hors de propos mais qui m'assaillent en foule, en trombe !

Je cueille un petit burin d'acier trempé (dans quoi ?) au plus profond de ma trousse de dépannage. J'attaque le faux mastic (pourtant bien mastiqué). Il cède facilement, par copeaux. Je dégage de la sorte une rainure d'une dizaine de centimètres de long et large d'environ 2 mm (si je disposais d'une chaîne d'arpenteur, je pourrais me montrer plus précis, tu dois donc te fier à ma seule appréciation). Moment fatidique : je glisse un fil de fer terminé en crochet par l'ouverture en cigognant par saccades (pléonasme). Il ne se passe rien. Impossible de regarder dans la fente, l'épaisseur de mon temporal empêchant mon œil de se plaquer contre le mur. Serais-je bité ? Mon incommensurable allégresse va-t-elle se mettre à panteler comme le sexe d'un académicien diabétique (1) ?

La rage me stimule. Voilà que j'engage le bout de mon burin dans l'orifice, l'enfonce du talon d'un de mes mocassins (que j'ai posés, je te le rappelle) et qui me sert de marteau.

Lorsque l'objet est engagé de quelques centimètres, je tire dessus. Des bribes de plâtre choient. Je tire encore, m'arc-boutant sous le lavabo en essayant de le soulever avec mon dos. Lutteur forain ! Jean Valjean soulevant la charrette à l'essieu brisé du père Macheprot pour qu'on puisse dégager le vieux roulier.

Ça se met à branler au manche (comme disait le professeur Ackouille, de Boston). Et voilà que je perçois un léger choc. M'informe. Un machin vient de tomber par la rainure aux lèvres écartées. J'appelle cela un machin, malgré la richesse incontestée de mon vocabulaire, parce que, à première, seconde et troisième vue, il est inidentifiable.

C'est en métal léger, c'est plat, c'est de la dimension d'une grande carte de visite et trois

(1) Avant, j'aurais dit « comme le sexe d'un académicien », tout court, sans ajouter diabétique, mais depuis que Jean Dutourd a fait premier au concours d'éjaculation départ arrêté de Jouy-en-Josas, je préfère jouer la prudence.

lettres formant le mot CAO, se lisent encore en relief sur le métal.

L'ayant dûment trituré et examiné, je comprends qu'il s'agit d'un couvercle de boîte de conserve que l'on a aplati, découpé, puis plié en deux pour en faire une espèce d'enveloppe. On a dû glisser un papier à l'intérieur avant de rabattre les bords sur trois côtés et les avoir bien écrasés afin de rendre la chose hermétique.

Merci, petit Jésus ! Comme vous êtes bien toujours à la hauteur !

Renonçant à décapsuler l'étui sur l'heure, je glisse cette double plaque dans la poche de ma limouille sport. Tout contre mon cœur qui ne bat que pour moi !

Gagné ! Triomphe de l'esprit sur la matière. Une connasse qui ne pense pas plus loin que la mèche de son Tampax a déclaré que mes *books* abaissaient le niveau moral de l'homme. Cette pétasse qui doit se laisser tringler à tous vents, ne peut supporter mes baiseries à répétition. D'où sa scandalisation. Quand elle désenfourche son bidet, elle redevient pudibonde, la mère. La mise étant larguée, elle récupère sa fraîcheur adolescente ; pour elle, les bonnes manières et la vertu s'acquièrent avec une savonnette et un jet rotatif. Mijaurée de mes couilles ! Je pense à toi dans le sépulcral silence d'Alcatraz et je t'affirme, main tendue pour le serment d'usage, que ton mépris pour moi n'est rien en comparaison de la pitié agacée que tu m'inspires.

Je te rebute parce que tu es destinée au rebut. Vivement que tu sois vieille avec une chatte grise qui ne frise ni ne mouille plus ! Je te souhaite toutes les gibbosités de l'âge, toutes ses verrues et excroissances, ses rides, ses incontinences, ses abdications, et je t'espère desséchée et solennelle, bourrée de principes comme une peau de lapin est bourrée de paille pour rester tendue. Oui, je te souhaite longtemps mémé, ayant passé le temps des nostalgies pour aboutir dans la grande aridité de l'oubli. Et alors tu ne sauras plus San-Tantonio et ses pétasses en délire à l'ombre spermatante de ses forêts de bites ! Non plus que le gros paf de Bérurier. Les pipes baveuses, les enfourchements épiques de donzelles braillardes auront disparu à jamais. Et toi tu commenceras à apprendre l'horizontal à l'école des déclins.

Oh ! et puis à quoi bon t'en vouloir ? L'adrénaline est mauvaise conseillère. Peut-être que si je te baisais, au lieu de te maudire, tu aimerais ce que j'écris ; il suffit de si peu de chose pour faire capoter nos convictions ou nos destins !

Je rassemble tout mon petit chenil, le remballe soigneusement, récolte les déchets dans un sachet de plastique. Après quoi, je regagne le couloir en prenant soin de relourder les portes derrière moi.

J'ai faim, comme toujours lorsque je remporte une victoire. Heureusement que je me suis muni de chocolats et d'une pomme. Je décide de retourner au *barber shop* pour y attendre le jour. J'ai apporté, en guise de couvertures, deux grands sacs à poubelle. En les enfilant, un par le bas, l'autre par le haut après y avoir percé un trou pour le visage, je n'aurai pas froid, étant chauffé par la chaleur de mon corps. Le fauteuil à bascule du coiffeur subsiste encore, capitonné de cuir. Il peut s'allonger et comporte un repose-jambes : de quoi roupiller presque convenablement. Une supposition (improbable, mais sait-on jamais ?) qu'il y ait une ronde nocturne, il serait surprenant qu'on m'aperçoive, allongé sur ce siège plongé dans l'ombre.

Je croque ma pomme, glisse le trognon dans mon sachet et prends mes quartiers de nuit.

Je suis tenté — ô combien ! — de « décacheter » l'enveloppe métallique trouvée derrière le lavabo et de prendre connaissance de son contenu. Mais une sorte de « taquinerie perverse » réprime cet élan. Je décide de ne l'ouvrir que demain matin, en compagnie de Mathias, lorsque nous serons bien peinards dans notre piaule d'hôtel. Le supplice de Tantale est parfois excitant. C'est un peu comme lorsqu'une belle fille est à ta portée et que tu recules l'instant de l'enfourchement. L'assouvissement est toujours intense, mais il est si rapide que toute jouissance pour acquérir sa vraie dimension a besoin d'un long prologue. Ce sont les prémices qui font la fête.

Situation.peu banale : moi, enveloppé dans mes sacs à poubelle et allongé sur un fauteuil vétuste de coiffeur qui accueillit les plus grands gangsters de l'entre-deux-guerres et aussi ceux d'un peu après. Moi, dormant comme dormait le pauvre petit agneau qui fit, à son réveil, la connerie de s'aller désaltérer dans le courant du nom de Pur Dormant au sein d'un immense pénitencier vide.

Quelle santé, n'est-ce pas ? Quel empire sur soi-même !

Car je roupille vraiment, et figure-toi que j'ai chaud sous ma pellicule de plastique. Le rectangle de métal léger placé dans la poche poitrine de ma chemise est pour moi un bouclier d'airain. Je vais laisser Mathias en relever délicatement les bords, puis l'ouvrir et me tendre le papier qu'il contient FATALEMENT. Alors je placerai ce document en pleine lumière et, avec un calme durement acquis, j'en prendrai connaissance.

Avant de sombrer dans le sirop d'ange, j'élève mon âme à Dieu pour un merci franc et massif. On Lui réclame toujours, au Seigneur, mais quand on obtient, on ne Le remercie jamais, ingrats que nous sommes.

L'âme en paix, je me place en chien de fusil. Un bon moment je tente de capter la rumeur creuse hantant les nuits d'autrefois à Alcatraz. Que sont devenus tous les méchants qui furent rassemblés en ce triste endroit ? Morts pour la plupart, bien sûr ; au bout de trente ans, tu penses ! Mais morts de quelle mort dite violente ? Morts en criminels à jamais marginalisés. Etranges destins.

Mon sommeil est riche en rêves variés. Je me vois, en plan subjectif, assis dans un fauteuil voltaire au milieu d'une roseraie qui embaume. Mon siège est tout à coup saisi de lévitation et décolle lentement du sol, dans un ralenti de fusée s'arrachant à sa rampe de lancement, le cul environné d'émulsions. Et puis le fauteuil s'élève dans les nues, il monte dans un azur ruisselant de soleil, monte vers l'infini. Bientôt, je ne distingue presque plus la Terre ; ne subsiste de la mère planète qu'une orange bleue annoncée par le poète...

Un peu plus tard... Quoi ? Je ne sais plus... Une voluptueuse sensation de mains féminines faisant la connaissance de mon corps. Un parfum, là encore ! Exquis mais obsédant. Et puis, à nouveau, cette magistrale impression de lévitation. Quoi de plus extraordinaire pour un individu que de s'arracher à l'attraction terrestre ? La liberté totale, enfin ! Ça doit être cela, mourir : ne plus toucher terre, tout simplement.

Des bruits extérieurs m'atteignent. Sirènes de bateaux. Appels lointains ! Rumeur de la mer... Il fait jour, une lumière, qui deviendra radieuse plus tard, joue dans les vitres des fenêtres. Je remue mollement. Tiens, j'ai déchiré mon sac à poubelle supérieur en bougeant. Je me défais de ses lambeaux, puis retire le sac inférieur. Contrairement à mon rêve, ça ne sent pas la rose, mais le crin humide, le cuir épuisé. Je m'assieds et bâille. J'avise une alignée de cellules au bout de l'impasse servant de salon de coiffure. Ça doit pas être joyce d'exister en vitrine, de déféquer sans le moindre paravent, de bouffer et de lire au vu des gardes. Bien sûr, l'accoutumance engendre la « blaserie », mais avant d'accéder à l'indifférence, que de renoncements successifs !

Il est temps de faire mon ménage. Je récupère mes plastiques, les roule serrés avant de les glisser dans mon pantalon. Je chausse mes targettes, passe mon veston, me recoiffe.

Je donnerais ta couille droite contre une tasse de bon café et ta bite contre une douche brûlante. Ta dernière burne qui te serait dès lors inutile, je l'échangerais volontiers contre ma brosse à dents. On est affaiblis par la civilisation ; dans le fond ça doit être bénaise d'être un Esquimau cuirassé de crasse et de graisse de phoque, à tringler sa gerce dans son igloo.

Je fais quelques pas en boitillant, biscotte l'ankylose. Les gaziers d'Alcatraz devaient à peu près agir de la sorte, au petit matin, en débutant une journée toute pareille à celle de la veille, ainsi qu'à celles des lendemains. Je regarde ma montre. Sept heures. Me rappelle plus très bien l'heure de la première visite : neuf plombes, je crois bien ! Je décide de faire un peu de traîninge dans les couloirs, histoire de me déverrouiller les muscles en plein... Coudes au corps, je me mets à zigzaguer dans le pénitencier, jusqu'à ce que le souffle me manque. Je m'arrête, haletant, comprimant ma poitrine de la main...

Et voilà que je reçois une décharge de dix mille volts dans les endosses. Ma dextre s'affole sur ma limouille froissée ! Misère et corde ! comme dit Béru : la plaque de métal léger n'est plus dans ma fouille !

Comment ? Qu'est-ce que tu dis ? Qu'un seul point d'exclamation est insuffisant, compte tenu de la gravité de la chose ? Tu as raison. Tiens, en voilà d'autres, rajoute ce que tu jugeras utile : ! ! ! !!!!!!!!!!!!!!!!

Ce premier coup de grisou surmonté, je me dis : « Calmos, mec ; c'est en courant que tu l'as perdue. La plaquette métallique est sortie de ta poche et, comme elle est en aluminium, n'a pas fait de bruit en tombant. Alors, d'un pas lent, l'œil fureteur, je parcours tous les couloirs, allant jusqu'à inspecter au passage chaque cellule au cas où le « secret de Doc Garden » aurait glissé sous une porte. Mais c'est ultra-négatif.

Je reviens alors à mon lit, c'est-à-dire au fauteuil du coiffeur pour m'assurer que l'enveloppe métallique ne s'est pas échappée de ma vague pendant que je dormais. J'ai dû beaucoup remuer puisque mon sac à poubelle supérieur s'est déchiré !

Je le ressors de mon futal et l'étale sur le sol. Le regarde longuement. Quelque chose qui ressemble à un début de crise cardiaque bloque mes soufflets, mes éponges sont devenues dures comme l'acier : je respire avec deux enclumes, donc, pas très bien. Tu sais quoi, Eloi ? La grande poche de plastique ne s'est pas déchirée : « ON l'a découpée carrément dans le sens de la longueur avec un couteau. »

J'en ai connu des désilluses au long de ma garcerie de carrière ! J'en ai subi des avatars très monstrueux ! J'en ai effacé des échecs qui me flanquaient envie de me dégueuler entièrement ! Mais là ! Oui, là : je meurs ! Pour commencer, j'agonise, ce qui est la meilleure filière pour y parvenir.

J'avais gagné sur toute la ligne ! Je détenais le document fatal, et au lieu de me jeter dessus pour en prendre connaissance, non, je me le mets de côté comme le cigare qu'on vient de t'offrir et que tu décides de fumer après le repas. Tu trouves que je comporte normal pour un flic de haut niveau, técoinsse ? Moi pas. Je me bannis, me destitue, m'expulse. Enfin, réfléchissons tout de même.

Nous avons attiré l'attention de « certaines gens disposant d'une puissance occulte », en déboulant à Los Angeles. On a torturé notre chauffeuse pour lui faire préciser nos allées et venues. Depuis lors on nous file. On a vu que je ne repartais pas d'Alcatraz lors de ma seconde visite. Alors on m'y a laissé faire ce que je souhaitais. Dans la nuit, on m'a neutralisé à l'aide d'un gaz puissant, on m'a fouillé et on a trouvé sur moi la plaquette. Je pense que je dois la vie au fait que je ne l'ai pas décachetée, ou plutôt descellée. On s'est contenté de me l'engourdir. Conclusion, j'ai été miraculeusement inspiré en ne prenant pas immédiatement connaissance de son contenu car, si je récapitule le nombre de gens qui ont laissé leur peau dans l'aventure, à commencer par le sénateur Della Branla et en continuant par le fameux lieutenant Quinn et le docteur Garden, les gars qui actionnent les ficelles ne sont pas à une viande froide près.

N'empêche que c'est abominable de se laisser détrousser de la sorte. En somme, j'ai retiré pour « ces messieurs » les marrons du feu ! En récupérant la plaquette, ils viennent de juguler l'unique fuite du complot.

Profané, meurtri, la dignité pleine de morpions, la conscience professionnelle en haillons, j'attends l'heure de pouvoir me casser.

Tu sais que j'entends un vilain bruit et que je

finis par m'apercevoir que ce sont mes ratiches qui crissent de la sorte ? Putain de sa mère ! Si je tenais les mecs qui viennent de me jouer ce tour-là, je serais cap' de leur sectionner la carotide avec les dents !

Perdre une bataille dans ces conditions, ça vous transforme le dargiflard en congélateur !

Des lourdes qui s'ouvrent, des pas, des mots ! Déjà la visite ?

Non, ce n'est que l'équipe de nettoiement qui vient fourbir les sols avant le rush des curieux.

Presto, je me paie une croisière pour le premier étage.

10

LES POTS CÉDÉS (1)

Bien entendu, ce sont des Noirs qui viennent fourbir. Dans le quartier A, on a droit à deux costauds vêtus de combinaisons vertes possédant autant de poches que la physionomie du chancelier Kohl. Ils se mettent à laver à grande eau, puis à promener une sorte d'engin-balai aussi large que le couloir. L'un d'eux a une radio en bandoulière, laquelle diffuse les infos sportives du matin. L'autre fredonne une chanson du Sud qu'il ponctue de pets béruréens magnifiquement réverbérés par l'immensité de l'endroit. Pet sur la terre aux hommes de bonne volonté. C'en est un !

Ils passent, repassent, s'en vont.

Mon amertume tourne à la neurasthénie. Vois l'intensité de ma conscience professionnelle : tout en sachant que si j'avais ouvert l'enveloppe métallique je serais mort, ce qui domine en moi c'est le cuisant regret de ne l'avoir point fait. J'ai eu dans la main, puis sur mon cœur, le secret de la

(1) Chapitre dédié à Fedor Mikhaïlovitch Dostoïevski.

mort du Président J. F. K. Et je continue de l'ignorer. Je l'ignorerai probablement toujours...

Je poireaute, assis sur les marches de fer. Venant du dehors, les bruits s'intensifient. L'îlot maudit prend sa vitesse diurne.

D'où je me tiens, je vois des cylindres dépasser du plafond. Les tubes permettant de balancer du gaz neutralisant aux détenus, en cas de mutinerie. Tu veux parier que c'est par cette voie toute préparée qu'on m'a poivré les naseaux pendant que je pionçais ? Ils jouaient sur le velours car un tube se trouve pile au-dessus du fauteuil basculant où j'ai passé la noye. On n'a eu qu'à me vaporiser du sirop d'inconscience (parfumé à la rose), et Sana plonge dans le goudron. On attend un peu, puis on vient le palper. On trouve la plaquette dans sa poche de poitrine, on la prend, on s'en va. Les heures passent, le gaz se dissipe, messire Ducon se réveille comme une fleurette des champs. Le coup a été magistralement et très sobrement joué. Chapeau !

La première fournée de navigateurs se pointe, conquérants kodakés de fond en comble. Je descends l'escalier, noue mes paluches derrière mon dos et me mets à examiner les lieux avec cet air mi-curieux, mi-blasé du touriste sur le chantier de naguère (comme dit le Mammouth). La foule m'absorbe. Je me dis que si je possédais encore le document, je serais fou de joie, ma mission étant achevée et... réussie. Qu'au lieu de ça j'ai la queue entre les jambes (alors que je l'ai toujours entre celles d'une dame convenablement tournée).

Je guigne le surgissement de Mathias, ayant hâte de m'épancher, comme dit Synovie. Note l'honnêteté du mec. Je pourrais déclarer à mes collaborateurs que je n'ai rien trouvé et ce serait : point-à-la-ligne-on-rentre-coucouche-panier. Mais non, je ne suis pas l homme à cela. Préfère passer pour un con, mais ne rien celer, *never!* La vérité par-dessus tout! Souviens-toi de la leçon mon gamin, ça t'épargnera bien des emmerdes.

J'ai beau me détroncher, aller en direction de l'entrée, parcourir ensuite les trois couloirs desservant le pénitencier, plus ceux de chaque extrémité, ainsi que les passages de traverse : zob, zobi, zobinche, pas de Rouquemoute à l'appel. Le sagouin a dû oublier de se faire réveiller, et si ça se trouve, il en concasse encore, l'Ignominieux! Il a toujours eu le sommeil pesant, mon pote. Sans cette propension à la dorme, sa multitude de chiares brailleurs auraient rendu ses nuits infernales.

J'attends un bout, puis je sors enfin de ces bâtiments de cauchemar, l'âme ébréchée par l'expérience que je viens de vivre.

L'air est frais, ça sent les ronces, la mer, le goudron. Les badauds continuent de gravir le dur chemin perfide, plein de trous et de bosses. Mes cannes ont la tremblote : je meurs de faim. En bas, chez les rangers, je trouve du café et un sandwich jambon tout frais. En bâfrant à pleines chailles, je rallie le bateau. Un vieux schnock déguisé en « Capitaine Crochet », avec une casquette et une veste de marine, s'étonne de mon retour prématuré. C'est lui qui contrôle les biftons.

— Ça ne vous plaît pas ? me demande-t-il en montrant du pouce la citadelle grise, là-haut.

— Il y a erreur, fais-je, on m'avait dit que c'était à vendre et ça m'intéressait pour ouvrir un « Relais-Château », mais il paraît que non.

Il se gondole comme un Vénitien. Puis, sérieux :

— Dites donc, mon gars, votre billet de retour : il est d'hier !

J'enrogne après Mathias qui m'a laissé quimper.

— Excusez, dis-je, j'ai dû déchirer mon retour d'aujourd'hui par mégarde !

— Et vous êtes reparti avec quoi, hier ?

— Avec mon billet d'aujourd'hui, mais si ça crée un problème, je peux payer mon passage...

Il me sourit.

— Allez, ça va : vous avez une bonne tête. Vous êtes italien ou quelque chose comme ça, si j'en crois votre accent ?

— Français.

— Nul n'est parfait, mon gars, faut bien être de quelque part, fait-il en me tapotant l'épaule.

Je gagne les flancs du barlu qui halète doucement contre le môle garni de vieux pneus. La gonzesse du bar prépare de nouvelles délices culinaires pour enchanter les palais du retour. Je lui emplette un deuxième sandouiche avec du *cheese* et des ronds de tomate, mais elle a foutu sur le tout une espèce de moutarde qui ressemble à de la merde et qui en a de surcroît le goût. J'en fais l'offrande aux mouettes.

La glace de l'ascenseur, impitoyable bien qu'elle soit légèrement fumée, me renvoie la triste gueule de l'échec. J'ai l'air d'un flambeur rentrant à l'aube, totalement ratissé, mal rasé et titubant de fatigue. J'essaie de me sourire, mais n'obtiens qu'une grimace de constipé au bord de l'occlusion intestinale.

J'introduis ma carte magnétique dans la fente de la serrure ; le voyant vert s'éclaire, j'entre.

Nous avons pris une suite avec deux chambres, l'Irradié et moi. Celles-ci sont séparées par un élégant salon (goût américain, naturellement), avec télé géante, frigo géant, canapé géant. Les baies donnent sur cette imbécile construction pyramidale dont les San-Franciscains sont si fiers mais qui dénature leur magnifique ville comme notre pyramide de verre, à nous autres Parisiens, dénature le Louvre. Parce que, je vais te dire une bonne chose : la pyramide, c'est dur à caser dans la conversation ; si t'as pas un chameau pour en faire le tour, vaut mieux ne pas y toucher !

Je traverse le salon et gagne la chambre du Rouillé. Qu'est-ce que je t'avais dit, P'tit Louis ? Il est là, le Lingot en fusion, vautré presque nu sur son lit défait. Juste un slip. Noir ! Tu dirais un boxeur flamand k.-o. Ses poils de porc brillent dans la lumière. Il y a une petite flaque de bave sur son oreiller.

— Debout, là-dedans ! hurlé-je-t-il.

Mais ça ne le fait pas réagir. Du coup, l'inquiétude me point. Je m'assieds près de lui et soulève une de ses paupières : le regard est dissout. Pas d'erreur, il est shooté à fond, mon pote ! Perdu dans les limbes.

Je mate alentour, très alarmé, tu penses ! Aperçois une seringue dans le cendrier. Minuscule. Il subsiste un peu de liquide à l'intérieur d'icelle. Je reconnais le tout, la seringue et le liquide : il s'agit de la potion magique inventée par le Rouquinos et qui rend les gens si diserts. C'est quand même pas lui qui s'est auto-piqué avec ce produit ? Par ailleurs, ledit n'endort pas. Alors ? Quelqu'un lui aura administré un *must* soporifique ? Dis, c'est des drôles d'acharnés que nous avons au fion ! Des coriaces, des implacables.

Maintenant que le coup est carbonisé, il vaut mieux regagner nos françaises pénates, sinon il finira par nous tomber des vilains virus sur le râble !

Le pouls du Rouillé bat normalement. Je pense que le plus simple c'est de le laisser récupérer à sa botte, sans forcer...

Je m'offre une douche de rêve, un rasage soigné, des fringues bien repassées. Un second café très fort accompagné de petits pains beurrés achève de me redonner l'éclat du neuf ! Monsieur Propre en personne ! Et une envie de baiser tout ce qui bouge vachement survoltante. C'est alors que je repense à la môme Mary et à sa grand-mère descendues à l'hôtel d'en face : le *Whitkouilh*. J'ai filé rambourg à la gosse pour ce soir, 9 h 30, mais peut-être qu'elle pourrait s'échapper vingt minutes et venir dire bonjour à mon petit soldat au casque rouge, non ? Il lui présenterait les armes avec beaucoup de parfaitement, espère. La couille c'est qu'elle ne m'a livré que son charmant prénom. Je traverse la rue où déferle un tramway louvoyant comme un rabot sur une planche lisse, qu'écrivait Mac Orlan dont personne ne sait plus de nos jours qui il a été.

Le concierge du *Whitkouilh* est un gros lard qui ne peut plus boutonner ses frusques. Il a beau les faire élargir, le temps que le tailleur s'escrime et ce sac à graillon a morflé trois kilos de plus ; elles ne le rattraperont jamais.

Je commence par le début, c'est-à-dire par déposer devant lui le portrait de M. Hamilton (Alexander), ancien aide de camp de Washington et corédacteur de la Constitution américaine. Je rappelle que le portrait de M. Hamilton figure sur l'avers des billets de dix dollars. Le concierge, c'est pas un talbin de ce calibre qui l'incite à tomber à genoux pour te tailler une pipe.

Son regard de goret constipé m'ayant affranchi, je me grouille d'en allonger deux autres ; dès lors il laisse tomber d'un ton blasé :

— Oui, monsieur ?

Je lui dis qu'il a dans son hôtel deux dames : l'une très vieille, l'autre très jeune. La première a les cheveux bleus presque blancs, la seconde les cheveux blonds presque roux. Hier, cette ravissante portait un ensemble rouge.

Il réfléchit comme la boutique d'un miroitier.

— Si ce sont les personnes auxquelles je pense, dit-il, elles ont quitté l'hôtel ce matin, très tôt.

— Mais elles ne devaient pas s'en aller si rapidement ? objecté-je.

Il hausserait les épaules s'il n'avait peur de faire craquer la couture de sa manche.

— Les clients ont leurs problèmes, assure ce sage.

Puis, pour me signifier qu'il m'a assez vu, il rafle la mise que j'ai déposée sur son rade, avec la prestesse du gonzier qui, au pok, vient de déballer une quinte flush mineure au gus qui éjaculait déjà dans son Rasurel avec une quinte flush majeure !

Il faut remouiller la compresse. Je sors carrément un Franklin (1).

Là, incontestablement, je l'intéresse, et quelque chose qui ressemble à de la sympathie éclaire son visage de tête de veau sur lit de persil.

Il redit :

— Certainement, monsieur ?

— J'aimerais connaître l'identité des deux dames en question.

— L'identité ! s'exclame ce personnage de Labiche revu et corrigé par le caricaturiste de *News Week*. Mais, monsieur !

Vitos, le jumeau de Franklin rejoint son frère.

— Oui ?

Il empoche.

— Non, rien. Je vous demande un instant.

Et d'aller consulter cet immense bouquin relié

(1) Billet de cent dollars.

de toile noire propre à tous les hôtels de la planète et qui est une survivance des grimoires d'autrefois.

Tu vas penser que je balance le blé par les fenêtres ; à cela je t'objecterai qu'il s'agit de mon carbure personnel, gagné avec mes sublimes polars et que j'ai le droit de le dépenser à ma convenance.

L'obèse écrit un bout de note sur un minuscule carré de papier adhésif.

— Voici les noms de ces personnes, chuchote-t-il avec la frime d'un espion du K.G.B. d'antan, livrant à la C.I.A. les résultats des analyses d'urine de Staline.

Je jette un œil sur son timbre-poste :

Mary Princeval, Daphné Williams, 618 48ᵉ Rue W, N.Y.

Je colle le bout de papelard à l'intérieur de mon revers de veston.

— *Muchas gracias,* dis-je. Bien entendu, vous ignorez où elles se sont rendues après avoir quitté l'hôtel ?

Triple-menton sourit avec malice.

— Pas du tout : c'est moi qui ai réservé leurs billets d'avion.

Je mets la main à ma poche pour acheter leur lieu de destination, mais le concierge, magnanime, stoppe l'hémorragie de mon capital.

— Je vous en prie, fait-il, ces dames ont pris le premier vol pour New York.

— Vous êtes un concierge extrêmement coopératif, le complimenté-je-t-il ; je ferai part de ma satisfaction à la direction.

— C'est très aimable à vous, monsieur.

— Une ultime question, mon cher ami : à quel moment les personnes en question vous ont-elles chargé de réserver leurs billets ?

— Tard dans la soirée. La jeune femme est rentrée sur le coup de minuit environ ; elle était très décoiffée et paraissait surexcitée. C'est elle elle qui m'a prié de retenir ce vol du matin. Je me suis permis de lui demander si quelque chose de fâcheux lui était arrivé, alors elle a souri et m'a dit : « Non, au contraire, mais il est indispensable que nous rentrions, ma grand-mère et moi. ».

Il accepte tout de même, malgré sa haute moralité, le troisième talbin que je lui tends.

Il profère des phrases incohérentes, d'un ton saccadé, avec des sanglots dans la glotte.

Il balbutie :

— Il faut me pardonner, ma biche : elle suçait si merveilleusement ! Toi, tu n'as jamais voulu prendre ma queue dans ta bouche, prétextant que ça te flanquerait mal au cœur. Mais il y a des femmes qui raffolent de ça, ma très belle. Des femmes pour qui l'amour commence par cela. Ont-elles raison ? Oui, je le crois. C'est une démarche si généreuse, si altruiste, ma colombe ! elle permet à l'homme de côtoyer l'infini. Une belle fellation, je veux te le dire, en mon âme et conscience, constitue une espèce d'œuvre d'art. Je me rappelle t'avoir vue pleurer, un soir, à l'opéra où Mme Chauviré interprétait *La mort du cygne*. Eh bien, une pipe bien faite provoque une émotion de cette qualité ! Elle t'emporte dans l'indicible, ma colombe bleue. Cette personne s'est montrée particulièrement douée, ingénieuse, pleine d'initiative. Si je te disais qu'elle enfilait son médius dans mon cul en même temps, accédant à un synchronisme si parfait que j'en défaille rien qu'à l'évoquer !

« Il va falloir que tu t'y mettes quand je serai rentré, ma douceur infinie. Que tu me pompes la tige frénétiquement d'abord, puis avec lenteur pour reculer l'instant de délivrance. Je ferai ton éducation, chère chérie. Et à force de volonté, de persévérance, tu deviendras aussi experte qu'une pute de haut niveau. L'on m'a dit qu'au Danemark il s'organise des concours de turlute. Nous irons au pays d'Elseneur et tu participeras à ces joutes ! Tu triompheras, ma reine ! Je t'imagine glorieuse sur la marche supérieure du podium, les lèvres vernies de foutre. Ah ! comme je serai fier de toi ! Je prendrai des photos pour montrer à ta mère et à nos enfants, plus tard. Et puis non : je tournerai un film en 16 millimètres, ma fleur champêtre. Un documentaire où restera inscrite à jamais la preuve de ta vaillance, de ton savoir. Je sais que tu brilleras dans les imposées, toi si pugnace ! Que tu confondras les autres concurrentes aux figures libres, grâce à ton esprit d'initiative ! Que tu vaincras à l'endurance, femme infatigable. Tu pomperas dix, vingt, trente, cent nœuds au besoin, mais tu resteras seule en lice, exténuée mais sublime ! »

Le pauvre Mathias émet quelques onomatopées sans signification, tressaille, ouvre les yeux et se dresse sur un coude. Un air de gueule de bois mal surmontée. Il me regarde comme si l'on ne s'était jamais vus et qu'on vienne de se rencontrer dans l'autobus Bastille-Gare de Lyon.

— La première fois que je me suis masturbé, je devais avoir huit ou neuf ans, m'assure-t-il gravement. A vrai dire, c'est un camarade de classe qui m'a initié. Il s'agissait du cancre de l'école qui s'appelait Dieudonné Grominet. Il se branlait environ toutes les heures, ce qui faisait trembler le bureau que nous partagions. Moi, naïf, je croyais qu'il se grattait car il passait pour avoir des puces et procédait avec une relative discrétion sous sa blouse grise. Et puis un jour, comme il atteignait à une pâmoison d'une violence inaccoutumée, il a poussé un grondement d'express traversant une gare de village et il est tombé à la renverse.

« C'est alors que j'ai découvert son membre : une chose brève mais énorme, violacée et gonflée de veines aussi grosses que le tronc d'un vieux lierre. Sur l'instant, j'eus du mal à identifier un sexe dans cette excroissance monstrueuse, si éloignée de ce que ma mère avait baptisé : « ton petit oiseau ». Mais doué d'un tempérament déjà scientifique, la conclusion s'imposa à moi. A partir de cet instant, je n'eus de cesse de faire se dilater « mon petit oiseau ». A force de le tripoter et de penser à la founette de Maryse Lepelletier, notre petite voisine dont un carreau de la salle de bains était brisé et que les Lepelletier, gens d'une grande ladrerie, mirent deux ans à changer, je transformai le petit oiseau en moineau dodu, puis en merle repu, ce qui me conduisit à la découverte de sensations nouvelles, fort agréables au demeurant... »

Il se tait enfin pour reprendre haleine.

— Mathias, mon biquet, appelé-je, tu ne veux pas remettre à plus tard le récit de tes branlettes ? Tiens, tu as du style et tu pourrais en faire un livre passionnant que tu intitulerais par exemple « Mémoires d'un tapeur de rassis ». Je suis certain que ça se vendrait.

Il ne pige pas très bien. Ce gars se serait téléphoné dix litres de rhum dans le cornet à piston, il aurait les idées plus claires.

— Tu me reconnais, Bébé rose ? je demande, à lui en brûler le pourpoint.

Il opine.

— Je m'appelle comment ?

— T'nio.

— Bravo ! Tu viens de faire un sans faute, mon lapin. Dis-moi, après avoir dûment sollicité tes chères méninges poisseuses : hier tu as pris le bateau pour rentrer d'Alcatraz. Tu as voyagé avec deux dames, une vieille et une jeune.

— Ma... ry ! énonce le massif de dahlias rouges.

— Je vois que vous avez lié connaissance.

Il retrouve soudain la magie de son verbe éblouissant du moment qu'il n'a plus d'effort de mémoire à fournir.

— Elle m'a magnifiquement sucé, déclare-t-il avec une vivacité rayonnante. Tout d'abord, un imperceptible titillement du gland avec ses longs cils. Effet garanti. Puis langue montante et descendante sur le filet : de toute rareté. Lorsque le membre atteint sa plénitude dilatatoire, la fellation commence. D'une lenteur suave qui te fait défaillir. Ce fut le point culminant de ma vie sensorielle ; je ne dis pas sexuelle, ce serait restrictif, mais sensorielle parce que TOUT participe. Tu la conjures d'accélérer le mouvement pour parvenir à la délivrance, mais penses-tu : trop experte pour céder à tes implorations ! Inexorablement, elle poursuit son démoniaque va-et-vient, se permettant même de l'interrompre pour te placer un frétillement entre les testicules. Tu as les nerfs à bout de patience. Tu pries à haute voix, tu parles de mourir. Et la rouée continue sur le même rythme avec un mystérieux sourire.

« Lorsqu'elle te sent sur le point de lâcher la fumée, elle s'arrête net, abandonnant délibérément tes accessoires et te faisant boire un philtre mystérieux afin d'aiguiser encore ta fringale amoureuse. Une démone ! Tu veux la faire participer, en lui saisissant un sein, ou en lui glissant un doigt dans le bénitier de Satan, la moindre des choses, mais foin ! Elle te repousse, se garde pour elle afin de mieux s'occuper de toi ! Elle détient une science de l'amour digne des plus fameuses courtisanes indiennes, japonaises, voire même lyonnaises. Ses philtres aidant, j'ai atteint la délivrance dans un état presque second. Je me suis anéanti dans l'extase. Où est-elle, cette création du ciel ? »

J'ai grande envie de lui dire qu'elle a joué cassos, la pétasse déguisée en « Chaperon rouge », avec sa mère-grand et son petit pot de beurre. Et qui sait, avec mon enveloppe métallique ?... Bien que j'imagine mal que l'organisation à laquelle elle appartient laisse ce document inestimable à sa disposition.

Le Rouquin somnole, adossé à son oreiller. Je note une assez belle protubérance dans son slip.

— Je la veux ! pleurniche-t-il. Je la veux...

— Va prendre une douche glacée, conseillé-je, sinon tu vas défiler au pas de l'oie dans les rues de San Francisco.

— Pourquoi San Francisco ? murmure le Brasero.

— Parce que c'est là que nous sommes pour l'instant, Xavier. Je crois que tu as du mal à retrouver ton assiette, gars.

Je mate la seringue. Il a eu droit à un « complet », le savant Cosinus : « des philtres », sa propre drogue, une pipe classée monument hystérique, y a de quoi lui profaner le système glandulaire, plus les nerfs et le cerveau.

Je le force à se lever, le guide jusqu'à la salle d'eau et règle le mélangeur de la douche.

— Allez, bambin joufflu : on pose sa jolie culotte noire de pédé et on s'asperge jusqu'à ce que l'érosion t'ait rendu aussi chauve que M. Daniel Boulanger.

Je le fourre sous les chutes du Nid-à-Garat et le moule pour aller téléphoner au *Berverly Hills Hotel* de l'Os-en-gelée prendre des nouvelles de Bérurier Ier.

Comme décidément aujourd'hui n'est pas mon jour, on me répond que Mister Bérourière a quitté l'hôtel. J'insiste pour savoir si c'est momentané et s'il va bientôt rentrer, mais on m'assure que nenni, il s’agit bel et bien d’un départ franc, massif et définitif.

Une embrouille de plus, et une !

La vie fait la colle, en ce moment !

Et c’est bibi qui paie les pots cassés, les pots cédés. Comme ces pots sont des vases de nuit, des vases d’ennui, tu parles d’un zéphyr, Zéphyrin !

11

AUTANT EN EMPORTE L'OVIN (1)

Je me souviens, papa racontait un pauvre chanteur de province qui goualait des chansons à pleurer sur les scènes des cinés de province, pendant les entractes. Dans l'une de ses romances, ça disait comme ça :

« J'ai tout perdu : femme, enfants, pauvre père, je n'ai plus rien à la place du cœur. »

Et un loustic, peu sensible jusqu'à en être inepte, lui avait lancé :

« — Mets-y une merde ! »

Le pauvre chanteur, ça lui avait carbonisé son gala !

Papa, il avait plein d'anecdoctes de ce genre. Il raffolait du music-hall et avait même vu Mayol sur la fin de sa vie, au cours d'une de ses interminables tournées d'adieu. Il mimait le chanteur, grosse gonfle à toupet, pédé jusqu'aux dents du fond. C'était un marrant, mon dabe. Des vieux de la famille me le disent à chacune de nos rares rencontres. De lui, je tiens, probable. C'était le

(1) Chapitre dédié à Margaret Mitchell.

genre de farceur qui plaçait le plat de blanquette de veau sur la chaise du « président » pendant qu'il faisait un discours, en fin de banquet. Ça, aussi : il achetait des petites culottes de femme de style putassier et les glissait dans les bagnoles de ses copains qui avaient une épouse jalmince.

Ou bien encore, lorsqu'il faisait un voyage avec les mecs de sa « classe », il envoyait des télégrammes chez eux : « Nous regrettons tous ton absence. » T'imagines ce chabanais quand les malheureux regagnaient leurs pénates ?

Et pourquoi je pense à lui dans l'avion qui nous emporte à Nouille York ? A cause de la chanson que je te parle plus haut, précisément : « J'ai tout perdu : femme, enfants, pauvre père, je n'ai plus rien à la place du cœur. »

Moi j'ai tout perdu : Béru, la face, l'un des documents les plus importants de l'époque. Je me ravale lavedu, mon frère. Si un jour ce bigntz transpire, j'aurai tellement l'air d'un con qu'on me prendra pour un douanier flamand.

Mathias qui occupe la place du milieu dans la rangée centrale du 747, a entrepris son voisin de gauche, une sorte de pasteur mormon (nœud) qui n'a pas l'air de tout comprendre de son anglais de faculté. Il est toujours entre deux eaux, M. Tournesol. Evasif sur le présent, surabondant quant à ses souvenirs sexuels. Il lui raconte son mariage avec sa mégère qu'il a drivée vierge à l'autel, puis à l'hôtel. Fille d'une bonne famille catholique de Lyon (rue des Remparts-d'Ainnay) elle portait, pour sa nuit de noces, une longue et chaste chemise blanche fendue au bon endroit, comme en mettaient les jeunes mariées du siècle dernier. De nos jours, y a des viceloques qui paient pour grimper une moukère ainsi attifée !

Sur le moment, ça l'a fait dégoder, la limouille virginale, Xavier. Il avait l'impression, avec son guiseau féroce, de chercher l'ouverture d'un rideau de scène fermé (y a rien de plus coton à trouver dans tous ces lourds plis, je connais).

Quand il a eu dégauchi la fente, le temps qu'il mette sa pièce de campagne en batterie, l'étoffe s'est retendue, alors, à bout de patience, il a embroqué sa chère Angélique sans plus s'occuper de la chemise, ce qui a failli l'étrangler, la chérie, vu qu'à chaque assaut impétueux, il lui en bourrait trente centimètres carrés dans la tirelire, ce con ! La moitié de la chemise y a passé et elle avait le menton au niveau du nombril quand son gagneur a défargué. Tu parles d'un drôle de préservatif ! La nuit suivante, il a convaincu sa femme de se pieuter à loilpé ; elle a fini par accepter, mais en restant très chichi du minouchet. Paraît que sa mère, quand elle a appris la grave entorse aux traditions familiales, a taxé son gendre de mille balles pour les œuvres de Sainte Marie Alacoque. Mille pions d'il y a vingt ans, ça mettait cher la passe ! Pour le prix, il aurait pu s'offrir du surchoix, le Rouquin, s'expédier au 7e ciel avec une personne d'expérience, à bas noirs et culotte lascive.

Le mormon (Zola), il a pas l'air d'entraver grand-chose au discours. Il hoche la tête de temps à autre pour montrer qu'il est bien élevé, mais autrement, on sent que ça ne le passionne pas, le dépucelage d'Angélique.

Mathias finit par se rendormir. Il roupille jusqu'au Kennedy Airport !

Kennedy ! En voilà un, tiens, qui me perturbe l'existence trente ans après sa mort !

Parfois, tu vois déambuler un demeuré dans la rue, au bras de sa maman. Tu détournes pudiquement les yeux, pas tomber dans le vilain voyeurisme. Eh bien, ma pomme, avec Mathias à mon aileron, je me mets dans la peau de la maman au petit dévasté du bocal. Les gens sourcillent en nous apercevant, puis vite regardent ailleurs. Un truc qui ne trompe pas : il lance ses pieds en avant pour marcher, Mathias. Son cul semble monté sur une fourche télescopique et sa gueule fait le mouvement des tortues articulées qu'on trouve dans les bazars. J'espère qu'il ne va pas rester commak, l'apôtre. Si je le rends dans cet état à sa rombière, elle gueulera au charron ! On est loin de sa chemise fendue !

Et puis ce serait une perte pour la science, vu qu'il en avait dans le chou, mon beau Blond. Ce qu'il aura pu inventer comme gadgets de toutes sortes, le Xavier. Des combines pas croyables, dans le genre de celles qui ont valu le Nobel à l'adorable Pierre-Gilles de Gennes, la coqueluche des Français-Françaises. Prix Nobel auquel s'adjoint le Grand Prix San-Antonio que je viens de lui décerner à l'unanimité de moi-même.

Maintenant qu'il a de la rémoulade dans le cassis, Mathias, et qu'il n'est plus cap' de soutenir une converse valable avec moi, j'entrevois des perspectives pas zobantes pour lui où y a de la maison de repos, avec grand parc solitaire et glacé où passent deux ombres en train d'évoquer le passé. Je suis bien loti avec ce gazman azimuté sur les bords. Temps à autre je tente de lui rincer la cervelle à l'eau de souvenirs, mais ça ne va pas loin. Et ma pomme de m'obstiner, vaille que vaille, et que Maille qui m'aille ! De la folie quelque part ! Un défi à la logique ! M'en secoue la membrane !

Nous sommes descendus au *Meridien* (un hôtel dont je suis dingue, avec vue sur Central Park), ce qui fait que l'adresse de la môme Mary est à deux pas (618, 48e Rue Ouest).

Il s'agit d'un immeuble des années 30, en pierre de taille, avec un hall de marbre et une oriflamme cradingue battant au vent coulis qui unit l'Hudson à l'East River (en Extrême-Orient, ce sont des vents coolies).

Des panneaux de cuivre annoncent les blazes des occupants, sur le mur de droite ainsi que sur celui de gauche. Je ne trouve pas de Mary Princeval, par contre je dégauchis une « Agence Williams » en caractères rouges, ce qui en fout un jus sur du cuivre.

Comme tu as une tronche où ce qu'on peut trouver de plus consistant c'est de la barbe à papa, tu auras déjà oublié que Williams est le nom de la grand-mère du Chaperon rouge.

A ce propos, tu connais l'histoire du loup qui va

chez la mère-grand du Chaperon rouquinos avec l'intention de la becter ? Mais il la trouve encore pas mal et, au lieu de la claper, il se l'embourbe. Une fois par-devant, ensuite il veut par-derrière (question d'atavisme). Mais il est monté comme un âne, ce loup-là, ou peut-être que la vioque est trop étroite ? Toujours est-il qu'il ne parvient pas à concrétiser. Alors, arrêtant de s'escrimer, il demande : « Dites donc, la mère, elle arrive à quelle heure, la môme, avec son petit pot de beurre ? »

Juste en passant. Mais je veux pas m'éloigner du sujet, ni du verbe, non plus que de son complément. Je t'en reviens donc que Williams est le nom que le concierge du *Witehkouilh* m'a donné pour la grand-maman de Mary. Je ne la vois certes pas à la tête d'une agency, la pauvre égrotante, mais enfin je n'ai rien de plus honnête, ni de plus urgent à ficher pour l'instant que d'aller regarder de près à quoi elle ressemble.

Ça se trouve au 12ᵉ. Une large lourde à double (tambour) battant, peinte en vert bronze, très classe.

Une indication : « Sonnez et entrez ».

Ce dont je.

Maison de qualité. Verre fumé, acier, reproductions du dandy Warhol. Des gonzesses choucardes dans des boxes vitrés triturent des téléscripteurs, des ordinateurs, des téléphones. Brouhaha de bon ton. Une large réception aux fauteuils et canapés de cuir havane. Des cendriers sur pied, en marbre vert.

Face à l'entrée, un burlingue tout seul, en avant

des boxes, composé d'une large plaque de verre noir en demi-lune. Derrière, la réceptionniste, une vachement bandante blonde, avec des cheveux sauvages, une bouche comme un ballon de rugby, un regard noir qui ferait sauter les boutons de braguette comme des balles de mitrailleuse si la fermeture de mon camarade Eclair n'avait pas été inventée.

Je m'approche d'elle silencieusement, après avoir déposé mon pot de réséda (en l'occurrence Mathias) dans un fauteuil. La moquette est si épaisse que si t'oublies de la faucher pendant deux jours, t'es obligé de mettre des cuissardes pour te déplacer.

Dix mètres avant d'arriver à la môme, j'ai ferré ses yeux et je me trouve pris en charge comme un avion par la tour de contrôle.

— Hello ! lui fais-je, ce qui est le mot clé de la vie américaine.

Aux States, le gonzier qui ne sait pas dire « Hello » correctement peut retourner dare-dare dans la vieille Europe exténuée.

Elle répond « Hello ».

Je pose mes deux mains droites sur son bureau.

— Seigneur ! soupiré-je, dire qu'il m'aura fallu quarante ans pour trouver la femme idéale !

Mon discours ne l'émeut pas ; au contraire, une expression agacée lui fait plisser le front.

— Vous désirez ?

— Je cherche une Mme Daphné Williams, avoué-je.

— On n'a pas ça en magasin, répond la gonzesse.

— Non plus qu'une demoiselle Mary Princeval ?

— Non plus.

J'y vais d'une moue désolée qui fendrait le cœur d'un as de pique.

— Williams, reprends-je, ça existe tout de même, non ?

— Naturellement puisque l'agence porte son nom.

— Et ça se présente sous quelle forme ?

— Sous la forme d'un important P.-D.G. aux cheveux gris.

— On peut le voir sans avoir à faire la queue devant cette porte à partir de quatre heures du matin ?

— On peut le voir à condition d'avoir rendez-vous avec lui.

— Un rendez-vous, c'est envisageable ?

— Quand on a un motif suffisant, oui ; ou bien quand M. Hugh Williams a besoin de vous.

— Je crois que j'entre dans l'une et l'autre de ces deux catégories, ma jolie chérie.

Elle me désigne une boîte d'acajou dont le couvercle est ouvert. Dedans il y a des formules de demande d'audience.

— Vous remplissez l'un de ces documents, fait-elle, et vous attendez.

— C'est quand je l'aurai rempli que ce chiffon de papier sera devenu un document, assuré-je modestement.

Je cramponne un feuillet, j'écris mes noms et qualités et, à la rubrique « objet de la visite », j'écris : « Pour parler d'Alcatraz. » Nous verrons bien !

Je remets mon message à la réceptionniste. Elle le dépose sur un plateau d'argent et presse un timbre. Un Noir portant un uniforme bleu surgit. La belle blonde lui montre le plateau.

— Secrétaire du boss ! jette-t-elle négligemment.

Le Noirpiot se retire sans un mot en engourdissant le plateau.

Je ne quitte pas pour autant le burlingue de la déesse.

— Une supposition que je remplisse un autre formulaire à votre intention, pour vous demander de dîner avec moi, que répondriez-vous ? murmuré-je-t-il.

— Que je ne dîne jamais avec des inconnus.

— On pourrait faire connaissance avant ?

— Soyez gentil, allez vous asseoir, coupe la gonzesse.

— Vous êtes en main, bien entendu ? Toutes les jolies filles le sont, et même les pas jolies ! Cela dit la vie est une longue chaîne. On se donne, on se reprend, on se redonne. « Il » est américain ?

Je dois commencer à l'amuser ; les femmes ne détestent pas les mecs obstinés pour peu qu'ils les fassent marrer.

— Oui, répond-elle, « il » est américain.

— Alors je vais avoir un sacré boulot. Je suis français et quand je me charge d'éduquer la souris d'un yankee, tout est à reprendre de zéro. Vos gars d'ici ont des muscles, de belles dents blanches, mais pour ce qui est du petit ramoneur pervers, ils n'en savent pas plus long qu'un Zoulou analphabète à propos des tables de la loi. Tout ce qu'ils vous inculquent, c'est de mauvaises habitudes. Le côté jambes ouvertes haleine fraîche, tac-tac (ou toc-toc) et bonne nuit, maman, fais de beaux rêves ! C'est à l'amour ce que les premiers bâtons tracés sur un cahier d'écolier sont à l'examen d'entrée à l'école des mines !

A présent, la souris blonde se tord de rire. Je décide de lui placer ma botte secrète :

— Qu'est-ce qu'il fait dans la vie, votre copain ?

— C'est pas mon copain, c'est mon mari. Il est commandant de bord à la *Pan Am*.

— Moi aussi je suis de Paname, ma poule. Aujourd'hui, il ne fait pas le vol New York-Lima ?

— Non : New York-Tokyo.

— Donc, ce soir il mangera avec des baguettes et vous avec moi. Que diriez-vous de 9 heures chez *Smith et Volinsky ?* On y déguste la meilleure viande de Manhattan.

Elle paraît hésiter, mais à ses yeux, je sais que c'est pour la frime, histoire de faire femme sérieuse. Son acceptation est déjà entrée en vigueur.

— Je vais voir, élude-t-elle.

— C'est cela, mon petit cœur : voyez et venez, je vous attends déjà !

L'estafette noire radine et se plante devant le fils unique et très illustre de Félicie :

— Vous voulez bien me suivre ?

— Je suis ici pour ça, réponds-je.

Arthur Williams est un petit homme aux cheveux gris, comme l'annonçait la réceptionniste, et à l'expression incompatible. Par ce mot, j'entends que c'est exactement le genre d'homme qui ne coïncide avec rien d'autre que lui-même, si ce n'est le minuscule teckel noir et fauve endormi sur un coussin au beau milieu de sa table de travail. Il porte un complet en tissu écossais très sec, des lunettes à forte monture d'écaille véritable et deux sparadraps larges comme mon pouce : l'un au front, l'autre à l'arcane souricière chère à Béru.

Il me fixe dans les carreaux. Tiens, il est comme la Joconde : il ne cille pas. J'attends qu'il me prie de m'asseoir, mais il n'y songe pas, ou alors il me préfère debout.

A la fin, il pousse ma demande d'audience dans ma direction, comme pour m'inciter à la reprendre et demande :

— Ça veut dire quoi, ça ?

— Que j'aimerais m'entretenir avec vous, monsieur Williams.

— Pourquoi mentionnez-vous Alcatraz sur ce billet ?

— Pour vous inciter à me recevoir.

Il assure ses lunettes de l'index, dans un geste familier à tous les porteurs de besicles.

— Je déteste qu'on cherche à me forcer la main.

— Où voyez-vous que j'essaie de vous forcer la main ? Si ma présence vous importune, je me retire !

— Qu'attendez-vous de moi ?

— Quelques renseignements.

— A propos de quoi ?

— C'est à propos de qui, monsieur Williams. Deux femmes se sont inscrites dans un palace de San Francisco en donnant pour adresse 618, 48e Rue Ouest, New York.

Il hausse les épaules.

— Cet immeuble est grand, je ne sais pas si vous l'avez remarqué ?

— L'une des deux femmes se nommait Williams : Daphné Williams. Or il n'existe pas d'autres Williams que vous au 618... L'autre personne, elle, s'appelait Mary Princeval. Ces noms ne vous disent rien ?

Il fait pivoter son siège afin de pouvoir croiser ses jambes.

— Vous faites preuve d'une ingénuité confondante, Mister... San-Antonio, déclare Hugh Williams, mi-enjoué, mi-méprisant. Vous débarquez dans le bureau d'un des hommes les plus occupés de N.Y. pour venir lui dire que vous cherchez deux femmes dont il ignore l'existence. Agit-on avec cette désinvolture, à Paris ?

— Cela arrive, mais il est vrai que, comparé à Grosse Pomme (1), Paris n'est qu'une sous-préfecture. Je me permets de vous faire observer que cette excentricité inqualifiable repose sur le fait que l'une de ces femmes porte votre nom.

Il sort une boîte de pastilles de sa poche et s'en octroie une. Un truc pour la gorge, je suppose, car je crois voir un larynx dessiné sur le couvercle.

(1) Surnom de New York.

— Aux U.S.A., me dit-il, il existe davantage de Williams que de Diourande ou de Mârtine en France. Navré de ne vous être d'aucun secours.

Il m'indique cavalièrement de la main que l'entretien est terminé.

— Puis-je savoir de quoi s'occupe votre agence, monsieur Williams ?

— Demandez de la documentation à la réception.

Là-dessus, il se penche sur un dossier. Et ma pomme de se retirer tout penaud, tout foireux. Que pourrais-je faire d'autre ? Je ne lui dis même pas au revoir, ce serait de la salive perdue, et je préfère la garder pour l'exquis clitoris de l'épouse du pilote.

A ma surprise, je trouve Mathias en bavardage avec ladite. Comme, à la suite du traitement qu'on lui a infligé, il fait une fixation érotico-matrimoniale, il raconte à ma « presque conquête » la façon dont il s'y prenait pour honorer son épouse huit jours avant qu'elle accouche de leur premier enfant.

Il dit :

— Imaginez-vous, chère mademoiselle, qu'Angélique avait un tour de taille bien supérieur à celui qu'elle présentait lorsqu'elle attendait nos jumeaux Jean-Marie et Marie-Jeanne. Son ventre extrêmement bas excluait tous rapports traditionnels, mais le Seigneur, dans Son infinie bonté, m'ayant doté d'un esprit inventif, je parvins à résoudre ce difficile problème en confectionnant un double chevalet de bois dont je capitonnai les fourches supérieures, si bien que la chère âme en gésine avait l'opportunité de se mettre à la renverse sans que son ventre fût comprimé, me livrant ainsi l'objet de ma convoitise en toute plénitude, sans léser le moins du monde le chérubin qu'elle attendait et qui, présentement, est en deuxième année de droit à la faculté de Paris.

« Une totale franchise m'amène à vous avouer que je pris un très vif plaisir à cette combinaison, au point qu'après la naissance du bébé je voulus continuer à pratiquer mon épouse de la sorte. Hélas ! Angélique est une femme rigoriste qui ne conçoit l'acte sexuel que selon les préceptes de notre sainte mère l'Eglise. Je remisai donc mon invention au grenier. Pourtant, j'en avais une telle nostalgie que je n'eus de cesse de remettre ma femme enceinte. Voilà pourquoi nous sommes à l'heure où je vous parle à la tête de dix-huit enfants qui vont nous valoir le Prix Cognacq incessamment. »

La môme écoute en branlant non pas Mathias, mais le chef (ce qui est plus profitable). L'ennui c'est qu'il s'exprime en français et que la blonde ignore notre dialecte.

— Que me dit-il ? m'interroge-t-elle.

— Il vous parle de la France, mens-je ; de Paris, de la vue que l'on a du Pont-Neuf, le soir, avec les bateaux-mouches illuminés sur la Seine, chargés de cons japonais pleins de Nikon enchevêtrés.

Se fiant à ma voix mouillée elle soupire :

— Ce doit être très beau.

— Plus que ça : féerique. Vous y viendrez un jour et je vous attendrai à la gare Saint-Lazare, à la descente du train de New York; je vous emmènerai à l'hôtel où la princesse Di descend quand elle vient à Paris sans son grand glandeur. Il y a des glaces au plafond et des jets rotatifs au bidet de la salle de bains. Sur les murs, vous pourrez admirer des gravures autrichiennes très intéressantes. L'une d'elles représente un homme nu, faisant l'arbre fourchu tandis qu'une délicieuse infirmière de la guerre 14-18 se livre à une fellation sur sa personne. Elle vous laissera perplexe. Détail qui a son importance : je sais faire l'arbre fourchu !

Pliée en deux elle est, la gosse.

— Et maintenant deux choses avant que nous ne nous retirions, ma suprême : je vais vous demander votre prénom et une documentation sur l'agence Williams. C'est Hugh lui-même qui m'a conseillé de le faire.

Elle se penche sur un casier niché sous sa banque et y prend un chouette dossier sur papier couché, avec des photos couleur. Ma lanterne sourde s'en trouve éclairée. Je lis : « H. William's Agency » « L'équipe d'enquêteurs la plus performante de la côte Est. Réseaux de documentation dans le monde entier. Agréée par les plus hautes instances de la nation américaine. Dans de nombreux cas, travaille en collaboration étroite avec la police officielle. Aucun problème ne reste insoluble avec la " H. William's Agency ". Vingt-cinq ans d'expérience, vingt-cinq ans de succès ! »

Les photos concernent des causes célèbres résolues par Williams et ses précieux collaborateurs. Comme le père Hugh a l'air de bien s'aimer et de se vouer une admiration sans limites, il figure à différentes reprises dans le dossier. En première page, d'abord, où sa photo en buste trône majestueusement, dans les pages intérieures, ensuite, où on le voit présider son conseil d'administration, aussi avec son *brain-trust* de limiers suraiguisés et d'autres encore sur lesquelles il serre la louche à des géants de la politique ricaine.

— Merci, mon chou.

Elle murmure :

— Je m'appelle Barbra.

— Pardon ? fais-je, car j'ai l'esprit ailleurs, ce qui est un peu mufle sur les bords, compte tenu du fait que c'est moi qui lui réclamais son prénom.

Elle répète :

— Je m'appelle Barbra.

Je ne réponds rien, ni que c'est « très joli », ni que c'est un nom bateau, ni que ça fait bidon, film « B » amerlock ou autre.

Je suis assis dans le fauteuil engraissé au cuir rembourré. J'ai sorti mon stylo et je me mets à gribouiller la photo de première page de Hugh Williams. J'ai toujours eu des dispositions pour le dessin ; par moments je nourris des regrets (rien qui soit moins coûteux à nourrir que des regrets : ça bouffe trois fois rien, ces petites bêtes, et ça devient énorme en un rien de temps) en me demandant si j'aurais pas dû faire les beaux-arts. Je serais peut-être devenu Botero, avec mon sens de l'hénorme, non ?

La photo de l'ami Hugh se modifie sous ma plume. Je l'ai affublé d'une perruque frisée, de lunettes, non plus d'écaille, mais d'acier. J'ai accentué les rides et les lèvres. Lui ai offert un collier de perles (rien de plus fastoche à dessiner qu'un collier de perles, une grappe de raisin ou une assiettée de petits pois). Je pousse le scrupule jusqu'à le doter d'une poitrine de moyenne importance, mais très « lisible ».

Je contemple le résultat obtenu avec satisfaction. Puis j'écris sous la photo : « San-Antonio présente ses respects à Mrs. Daphné Williams. » Ensuite je déchire la page du dossier.

— Vous n'auriez pas une enveloppe, ma chérie ?

Barbra fait droit à ma requête comme disent les ampouleurs de frais. Je glisse mon surprenant message dans l'enveloppe à en-tête de l'agence.

— Qu'on fasse tenir ceci de toute urgence à Mr. Williams ! enjoins-je.

Sans se formaliser (maintenant que le « boss » m'a reçu, je suis tabou), elle mande à nouveau le descendant de l'oncle Tom, neveu direct de l'oncle Ben pour lui confier ma missive.

On dirait un mouton noir, ce gentil Noirpiot. Il s'empare du pli avec onction.

Je regarde disparaître ma petite bombe.

Autant en emporte l'ovin !

— Cette fois, nous partons, dis-je à l'Exquise. Alors, quel est votre prénom, vous ne me l'avez toujours pas dit ?

12

L'AMARRE AU DIABLE (1)

Il reprend lentement pied, Mathias, mais continue de rester axé sur ses bonheurs conjugaux. A l'entendre, sa mégère lui a donné des chiées d'émotions fortes. Belle leçon : ils baisent chrétien et c'est délectable. Depuis la chemise fendue de la nuit de noces, en passant par le chevalet conçu pour les coïts d'avant accouchement, il révèle des instants de folle intensité où l'invention palliait les rigueurs de la foi. Ils ont eu un problème de société à résoudre, les malheureux, quand la prolifération de leur descendance les contraignit à héberger dans leur chambre matrimoniale quelques-uns de leurs rejetons. Leur quatre-pièces ne suffisant plus à loger la horde de rouquins, le Génial a inventé une bulle de plastique opaque pour en coiffer leur couche, à l'instar (expression tombée en désuétude) des courts de tennis qu'on veut utiliser en hiver. Ne reculant devant aucun sacrifice, Xavier a insonorisé sa cloche à baise afin que sa chère moitié puisse

(1) Chapitre dédié à George Sand.

gémir de plaisir sans arrière-pensée. Ainsi continue-t-il d'honorer la femelle à l'abri des juvéniles et perverses curiosités.

Tout ça qu'il raconte, mon copain, saisi d'un vertige incoercible (comme disent les déménageurs de pianos) qui le pousse aux confidences les plus intimes.

Et moi, tout en lui accordant une oreille traînante, je gamberge férocement, mon regard errant sur Central Park. Je me dis que l'Agence Williams est sûrement aussi performante que le prétend son somptueux dépliant. Et j'organise dans ma somptueuse tronche climatisée l'hypothèse ci-après.

Des gens ayant traîné dans le complot contre J.F.K. ont tout de suite su qu'un trio de lardus *frenchmen,* nanti d'infos nouvelles, venait jouer les Zorro dans cette histoire, quelque trente années après son déroulement. Depuis lors, les grandes boutiques yankee, telles que la C.I.A. ou le F.B.I. ont beaucoup perdu de leur pouvoir et de leur « efficacité ». Désormais, les gens qui redoutent une couillerie de notre part doivent faire appel à de la main-d'œuvre privée. Alors que font-ils ? Ils s'adressent à une agence dont les prestations sont réputées et qui dispose de grands moyens d'action. On a dû carmer un max à Hugh et s'assurer de sa discrétion absolue. Sans doute, comme c'est souvent le cas dans son genre d'activité, traîne-t-il quelque cadavre dans sa garde-robe et a-t-on barre sur lui ? Moi, je sens les choses ainsi ; mais peut-être que je me goure : je n'ai pas l'infaillibilité du Saint-Père.

Toujours est-il que Hugh Williams largue illico ses affaires en cours, histoire de « s'occuper » de nous. Déguisé en « mamie » et escorté d'une ravissante collaboratrice, il fait la balade d'Alcatraz en notre compagnie et, à cause de mes longues jambes, se paie un billet de parterre qui lui meurtrit durement la « gogne » comme on dit à Saint-Chef ; à preuve, il a la physionomie constellée de sparadrap.

La captivante Mary Princeval n'a pas dû être le seul élément de sa fine équipe à l'accompagner. Il a fatalement disposé d'une main-d'œuvre compétente pour me niquer dans le pénitencier, après s'être annexé d'une manière ou d'une autre les surveillants habituels. Quand ils ont constaté que je ne rentrais pas par le dernier barlu, il leur a été clair que j'allais passer la noye dans la pension Mimosa d'Al Capone. Mary a vampé Mathias, lui a turluté le Pollux et administré ce qu'il fallait pour le mettre à merci. Quand il a été « mûr », il a commencé à jacter, l'apôtre. Il a même dû parler de son élixir de Perlimpinpin et, ô ironie, comme on dit puis à la Sorbonne, la garce n'a pas résisté au plaisir d'expérimenter le produit sur son inventeur ! Je gage (« Mes gages ! mes gages ! » que crie Sganarelle à la fin de Don Juan) que c'est cette accumulation de denrées néfastes qui ont ramolli l'entendement du Rouillé. Ces injections répétées lui ont brouillé la calebombe, au pauvre biquet, d'autant que la môme l'a fait reluire à fond la caisse, ce qui n'a jamais aidé un ancien élève des « Frères de la Consternation » à garder son cervelet au sec !

Va lui falloir combien de temps pour retrouver sa vitesse de croisière ? J'ai encore pas pu discuter à fond des dernières péripéties. Dès ma seconde phrase il se remet à me parler des règles douloureuses d'Angélique, de ses hémorroïdes proliférantes qui lui interdisent toute sodomie (de toute manière, cette pratique ne s'exerce que sur les ancillaires rue des Remparts-d'Ainnay).

La grisaille du soir est vaporisée sur le Park. Il commence dans les beaux quartiers et va finir tout là-bas au début de Harlem. Je vois des gens en survêtes rouges ou bleus faire du footinge dans les allées. Des couples sont encore vautrés sur les pelouses et les taxis jaunes circulent calmos par les voies carrossables. Des constructions de béton virent au blafard dans la brume. On distingue des pièces d'eau, des ponts en dos d'âne. Tout ça est d'une drôle de poésie qui produit sur moi un effet magique. Il existe des chiées de coins dans New York dont je suis amoureux, comme je le suis de certains quartiers de Paris.

J'abandonne le spectacle pour m'asseoir face à Mathias.

— Tu ne veux pas qu'on essaie de parler sérieusement, mon Beau-Souci ?

Il opine.

— Bien sûr.

— Mon petit doigt me dit que le message qu'avait placardé le docteur Garden dans sa cellule, et que j'ai trouvé, est maintenant en possession de Williams, à moins qu'il ne l'ait déjà remis à ses commanditaires. Mais je ne le crois pas. Un type qui se fait douiller probablement une fortune a intérêt à « faire mousser » le travail. En le remettant trop rapidement, il le déprécie en quelque sorte, tu comprends ?

Le Blondinet hoche la tête.

— Tu veux que je te dise ce que j'appréhende dans tout ça ? murmure-t-il.

— Vas-y !

— C'est le moment où Angélique va aborder sa ménopause ; je crains que nous entrions alors dans une zone de haute turbulence.

Tu sais qu'il me soûle, moi, ce mec, avec sa saloperie de bonne femme ? Je prends mal au cœur à l'entendre parler de cette charognerie de pécore ! Une houri impossible qui lui aurait fait mener une existence pareille à un perchoir de perroquet. Un mec de sa valeur ! Et bien sûr, c'est elle qui l'enterrera, compte là-dessus. Elle portera son deuil, ça peut pas lui échapper, le crêpe, à Angélique ; à croire qu'elle ne s'est mariée que pour devenir veuve un jour. C'est une espèce de vocation chez certaines Carabosse ! Elles sont usufruiteuses dans l'âme.

Je ravale mon courroux comme tu ravales un glave quand tu te trouves à l'Elysée sans mouchoir.

— Ecoute, Lutin, tu n'es pas encore bien remis du décalage horaire, c'est pourquoi tu vas aller te coucher avec un bon petit cachet du cousin San-Antonio et, demain, tu seras frais comme un lardon. Compris ?

Il est pas contrariant, cela dit, mon gars de la maison d'Orange. Se dépiaute à la demande, fait son gros pipi, brosse ses jolies dents de non fumeur, pénètre les jambes les premières dans son pyjama à rayures, avale mon cachet de « Ténébral » *made in Zurich* et se glisse dans son lit de jeune homme.

Pour l'endormir plus rapidos, je lui raconte la belle histoire de la fée Marjolaine qui s'était laissé grimper par l'enchanteur Merlin. Comme elle trouvait la pointure de son zob un peu maigre, Merlin avait transformé sa zézette de sous-officier de carrière en un chibre d'éléphant (tu parles que ça lui était fastoche au Merlinuche : un enchanteur !) Turellement, c'était *too much* pour le frigounet à Marjolaine, alors vite, elle s'était offert une moniche grande comme un four à micro-ondes. Ça n'avait rien de duraille non plus : une fée !

Il pionce à boulets rouges avant que j'eusse achevé ce délicat récit adapté des *Mille et Une Nuits* de la comtesse de Ségur.

Je me fais extrêmement beau jusque entre les doigts de pieds. J'aime bien « sortir » les collaboratrices des gens à propos desquels j'enquête. J'aime beaucoup les « rentrer » également. Confidences sur l'oreiller : tactique « vieille comme mes robes », assure Béru, qui ne manque jamais de mentionner aussi les gens « pauvres comme Zob ». Au fait, que fiche-t-il, mon Alexandre-Benoît ? « Dites-moi où, en quel pays, est Béru, le bon Normand ! » Notre trio s'est vachement distendu depuis quarante-huit plombes. Ça devient le Triangle des Bermudes, cette équipée ricaine !

Smith et Volinsky, tu peux guère trouver meilleure bidoche dans tout N.Y. Imagine un restau traditionnel sur la 3e Avenue. Avec la gonzesse du vestiaire, en entrant, dans une guitoune en vieux bois ; le bar sur la gauche et les salles de bouffe à droite, où s'activent une armada de loufiats saboulés comme leurs homologues de chez *Lipp*.

Des quartiers de barbaque, épais comme des matelas pneumatiques, passent sous ton pif. Tu crois qu'on va les jeter dans une cage aux lions, en fait on les dépose devant de jolies dames qui seraient bien emmerdées si on les contraignait à dévorer tout ça. Qu'aussitôt, tu songes au Biafra, à l'Ethiopie, aux faubourgs de Bombay ou de Calcutta, et une grande honte intime te chavire jusqu'au vertige devant les iniquités de la planète.

On me trouve une table pour deux personnes dans le fond. En attendant Barbra, je sirote un Campari-gin agrémenté d'un zeste d'orange et potasse la carte. Je prendrai un crabe en salade et une sole meunière, le tout arrosé d'une bouteille de vin blanc californien. Je relis entièrement le menu, commande un second Campari-gin et la péteuse n'est toujours pas là. Voilà qui sent le lapin. J'ai horreur de ça. Il est vrai que l'acceptation de la môme n'était pas franche et massive. Mais bibi, gonflé de cette belle assurance qui rend les mâles performants, ne doutait pas un instant de sa venue...

Une quarantaine de minutes de retard, ça fait beaucoup. Le maître d'hôtel commence à en être agacé davantage que moi : ici, il y a presse, et les clients font la queue au bar en attendant de la place. De guerre lasse, je finis par lui passer ma commande. Je renonce au crabe (trop long à décortiquer) au bénéfice d'une salade mêlée, mais je maintiens la sole. Belle bestiole, large comme un plat à gratin pour réfectoire. Délectable ! Tu t'en fous, mais je te le dis quand même. Maintenant je ne me fais plus d'illuse : c'est raté pour la réceptionniste et je vais rentrer à l'hôtel avec la bite sous le bras.

D'accord : une de perdue, dix de retrouvées. Ce que les proverbes sont cons ! Si je veux me dégorger le bigornuche, ce soir, va me falloir aller draguer une semi-pute dans une boîte. Or, je déteste le surgelé.

Mon dîner expédié, je carme et file jusqu'au vestiaire. Y a deux préposées : une qui s'occupe des harnais, l'autre du bigophone ; c'est à cette seconde adolescente que je m'adresse. J'écris sur une feuille de bloc *Mary Princeval* et la lui tends.

— Vous pouvez me trouver l'adresse et le téléphone de cette personne ? Je n'ai pas d'autres précisions.

En même temps que le feuillet, j'ai glissé un talbin de vingt dollars dans sa main. Elle me remercie d'un sourire beau comme un lever de soleil sur le Mont Blanc et va se mettre au turf devant son cadran. J'attends en m'accrochant à des logiques. Je me dis que Hugh Williams a gardé son nom et son adresse professionnelle pour descendre à l'hôtel de San Francisco. Il doit probablement avoir dans son entourage une

Daphné Williams dont il a emprunté le prénom. Partant de cette « tranquillité » dans l'action, je pense qu'il n'y a pas de raison que Mary Princeval soit un nom d'emprunt. S'il s'est travesti en vieillarde, le P.-D.G. de l'agence, c'est uniquement « à cause de moi », afin de ne pas éveiller ma suspicion. Il voulait m'approcher en restant relaxe et, si ça se trouve, c'est délibérément qu'il a chuté en butant sur mes cannes. Il s'est blessé, ce faisant, parce qu'il n'est plus très jeune et qu'il a mal calculé son plongeon.

Je suis arraché à mes réflexions par l'exquise téléphoniste

— Vous avez Miss Mary Princeval en ligne, prenez la cabine !

Elle me biche au tu sais quoi ? Oui ; dépourvu, la gosse ! Y a gourance. Je ne lui demandais que les coordonnées de Mary et ne souhaitais pas qu'elle composât son numéro. Cela dit, la confusion est logique.

Bon, alors, qu'est-ce que tu décides, Bugnazet ? Mais tu crois qu'il lui est loisible de décider à ce con ? Il est déjà dans la cabine capitonnée ! Il décroche. Il lance un « Hello, Mary » (il faut quatre « r » à Mary si tu veux prendre l'accent américain).

Cette gonzesse, crois-moi ou va te faire sodomiser (d'ailleurs tu peux parfaitement te faire sodomiser sans me croire), elle n'a pas de la gelée de cerises à la place des méninges. *En trois syllabes elle m'a reconnu !* Stupéfiant. Cependant, mon « Hello, Mary » je le croyais conforme. Ben non, tu vois ? Il restait franchouille !

— Oh ! c'est vous ? fait-elle.

Remarque que le père Hugh a dû l'affranchir de ma visite, me sachant sur le sentier de la guerre, mon appel vespéral s'inscrit dans une logique certaine.

— N'étions-nous pas convenus de nous voir, à Frisco ? lui balancé-je. Hélas, lorsque je suis allé vous chercher à votre hôtel, vous l'aviez quitté.

— Oui, nous avons dû rentrer plus vite que prévu.

— J'ai pu constater que votre chère grand-mère ne souffrait pas trop des séquelles de sa chute ?

Un rire gêné en guise de réponse. J'enchaîne :

— Vous me devez une compensation, douce Mary. Puis-je passer chez vous prendre un verre ?

Elle marque un temps.

— C'est-à-dire que je ne suis pas seule, finit-elle par murmurer.

— A quelle heure le serez-vous ?

— A neuf heures demain matin.

— En ce cas, au lieu d'un bourbon, vous m'offrirez un café. A demain !

Je raccroche.

La petite tubophoniste me rend ma feuille de bloc qu'elle a complétée en y ajoutant l'adresse et le biniou de la môme Princeval.

Demain !

C'est loin, ça !

Y a plein de gens qui disent « à demain » et qui ne voient pas le jour se lever. Ils étaient convaincus d'avoir encore une chiée de « demains » à leur disposition, et puis, sans le moindre pressentiment, ils vivaient le dernier jourd'hui ! Comme quoi faut toujours être prêt pour l'embarquement immédiat. Etre prêt, ça ne veut pas dire que tu dois y penser sans trêve mais que, quand « l'instant ultime » surgit, tu l'acceptes de bonne grâce. Puisque tu n'y peux rien, sois fair-play. Papa, lui, quand il s'est fait niquer par la grande faucheuse, il a juste eu une petite exclamation entendue qui équivalait au « Bon Dieu, mais c'est bien sûr ! » du commissaire Bourrel. Le côté : « Voilà, j'arrive ! »

Et puis il a eu l'air de se foutre de tout et on a compris qu'il venait de cesser.

Cette digression divaguante pour te dire que, demain, zob ! C'est illico-dare-dare que j'y fonce, moi, chez la mère Princeval. Aussi vite que mon taxi ferraillant, conduit par un chauffeur à turban, gras comme un eunuque et plus barbu qu'un ayatollah peut m'y conduire.

Elle habite le Village, un loft à verrières dans une rue pittoresque aux constructions de briques zébrées d'échelles d'incendie rouillées. Tout ça a été « aménagé » et doit valoir un saladier de dollars. A l'extérieur, dans une niche éclairée, se trouvent la liste des locataires ainsi que les boutons d'interphone. Je constate que Miss Mary habite le troisième étage. L'immeuble n'en comporte que cinq. Au Village, New York est provincial. Je m'abstiens de sonner et me mets à tutoyer la porte du hall. L'enfance de lard, comme dirait mon Bérurier perdu. Tellement fastoche que j'ai envie de renouveler l'opération en fermant les yeux.

Au lieu de prendre l'ascenseur, je monte à pincebroc par l'escadrin. Pas de la tarte, car ces appartements sont si hauts de plafond qu'une bonne trentaine de degrés les séparent. Au troisième niveau il y a deux portes. L'une indique « Alexander Pratt », l'autre « Mary Princeval ».

Courageusement, je sonne à la première en espérant qu'Alexander Pratt n'est pas un trop mauvais coucheur (non que je compte coucher avec lui) et qu'il ne m'enverra pas aux prunes, fruits que je ne pratique que modérément.

Il est près de onze plombes du soir et les visites ne sont pas fréquentes à cette heure tardive. Un coup de gong ne suffisant point, j'y vais d'un deuxième, puis d'un troisième qui ne fait que précéder le quatrième. N'à la fin, l'huis s'écarquille et huit centimètres de visage féminin s'insèrent par l'échancrure du corsage de la porte. Ce que je détecte dudit indiquerait qu'il s'agit d'un minois de jeune fille en fleur.

Je lui vote un sourire qui ferait fondre une motte de beurre ou celle d'une douairière, alors tu mesures son effet sur une pucelle !

— Pardonnez-moi-je, lui dis-je-t-il, je suis votre voisin du dessus. Je respirais l'air pur de New York à mon balcon quand, malencontreusement, j'ai laissé tomber ma montre et c'est sur le vôtre qu'elle a atterri. Me permettriez-vous-t-il de la récupérer ?

Un nouveau sourire accentue son humidification sud.

— Si, venez !

Je viens. Charmante gosse. Vingt ans, brune, cheveux courts coiffés en paquet de crayons. Regard à la fois joyeux et stupide, poitrine en capot de Cherokee, du cul avenant, les pieds propres, que demande le peuple ?

Elle porte un charmant pyjamoi rose sur lequel il y a un gros Mickey hilare sculpté sur le devant. Son prose ondule comme une barque à l'amarre quand il se produit de la houle. On traverse un immense atelier de peintre où s'entassent des toiles qui représentent pas grand-chose, mais en très grand. Des traits : rouges, noirs, verts, jaunes. J'en oublie ? Ah ! oui : bleus et violets. A part ça tout va bien. Comme le peintre est extrêmement courageux, il a signé ses œuvres ; très lisiblement de surcroît : Alexander Pratt.

— Vous êtes l'épouse de Mr. Pratt ? demandé-je à la jouvencelle.

— Non.

— Sa fille ?

— Oh ! non : il est trop jeune ! (Sous-entendu : sinon, je serais effectivement sa fille.)

— Quoi, alors, sa petite amie ?

Elle rosit si fort que je dois « brûler ».

— Je suis la baby-sitter de son petit garçon.

Je la presse de questions, en espérant, plus tard, la presser sur mon cœur.

Elle m'apprend qu'Alexander élève seul son enfant, son épouse les ayant lâchement abandonnés il y a six mois pour se maquer avec un critique d'art qui avait traîné Pratt dans la gadoue. Indignée sur l'instant, Geraldine Pratt s'était rendue chez le vilain pour le vitrioler, mais la discussion préalable s'était déroulée de telle sorte qu'en fin de compte elle lui avait taillé une pipe ; aimable prélude à sa fugue infâme. Depuis lors, Pratt fait appel à des baby-sitters, dont la principale c'est elle : Jessica. Comme le célèbre peintre en traits sort beaucoup, elle vient garder Bob presque toutes les nuits. Mais là, elle reste trois jours et trois nuits, l'artiste ayant dû se rendre à Montréal pour le vernissage d'une exposition consacrée à ses zœuvres.

Nanti de ces précieuses informations, je me rends sur le balcon.

— Pourriez-vous me prêter une lampe électrique, chère Jessica ? sollicité-je, histoire de l'éloigner.

Dès qu'elle a tourné ses talons nus, je cours à l'extrémité gauche du balcon (il n'existe à ma connaissance pas d'autres mots pour qualifier l'espèce de rambarde et d'avancée de ferraille servant de support aux échelles d'incendie).

J'ai une vue imprenable sur le loft de Mary Princeval. J'aperçois cette coquine dans une robe de chambre légère, lovée sur un canapé à te lui en apercevoir la chagatte. Elle écluse un drink en écoutant les paroles d'un terlocuteur (ou trice) puisqu'elle prodigue moult acquiescements.

La baby-sitter revient, porteuse d'une bougie allumée.

— Tu peux te la foutre dans le cul après l'avoir éteinte, mon amour ! lui dis-je en français et en brandissant triomphalement ma montre (que j'avais retirée de mon poignet)...

— Oh ! vous l'avez retrouvée ! se réjouit-elle. Elle n'est pas cassée ?

— Je ne pense pas.

On rentre dans l'immense studio. Quelque part, entre deux croûtes, se trouve un canapé défoncé. Je m'y rends comme pour étudier de près ma Pasha.

— Regardez ! appelé-je indirectement la jouvenceuse, intacte ! C'est quelque chose, la fabrication française, non ?

— Ah ! vous êtes français ?

— De bas en haut et tout particulièrement depuis les genoux jusqu'à la ligne de flottaison, mon trognon.

— C'est pour ça que vous avez un accent ?

— Probablement. Mais je vous empêche de dormir, pardonnez-moi.

— Je ne dormais pas, je regardais la télé.

— C'était bien ?

— Pas formidable : *Princesse de Miami.*

— Ça se passe sur la lagune, dans le quartier des milliardaires ? Le père a un cancer et la mère un amant. Le fils aîné est homosexuel et son petit ami le fait chanter. C'est la fille qu'on appelle « Princesse ». Elle aime le fils de l'amant de sa mère dont il est avéré, à la fin, qu'il est son frère.

— Vous l'avez vu ? s'extasie Jessica.

— Non, mais je connais toutes les possibilités d'affabulation hollywoodienne. *Princesse de Miami* est conçu sur le canevas 14 bis en vigueur depuis 1965. Vous savez que vous êtes très très jolie, Jessica ? Cette fois, je vous quitte, il ne serait pas correct que je m'attardasse. En France nous sommes très strict sur les questions de bienséance.

Et tu sais ce qu'elle me répond, la nière ?

— Ici, nous ne sommes pas en France !

Dis, ce culot ! Cette manière de balancer le feu *green !* Comme si on y était.

Et ma pomme, du tac au tac et à la tactique :

— Malgré notre sens des convenances, quand une femme répond de cette manière à un homme, il est dans l'obligation de l'embrasser.

Jessica y va d'une mimique à laquelle on peut trouver différentes significations dont toutes sont positives. Ça peut vouloir dire « Qu'attendez-vous ? », ou bien « Voilà une obligation qui me botte ! », voire « Donc, les Français sont moins cons que le bruit n'en court ! ».

Je lui tends la main, elle me confie la sienne. Je la hale à moi. Elle se laisse haler. Puis se laisse aller. Première pause sur mes genoux. Le baiser vorace : crissement de chailles, suçage de menteuse. Parallèlement : dextre coulée par l'ouverture du pyjamoi. Elle ne réagit pas, donc on n'est pas en période de ramadan ! Merci, Seigneur, de me manifester Votre auguste bienveillance jusque dans l'entrejambe des merveilleuses créatures que Vous avez conçues pour notre félicité terrestre, n'est-ce pas ? Ou je me goure ?

Quand je lui titille l'ergot, loin de se dresser dessus, elle se blottit plus totalement contre moi. Ne frotterait-elle pas sa joue contre le casque de mon ami Popaul ? Mais, si, madame ! Oh ! la petite voyouse ! Ce câlin ! Si je te disais qu'elle mordille le fauve à travers les étoffes superposées de mon bénoche et de mon Eminence (dérisoire en ce riche lieu !). Dis, elle n'est pas oie blanche le moindre, la Jessica ! On lui a déjà parlé du piston à coulisse (ou à cou lisse), de la clarinette baveuse, des violons du (trou de) bal, et de la flûte enchantée ! Son petit pyjamoi gît bientôt sur le plancher et ça fait une frime tout accordéonée à Mickey ; pour le coup il cesse de rigoler.

Sans avoir la fougue classée 5 sur l'échelle de Richter, elle possède déjà un joli tempérament, la baby-sitter. Tu penses que le barbouilleur Pratt doit pas lui donner que son moutard à bercer : il lui confie également son braque. Ça l'a dégrossie et je peux m'annoncer l'arme à la bretelle pour organiser les manœuvres de printemps dans son parc à moules. Jadis, c'étaient les filles dégrossies qui étaient engrossées, heureusement que la pilule a corrigé la perfide trajectoire. Autrefois, les gerces, suivant la fameuse méthode Trucmuche, calculaient les dates pernicieuses avant de se faire calcer. Elles bouillavaient avec une règle à calculer, la machine n'existant pas encore. Avant de les limer, t'attendais qu'elles eussent achevé leurs calculs en ayant l'impression qu'elles faisaient leur bilan de fin damné ! Maintenant ça baigne : c'est tout bon !

On tire une première guêtre sur le divan défoncé, histoire de se mettre en glandes ; mais comme ensuite ça va devenir sérieux, on poursuit les ébats dans le plumard du patron, auquel elle a accès sans payer de taxe de séjour.

Sur ces entrefesses, voilà Bob qui se réveille et bieurle comme un sauvage.

— Oh ! mon Dieu ! dit-elle en anglais, car elle parle couramment cette langue d'envahisseurs ; il va en avoir pour des heures à s'endormir. Servez-vous un whisky en m'attendant, chéri français.

Je !

Le marmot égosille à nous en disloquer les trompes d'Eustache.

Elle a raison de s'inquiéter, Jessi, c'est franchement la bramade sans retour. Tel qu'il est parti, il va donner son gala jusqu'au petit jour. Je me suis toujours demandé pourquoi des bébés sont silencieux et d'autres braillards, pourquoi certains dorment la nuit, comme des chrétiens, et d'autres le jour, comme des fêtards. Félicie répète à qui veut l'entendre que j'étais un poupard exemplaire, dormant ou suçant son pouce pour pas faire chier son monde. Je clapais le sein de m'man, je débourrais dans mes langes, tout ça en silence. « Tu avais l'air de réfléchir ! » m'assure-t-elle. Moi je crois que c'est très possible. J'avais déjà pigé le système ; peut-être pas encore la gravitation universelle mais en tout cas le plus gros, quoi. La vie, la mort, l'amour, la connerie. Tout le reste, tu le trempes dans la pâte, tu le balances dans la grande friture et t'en fais des beignets !

Bon, en tout cas me voilà à poil avec la queue qui bat la mesure. J'étais au zénith, me retrouve au nadir. En chômage technique, le beau chevalier des cœurs à prendre !

Je retourne sur le pseudo-balcon m'aérer les soufflets, mater également la voisine d'à côté. Oh ! pardon, le spectacle vaut cinq francs six sous, comme dans la chanson de salle de garde. Maginetoi que la môme Mary est en train de visionner une cassette vidéo classée X, Y, Z tant tellement elle paraît *hard !* L'écran est tourné dans ma direction, on n'y voit rien que des messieurs en plein challenge Yves-Dumanoir. Ils sont pas suffisamment nombreux pour faire « ça » en couronne, n'empêche qu'à cinq ils élaborent déjà des combinaisons intéressantes. Le trombone à coulisse de l'exploit ! Le meneur de jeu ressemble comme deux gouttes de sperme à Pimprenelle, le grand tout-fou qui présente la météo en gloussant et trémulsant de l'oigne comme si un brigadier de C.R.S. lui téléphonait sa matraque de maréchal dans le gros côlon.

On vit une sacrée époque, mon fils : où les cuisiniers sont décorés de la Légion d'honneur (pour les remercier de la qualité de nos excréments), où le gars qui t'annonce la pluie fait un numéro de music-hall, où le chômage s'accroît parce qu'on supprime la main-d'œuvre en la remplaçant par l'automatisation, tout ça... Des chiées d'autres choses encore qu'on peut pas dresser la liste car elle serait trop longue et par conséquent fastidieuse.

Je reprends toujours les choses où je les ai interrompues au moment de mes dérapages (preuve que ces derniers sont parfaitement contrôlés). La belle Mary qui se paie une lucarne cochonne. Pire : obscène ! Un beau film érotique de temps à autre, bon, ça réchauffe et puis ça éduque les empêtrés, leur donne des idées louables, des courages trop longtemps inemployés.

Mais ces basses turpitudes sont dégradantes, je proclame, moi le Gaulois toujours partant pour une partie de baisance. La chose que l'homme connaît le plus mal, c'est la limite ; il a toujours tendance à mettre un pied plus loin que permis.

Oui, oui, la belle Mary, te gratte pas, j'y arrive pour tout de bon. Elle n'est pas seule. Maintenant je peux apercevoir son compagnon qui n'est autre que le père Williams. Il est dos à moi, dans un fauteuil ; la petite Princeval est assise en tailleuse (de pipes) à ses pieds. Je te parie une soupe de courge contre les chances de François Rocard aux prochaines présidentielles qu'elle lui fourmille le chinois pour égayer la projection. M'est avis qu'ils doivent composer un bon tandem, ces deux : au boulot comme au dodo. Qui dira jamais assez la force d'un couple solidement uni ?

Je les contemple dans leur pauvre moment d'abandon. Pimprenelle est en train de s'en morfler une de première grandeur dans le couloir aux lentilles. C'est fou ce qu'il ressemble au petit mutin que je te cause : même faciès à la Stan Laurel, mêmes gestes aériens de prestidigitateur qui t'emprunte ta pochette pour en faire une guirlande ; le vrai bateleur de pissotière ! Là, il parvient, à lui tout seul, à une complète occupation du territoire : il en encaisse une, en turlute une seconde et en secoue deux autres. Faut le faire ! L'homme-orchestre de la membrane à balancier. T'aurais envie d'applaudir l'exploit si ce n'était aussi navrant.

Le gars Bibi (Sana pour les dames) retourne à sa veste précautionneusement déposée sur un dossier de chaise. Ce qu'il a été bien inspiré de nous « garnir », Mathias. Il a insisté : chacun sa petite panoplie James Bond : la trousse de secours de l'homme d'action ! C'est placé dans le rembourrage des épaules, ainsi ça n'affecte pas ta liberté de mouvements, et ni vu ni connu. Deux minuscules fermetures Eclair astucieusement dissimulées à l'endroit de la couture. Cric, crac ! voilà ta boîte à outils à dispose !

La petite baby-sitter est en train de préparer un biberon d'eau sucrée au futur Pavarotti.

— Vous devriez y ajouter une mesure de bourbon, lui conseillé-je, c'est ainsi qu'on pratique chez nous, en Normandie et dans les terres froides du Bas-Dauphiné. Les Normands mettent du calva et les Dauphinois de la gnôle, mais dans les deux régions le résultat est garanti.

Je me saisis d'une percerette de poche et d'une capsule de caoutchouc et je droppe sur le balcon. J'ai passé mon slip, non par crainte des courants d'air, mais j'ai peur de me meurtrir les frères Goncourt en enjambant la rambarde rouillée. Moi si gauche quand je dois planter un clou chez nous pour accrocher un tableau ou réparer une branche des lunettes de ma Féloche, quand j'œuvre « en situation » je me découvre des doigts d'horloger. Ayant franchi (avec une rare témérité) l'échelle d'incendie unissant (et séparant par la même occase) les deux balcons, je me retrouve accroupi devant la baie vitrée du loft de la voisine. Les intempéries ont malmené le cadre de bois, bien que Mary l'ait payé le prix du teck, et ma petite mèche le perce (Julien) sans problème. Lorsque le trou est fait, j'en élargis le diamètre à l'aide de mon inséparable couteau de la vaillante armée suisse. Puis (suis bien le travail du grand) je perfore l'extrémité de la capsule grâce au poinçon figurant dans le corps du même couteau précieux.

Cette opération ne m'a pas demandé quatre minutes, te dire ma virtuosité !

Jessica berce le bébé avec une réelle tendresse. C'est déconcertant de les voir si garces et si maternelles, toutes !

Je retourne au lit après un passage à la salle de bains d'Alexander Pratt pour essuyer les traces de rouille dont je suis marqué.

J'attends le retour de la gosse. Rien ne presse.

D'après Mathias, le gaz comprimé soporifique que je viens de larguer chez la voisine a une puissance d'action de quatre à cinq heures et il est capable d'endormir tous les fidèles de la cathédrale de Chartres pendant la grand-messe de Pâques ; le loft de Mary Princeval a beau être grand, tu penses...

13

LE MYTHE DÉCISIF (1)

Le lardon finit par la boucler et la petite friponne réintègre le lit.

— Votre recette est bonne, exulte-t-elle, je m'en resservirai !

— Comment, vous avez réellement fait prendre du bourbon au gosse ? m'effaré-je.

— Non, me rassure-t-elle. Pas du bourbon, c'est trop raide, mais du Drambuy. La crème de whisky, c'est doux, il a beaucoup aimé, aussi lui en ai-je administré deux rations.

Je fais machine arrière et lui explique qu'il s'agissait d'une boutade de ma part, j'espère que Rembrandt junior ne sera pas trop perturbé par cette ingestion prématurée d'alcool.

Je reprends donc les choses là où nous les avions (d'Air France) laissées. Sans parcimonie, je lui pratique : *le chinois vert, Madame Vigée-Lebrun, la salade aux truffes, l'aimant de Lady Chatte-à-lait, le courtier de Lyon, la dégustation du paysage audiovisuel français, la quenouille en bâton, le*

(1) Chapitre dédié à Albert Camus.

porc frais de Dorian Gray, l'hélice dans l'avalé, le jacteur tonne toujours deux fois, l'acculé de frais, remouille-moi la compresse, au bon beur, les pâleurs de Sophie, fulmine c'est du Belge, les accords déviants, le trou occulte, t'habites à Hungoux, prends plus haut je sens que ça vient, l'appeau de Charlgrin, l'arène des pommes, les violents du bal, ma lapine dans le train, le droit au culte, les dents de l'amer, l'apprenti saucier, les dindes galantes, tu me la sors bonne, le trou normand, Perrette et le poteau laid, les cinq sous pour l'avoir raide, viole de nuit, et *pars pas toute seule j'arrive,* une figure libre mais que mon sens de l'harmonie m'imposait et qu'il m'a fallu un certain temps pour mettre au point.

Après cette longue étude de mon catalogue, je remets mon présentoir en place.

La môme est anéantie.

— Dites, balbutie-t-elle, vous n'avez pas le Sida, j'espère ?

— Aux dernières informations je ne l'avais pas, assuré-je, mais suis mon conseil, chérie : à ta prochaine rencontre, pose la question *avant* plutôt qu'*après,* tu t'en trouveras mieux.

Une bise miauleuse, et je l'abandonne pour, prétends-je, « remonter » chez moi.

Regard sur le berceau. Le bébé dort comme un bienheureux. Curieux : je lui trouve un air de ressemblance avec Apollon-Jules, le fils des Bérurier.

Du genre coriace, la porte d'à côté. Du blindage, des serrures de sécurité, inventions puériles qui ne font que retarder l'inéluctable car, lorsqu'un vrai pro décide de pénétrer dans un apparte ou une casa, tu peux édifier la ligne Maginot tout autour, tu ne l'empêcheras pas d'entrer.

Je me rappelle Ferdinand, un vague cousin, casseur dans son âge fou, puis rangé des voitures, mais arsouille à jamais, un jour qu'on rendait une visite de nouvel an à la tante Isabelle... La lourde de sa villa constituait un chef-d'œuvre de défense contre les cambrioleurs : elle comportait davantage de serrures qu'une soutane de curé de boutons. Encore que les soutanes, de nos jours, faut aller à Rome (et pour mardi gras) si tu veux en voir ! Ferdinand écoutait la tantine déboutonner sa porte avec un sourire narquois. « La pauvre vieille, a-t-il murmuré, tout ça ne représente que dix minutes de plus ».

Cher Ferdinoche ! Il me racontait toujours des anecdotes savoureuses sur sa vie truande d'autrefois. Le jour, entre autres où, avec deux potes à la redresse, ils avaient engourdi le coffiot d'un vieux notaire, l'avait chargé sur une camionnette et emmené promener au fond d'un bois. Des heures pour forcer la bête, leur matériel n'étant pas sophistiqué le moindre.

A la fin, quand ils avaient pu enfoncer la main dans les entrailles du vieux Fichet, ils n'avaient dégauchi qu'une paire de boutons de manchettes en plaqué or et les gendarmes étaient là, goguenards, alertés par les nabus du voisinage.

Il s'est fait la malle, Ferdinand, zingué par un

méchant cancercrabe aux soufflets. Il y a déjà lurette : dix douze piges au moins ; le temps passe... Il est mort en vrai bonhomme, le sourire aux lèvres. Dans le fond, c'était resté un bandit. Un gentil bandit. Y en a.

Son histoire du coffre, Ferdinand, je l'ai déjà racontée. La raconterai encore. Nous autres, les tartineurs, on est un peu comme les peintres, y a des sujets qui nous tiennent à cœur. Alors on les reprend en espérant toujours les raconter mieux que la fois précédente. Faut pas nous en tenir rigueur : on fait un métier bizarre, bizarre, mon cousin !

Rétive ou non, elle finit par s'agenouiller et me demander pardon, la porte bêcheuse de la mère Princeval. Mais j'ai dû m'expliquer au moins quarante minutes pour venir à bout de cette teigne !

Comme Mathias ne laisse rien au hasard, il a prévu un masque de gaze à gaz pour qu'on puisse se pointer dans une zone qu'on vient de polluer. Il est soigneusement plié dans une boîte ronde et plate contenant un liquide verdâtre et qui pue fort. Je m'en affuble pour pénétrer chez la maîtresse et brillante collaboratrice du sieur Hugh Williams.

Elle doit affurer un max, tant sa cage est luxueuse. Bon, elle aime l'art chinois et moi je le dégueule, n'empêche qu'elle a rassemblé des pièces rares qui intiment le respect. Un vrai musée. Dans cet immense volume, son bouddha de deux mètres, plus gros que Béru et beaucoup moins sympa en jette, franchement. Tout le reste, dirait justement le Gros, est à lavement : des gigantesques défenses d'éléphants (les pauvres choux) diaboliquement sculptées.

Si je te disais que l'une d'elles représente un pont avec toute une populace en exode dessus : des coolies postaux, des pousse-pousse, des bœufs, des voitures à chevaux, des guerriers, des femmes, des enfants, des vieillards. Y a que mon cher Dubout qu'aurait pu imaginer une fresque pareille. Déjà, dessiner ça, bravo ! Mais le sculpter dans une espèce d'énorme os, tu juges ?

Pas surprenant que les Jaunes aient des petites bites. Tu ne peux pas miniaturiser de la sorte avec une grosse queue entre les jambes, im-pos-sible ! Les gonziers qui ont bâti les pyramides, eux, oui, ils devaient être braqués féroce. Ceux qui ont édifié Notre-Dame de Paname avaient aussi des chopines de taureau, je te parie la mienne ! Quant à ce titan de Victor Hugo, il se coltinait un braque à la hauteur de son œuvre, tu t'en doutes ! Sinon la mère Drouet ne lui aurait pas envoyé des milliers de bafouilles dégoulinantes. Mais faire ces petites conneries ! Ces œufs d'ivoire à l'intérieur desquels il y a un autre œuf qui en contient un troisième, là je crie « pouce ! » Ces sphères enceintes d'autres sphères, faut pas avoir envie de tirer la servante quand tu boulonnes là-dessus ! Ils y consacraient toute leur existence, les mecs !

Et, *excuse-me, baby,* mais ça servait à quoi, très au juste, de telles mômeries ? Simplement pour qu'un Occidental, un jour, l'aperçoive et s'exclame : « Ben ! ma vache ! ». Tu crois que ça valait le coup de se faire disjoncter la rétine ? Ils connaissaient pas Parkinson, ces Jaunets ! Ne se poivraient jamais à l'alcool de riz pour ne pas risquer la trembillette.

Ayant consacré suffisamment d'attention aux chinoiseries de la belle Mary, je m'approche du couple. Le film est achevé et l'écran ressemble à la surface du chaudron où bout un pot-au-feu. La fille est allongée sur la moquette, un sein à l'air. Hugh est couché en travers de son fauteuil, le pantalon écossé (et non écossais), le guiseau à l'abandon. Malgré sa crinière blanche, son paf a fière allure. C'est pas Hugh Williams qui sculpterait la statue de la Liberté dans une ratiche de cachalot ! Une chopine de ce calibre, c'est la marque de l'homme d'action. Et encore, elle fait dodo, mais quand elle interprète « Typhon sur la Jamaïque », les pucelles ont intérêt à se barricader la moniche.

Ils sont totalement *out,* les deux aventuriers et amants ; sont sur la liste des abonnés absents pour une durée indéterminée. Il propose toujours du premier choix, Mathias. Avec lui c'est la maison de confiance ; en England, il serait fournisseur de sa grassouillette Majesté.

« Bon, me dis-je en aparté, tu es ici dans quel but, au fait, Bazu ? Si j'avais à dispose le sérum de loquacité du Blondinet, je pourrais attendre que monsieur et madame se réveillent pour tenter ma chance et les faire causer. Mais ces veaux ont engourdi ce qui restait. Alors ? »

Je prends place dans un fauteuil en face d'eux, comme si j'étais l'invité d'honneur de la semaine, jambes croisées, mains nouées sur mon kangourou comblé. Je pense dans la sérénité... Ma force psychique est telle que je parviens à échafauder des hypothèses généralement conformes à la réalité. Un don ! Appelle ça comme tu veux : sens divinatoire, flair, pressentiment ou autre, ce qui importe c'est le résultat.

Je considère ces gens jetés dans l'inconscience. J'évoque leur démarche à San Francisco. Je me remémore l'agence, avec cette petite garce de réceptionniste blonde qui m'a fait bouffer une sole dans un restau pourtant spécialisé dans la viande rouge.

Une énorme boîte, l'Agence Williams. Et prospère, ça se sent. C'est le genre d'établissement dûment épaulé de partout, « protégé » aussi, qui obtient « à coup sûr » des résultats. Pourtant, si l'Agence Williams frise parfois l'illégalité, je suis prêt à parier une nuit sur le Mont Chauve contre un chauve qui peut, qu'elle sait garder son nez au propre, consciente que, quand on marne dans l'interdit, il n'est pas de « hautes protections » qui tiennent : un jour ou l'autre, une bavure irréparable se produit et tu l'as dans le scrotum. Le père Hugh, il doit piloter à vue son barlu, friser les récifs sans jamais s'y embrocher.

Bien, m'objecteras-tu, ce beau discours pour en arriver à quoi ? A ceci, camarade : on l'a chargé de quelle mission, en fait, papa Williams ? De « s'occuper » de nous, c'est-à-dire de surveiller nos agissements et de s'emparer coûte que coûte de ce que nous serions sceptibles de trouver. L'Agence Williams s'est acquittée admirablement (toujours ma folie des adverbes) de la tâche qui lui était confiée. Depuis hier, elle a donc mis la main sur le « secret » de Doc Garden.

La question me vient à nouveau : « Qu'en a-t-elle fait ? »

Quelque chose me chuchote tout au fond des trompes, que Williams ne s'est pas grouillé de remettre « la chose » à ses clients. C'est un commerçant, avant tout, cet homme. Je te répète que son intérêt est de faire mousser le boulot. Moi, à sa place, je mettrais le morceau d'aluminium martelé dans un coffre pendant quelque temps, je chiquerais aux grosses difficultés auprès de mes « employeurs » et je « triompherais » quand ils commenceraient à avoir la langue traînante, en réclamant une rallonge épaisse comme un Epéda multispires (publicité gratuite). Ce serait de tellement bonne guerre que je suis convaincu qu'il a adopté ce principe, mon pote Hugh.

Et puis un autre truc encore. Je suis prêt à te parier une pipe de Madonna contre une nuit d'amour avec la reine Babiola qu'il n'a pas décapsulé la plaquette du docteur. Tu veux que je t'explique pourquoi, dans l'hypothèse où t'aurais pas déjà compris ? Parce que c'est le genre d'homme qui sait SUR QUOI NOUS TRAVAILLONS et qui a une envie folle de mourir dans son lit le plus tard possible. Il connaît sur le bout des doigts son histoire occulte des Zuhessas et sait qu'il est des secrets d'Etat qu'il faut ABSOLUMENT IGNORER si on veut rester à la verticale.

Or, donc pour résumer cette somme de réflexions, un obscur sentiment m'avertit que ma découverte d'Alcatraz est encore récupérable. C'est peut-être fou d'avoir cette conviction chevillée au bulbe, mais je l'ai bel et bien et je n'y peux rien, pointe à la ligne.

Mais attends, Armand, c'est pas fini. Cette chose, si importante qu'elle fait trembler la nation américaine sur ses fondations, voire son fondement, crois-tu-t-il que papa Hugh est suffisamment pomme à l'huile pour la placer dans son coffre habituel ? Si tu penses une telle balourdise, j'avale une cuillerée d'huile de ricin et je te défèque tout cru avec ta montre et ton bandage herniaire.

Alors, parvenu à destination, du point de vue mental, il se dresse, l'Antonio. Rayonnant comme un moyeu de vélo ! Il s'arrête pour contempler le sein d'albâtre de Miss Mary. Tiens, elle a les cabochons très sombres, vieux rose, si tu vois ? Sur le blanc de sa peau, ça se détache très chouettos. Ayant déjà donné à profusion, sur l'heure, cette vision ne me perturbe pas trop les ganglions à crinière.

Les mains dans les fouilles, je fais le tour du loft, notant mentalement les points aptes à receler un objet qui doit absolument demeurer planqué.

D'abord, t'as le bouddha, mais il pèse une tonne, ce gros lard, et pour le remuer, faut s'y prendre à plusieurs. Tu as aussi un secrétaire de laque que je devine fourmillant de cachettes tarabiscotées, comme en raffolent les Asiatiques (le complexe de la petite bite, toujours). Je l'ouvre, l'explore. Trouve les tiroirs mystérieux.

Fastoche ! Un prestidigitateur de patronage en rigolerait ! Vides ! Je m'en gaffais.

L'immense volume du loft est découpé selon les nécessités de vie. Tu as une galerie donnant sur une loggia servant de chambre à coucher ; dessous, la partie sanitaire-salle de bains que jouxte une cuisine à l'américaine ouverte sur le living. Un grand comptoir de bois épais permet de prendre ses repas face au plan de cuisson. Pratique.

Ma braguette de sorcier m'entraîne jusqu'à la cuistance, hommage irréfléchi à ma maman sans doute ? C'est pas une souillon, la Mary. On peut être femme d'action et avoir un logement bien tenu. T'imagines qu'une aventurière de sa trempe vit dans un milieu bordélique, plein de fringues inrepassées et de vaisselle sale empilée ? Que nenni, mon ami ! Tout est tiré au cordeau, propre, *clean,* en ordre.

Je mate la cuisinière électrique avec sa jolie hotte de cuivre, l'évier en granit rose, le frigo peint dans les mêmes tons, le plan de travail en bois que ça forme damier : regarde comme c'est joli.

Y a une étagère avec, dessus, une alignée de pots anciens (Félicie a presque les mêmes). J'ai vu une collection commak au *Relais* à Mougins. Douze séries, ils ont là-bas. *Very nice* (Alpes-Maritimes), va voir, et n'en plus tu boufferas de l'exquise tortore pas comme ailleurs.

Et donc, je te reprends ces six pots qui me font battre tu sais quoi ? Oui : le cœur, bravo, t'as gagné ! Ils ne m'émeuvent pas seulement à cause de la remémorance félicienne, mais parce que les mots de denrées écrits dessus le sont en français. Kif chez nous, je te dis. Et dans le même ordre croissant : sel, sucre, café, farine, pâtes.

Emouvant, non ? En plein Nouille York ! ces pots français qui ont traversé l'Atlantique !

« Souviens-toi d'une chose, Antoine, m'interpellé-je familièrement : les gens n'ont pas d'imagination. Pas VRAIMENT ! Les plus marles, les plus retors, ceux qui sont capables de mettre sur pied des coups fumants, y a toujours un moment où ils plongent, les mains jointes, dans la facilité, toujours en se croyant plus malins que tout le reste des mortels réunis. » Alors moi, qu'est-ce que tu veux, je me saisis du pot marqué « farine » (l'avant-dernier par l'importance de taille), le pose sur le plan de travail, ôte son couvercle en forme de bouton de rose (tiens, c'est vrai : on dirait le bout du sein de Mary). Ayant légèrement retroussé ma manche, j'enfonce mes doigts en pince de homard dans la fine poudre blanche. Je suis sûr de moi. « AVERTI », tu vois ce que je veux dire, Casimir ? Averti ! secrètement par une force obscure.

La farine immaculée déborde du récipient et tombe sur le fameux motif à damiers. Je touche le fond. Ah ! voilà ! Voici, voilà ; voilà, voici ! Une surface rugueuse. Parviens à m'en saisir à deux doigts. Merci, saint Antoine de Padoue, c'est bien la plaquette qui est restée pendant trois décades derrière ce pauvre lavabo d'Alcatraz.

Intacte. Comme je l'avais scrupuleusement prévu, Hugh et Mary se sont abstenus de la décortiquer. Je la tapote sur le plan de travail, histoire de la désenfariner et, fou d'allégresse, la glisse dans ma poche intérieure.

C'est savoureux, le triomphe. Moins que l'amour, mais c'est un coït beaucoup plus « étiré ».

Je retourne auprès de mes deux « voleurs » endormis et verse sur eux le contenu du pot de farine pour me venger gentiment de leurs tracasseries.

C'est drôle et un peu pitoyable de les voir anéantis sous cette couche blanche. Je regrette déjà ce geste de cruelle moquerie. Je déteste la mesquinerie et voilà que j'agis en minable. Mais quoi, je ne vais pas faire leur toilette avant de partir.

M'approchant d'un bureau (chinois) j'écris sur une feuille de papier (Japon) le message ci-dessous :

Chère tante Daphné,

Lorsque vous vous réveillerez, « la chose » sera à tout jamais en sûreté. »

Ne pensez-vous pas qu'il est mieux d'en rester là ? Nous sommes des gens de bonne compagnie, alors laissons la guerre aux imbéciles.

Navré de vous avoir fait rater une affaire, mais cet échec ne compromettra pas l'existence (non plus que la renommée) de votre honorable agence.

San-Antonio. Directeur de la Police judiciaire de Paris.

On verra bien !

14

GUÈRE ÉPAIS (1)

— ... Je me trouvais donc dans une situation inconfortable. Mon épouse souffrait d'une salpingite tenace lui interdisant de céder à mes instances. Devant cet état de chose, j'aurais donc dû m'incliner devant la fatalité et refréner mes instincts. Mais il se trouve que, sans vouloir passer pour un homme à l'appétit sexuel incoercible, je ne puis m'endormir si je n'apaise pas mes glandes reproductrices. La chose est si vraie que, lorsque ma chère femme est dans une période d'inaptitude, je suis contraint de prendre un somnifère si je veux trouver le sommeil... Comme, je vous le répète, cette fâcheuse inflammation de ses trompes utérines perdurait, n'y tenant plus, je lui proposai d'avoir recours à la sodomie pour sortir du cercle infernal, si je puis dire.

« La malheureuse poussa des hauts cris et, je suis obligé de le confesser, me brisa sur la tête un vase de Delft que je tenais de ma grand-mère et qui m'a laissé au cuir chevelu cette cicatrice rose

(1) Chapitre dédié à Léon Tolstoï.

que vous pouvez apercevoir sur mon front et que je dissimule sous une mèche qui n'avait rien de rebelle originellement. Vous voyez? Là, sur la droite, elle forme un petit éclair.

« Malgré cette réaction brutale, je revins à la charge, mais en utilisant la ruse cette fois; j'entends par là que j'usai de l'hypnotisme, science sur laquelle je me suis penché un temps et dont je conserve des notions précieuses. M'aidant au préalable d'un puissant sédatif, je réussis à endormir mon épouse et lui donnai à croire que j'étais le commissaire San-Antonio devenu, depuis lors, directeur de la P.J.

« Là, j'ouvre une parenthèse pour vous préciser que ma moitié, la tendre Angélique, bien que m'étant d'une fidélité exemplaire, nourrit une passion silencieuse pour cet homme, assez beau il faut en convenir, et doté d'un charme auquel les personnes du sexe ne résistent pas. Quand il fait appel à moi, de nuit, elle l'invective; en revanche, elle garde comme un talisman sa photographie dans sa boîte à Tampax, et je l'ai surprise une nuit, qui la couvrait de larmes et de baisers J'ai su faire taire ma jalousie, étant moi-même conquis par San-Antonio et donc sachant pertinemment que l'on n'échappe pas au sortilège de cet être d'exception.

« Donc, par le truchement de l'hypnose, je me fis passer pour lui auprès de son moi second. Elle l'agréa sans protestation, lui laissa même oindre son rectum de vaseline et poussa des cris de liesse lorsqu'il la força avec un maximum de tact. Certes, le lendemain, ayant occulté tout souvenir de la séance, eut-elle quelque surprise avec son fondement endolori. Mais comme nous avions mangé un couscous la veille, chez un de mes collègues maghrébins, elle mit sur le compte de l'harissa les séquelles de ma sodomie.

« Vous, monsieur, qui avez le teint bistre, peut-être vous êtes-vous fait enculer ? Si c'est le cas, vous savez de quoi je parle. Mais trêve de confidences. Je ne crois pas vous avoir remis de pourboire, n'est-ce pas ? En ce cas, voilà cinq dollars, vous seriez très aimable de m'en rendre trois demain matin si vous y pensez, car il serait inconvenant que je vous donne en pourboire davantage que la valeur vénale de ma consommation. »

Estimant que la diatribe de Xavier Mathias est achevée, je quitte le salon où je me tenais à l'écoute pour venir dans sa chambre. Le trouve assis dans son lit, dos à l'oreiller, avec un plateau lesté d'une théière fumante sur les jambes. Un serveur probablement indien, le regard d'onyx et les pommettes poilues, s'efface pour me laisser entrer, puis se retire.

Mathias m'adresse un sourire éclairé de cent cinquante volts à l'intérieur.

— Je me demandais où tu étais passé, me dit-il, je me sentais inquiet. Pour tromper l'attente, je discutais avec ce valet de nuit dont la conversation est pleine d'agrément. Il faut que tu saches, Antoine, combien je me sens dispos. Tu as en face de toi un homme neuf et tu m'obligerais en me résumant toutes les tribulations qui nous sont advenues, à toi comme à moi.

Je le contemple, et c'est vrai qu'il m'a l'air en forme, complètement ragaillardi. Ne subsiste plus que cette idée fixe relative à sa vie maritale. Est-ce le fait de s'être envoyé en l'air avec la sublime Mary qui lui a provoqué cette soudaine dépendance au fouinozof de sa mégère ? Sûrement. C'est un fragile, Mathias, un être dominé et perméable à tous les remords, qu'ils soient justifiés ou non. Il m'écoute, en élève studieux, soucieux de ne rien rater du cours. J'avais déjà tenté de stimuler sa mémoire, mais celle-ci demeurait poisseuse, avec trop de filaments qui festonnaient comme des toiles d'araignée à une charpente de grange. Là, il capte aisément et assimile bien tout.

Quand, pour terminer, je lui annonce que je viens de reconquérir le trophée Lancôme, ses grands yeux rouges s'emplissent de larmes.

— O mon Dieu, soupire le cher sodomiseur d'Angélique ; ô doux et bienveillant Seigneur si miséricordieux. O Vous le suprême ! Vous, l'Indicible ! Vous qui donnez tout et n'attendez rien ! Vous qui n'êtes qu'Amour pour nous, misérables pécheurs indignes de Vos grâces, je me prosterne à Vos pieds de lumière.

Il se signe, en haut et à gauche.

— Montre ! fait-il. Montre vite !

— Je ne l'ai pas.

Son éberluance fait peine à voir. Tu dirais un baigneur californien qui vient de se faire becter une guitare par un requin blanc et qui n'a rien senti parce que c'est toujours comme ça avec ces sales bêtes : ils te dévorent sans que tu éprouves autre chose que de la surprise ; tous les gens qui se sont laissé bouffer les couilles par un requin blanc m'affirment la même chose.

— Comment ça, tu ne l'as pas ?

— Je l'ai mis immédiatement en lieu sûr avant qu'un commando de récupération ne soit lancé à nos trousses. Tu penses bien que Hugh Williams va passer la main après ce cuisant échec et qu'on va, cette fois, nous dépêcher une équipe de choc !

— Qu'en as-tu fait ?

— Je ne te le dirai pas.

— Merci de la confiance !

— Ce n'est pas par manque de confiance que je te tais l'endroit où je l'ai planqué, c'est pour te protéger. Si on s'empare de toi, au moins, tu ne sauras rien !

— Et si on s'empare de toi, Antoine ?

— J'essaierai de tenir le choc. Un seul point faible est préférable à deux.

— Tu as lu le texte, au moins ?

— J'ai failli céder à la tentation, mais j'ai eu la force de caractère de n'en rien faire.

— A cause ?

— Pourquoi crois-tu que Williams ne l'a pas lu non plus ? Parce que lire cela, c'est accepter le risque de mourir.

— Mais tu ignores ce que contient ta foutue plaquette !

— C'est ma meilleure chance d'avoir la vie sauve si les choses se gâtent complètement.

— Tu aurais pu l'ouvrir, lire et la refermer.

— C'est toi, l'hyper-technicien, le crack des labos qui dit une connerie pareille ? Mais, Fleur-de-Carotte, cette plaque métallique a été « usinée » et emboutie depuis un tiers de siècle, la déplier et la replier laisserait des traces voyantes et indélébiles !

— Exact !

— Bon, alors on change de disque. Parlons de notre programme.

— Tu y as déjà réfléchi ?

— Mieux que ça : je l'ai établi...

— Je t'écoute.

— Tu te remets dans tes hardes et tu te rends à la gare routière après avoir changé deux ou trois fois de taxi. Là-bas, tu achètes un billet pour n'importe quelle grande ville. Arrivé à cette destination que je ne connaîtrai donc pas, tu vas à l'aéroport et, sous un faux nom, tu prends un billet d'avion pour où tu veux ; de là, tu regagneras Paris. Grouille-toi, nous avons, comme capital temps libre, celui qui sépare l'émission de ton gaz magique de leur réveil.

— A quelle heure as-tu balancé le potage, grand ?

— Onze heures du soir environ.

Il mate sa montre.

— D'ici une ou deux heures le plus costaud des deux reprendra conscience...

— Alors démerde-toi !

— Et ton programme à toi ?

— Retrouver Béru ; jusqu'ici, pris par notre « mission », nous l'avons royalement laissé quimper.

— Mais ils vont t'alpaguer, Antoine !

— Pas sûr. En tout cas, ta disparition garantit

ma sécurité. S'ils me serrent, je dirai pour débuter que tu as mis les voiles avec le gadget.

— Tu ne vas pas rester au *Meridien* ?

— Non, rassure-toi.

— Alors ?

— Alors, merde ! Je te demande de foutre le camp le plus vite possible. Tu devrais déjà être dans un bahut. Décidément, tu es un vrai bureaucrate, mon pote ! Tu as le cul plombé !

Il glousse des protestations, le Grand-cierge-scintillant, mais finit tout de même de se sabouler. Il part enfin dans la nuit new-yorkaise, non sans m'avoir donné une accolade napoléonienne.

Il est six heures de moins sur la côte Ouest. Soit, environ dix plombes du soir, présentement. Je risque le coup, avant de me tirer, d'appeler le *Beverly Hills Hotel* à Los Angeles. Comme je l'ai fait naguère, je redemande après Mr. Alexandre-Benoît Bérourier et, comme la fois précédente, on me répond qu'il a quitté l'hôtel. Au lieu d'en rester là, je pousse l'interrogatoire ; difficile de faire jacter une employé d'hôtel sans avoir de banknotes à lui faire renifler, mais au *Beverly Hills* c'est la classe et les gars qui y travaillent se comportent comme si tous leurs clients étaient des gentlemen.

Faut dire que j'exprime aimablement, en homme sachant conduire un interrogatoire et aussi en prévenant que je suis l'ami d'enfance de Mr. Sam Chatouilh, le principal actionnaire du palace.

Si bien que je réunis en moins de pas longtemps les indications suivantes :

a) Le Gros a quitté l'hôtel en compagnie d'une riche Anglaise qui y était descendue, Lady Keckett.

b) En partant, il a réglé non seulement sa note, mais également celle des « deux messieurs » qui l'accompagnaient et à emmené leurs bagages.

c) Lady Keckett a fait retenir deux billets en *first* pour le vol de New York.

Je te laisse entrevoir combien ces renseignements me sont précieux. Ainsi donc, mon travail de recherches va se trouver simplifié puisque, si j'en croive (dirait Béru) ces indications, il se trouverait à N.Y. Qu'est-ce qui a bien pu se produire qui l'amenât à quitter le *Beverly Hills* avec notre paquetage ? Pourquoi s'est-il rabattu directo sur Nouille York alors qu'il savait que je projetais de me rendre à Frisco ? Autant de sulfureux mystères qu'il me faudra bien éclaircir un jour très prochain !

Maintenant, il est temps de me fondre dans la Grosse Pomme avant qu'il ne m'arrive des pépins, si je puis plaisanter de la sorte sans perdre de mon crédit. Nonobstant l'aimable bafouille que j'ai laissée à mes enfarinés, je m'attends à du grabuge car ils n'ont pas d'autre solution que de prévenir leurs sponsors de mon coup fourré et là, je te prie de croire qu'il risque de pleuvoir des grêlons gros comme les diams de Liz Taylor.

Bon, je me tire ailleurs, comme disaient jadis nos braves Sénégalais. A leur propos, papa me racontait qu'ils étaient venus « en manœuvres », jadis, dans son village, et ce qui avait le plus impressionné mon futur vieux, c'était de les voir se raser le crâne avec des tessons de bouteille (authentique).

Je gagne les ascenseurs (ayant acheté un billet à la loterie dont ils constituent le gros lot) et appuie sur la touche d'appel. En Amériquerie, les ascenseurs sont fulgurants. Qu'à peine t'es dedans, ils font un bond de vingt étages qui te paraît durer l'espace d'un seul. Je frète donc la chouette cabine capitonnée, mais avant que je n'aie eu le temps de programmer le rez-de-chaussette, l'engin s'élance vers les sommets, ayant été appelé par saint Pierre, sans doute. En fait la personne qui attend est beaucoup mieux que saint Pierre puisqu'il s'agit d'une sublissime gonzesse, chinoisante sur les bords, somptueuse dans une robe de lamé or et une étole filante en vison noir. Son maquillage n'a pas souffert de la soirée d'où elle sort. Radieuse et énigmatique, elle me coupe le souffle. Je feins de considérer que le perpétuel sourire « accroché à sa face », comme dit mon pote Aznavour, m'est exclusivement adressé, et je le lui rends avec toute la charge émotionnelle dont tu me sais capable.

Voyant que je ne sors pas de la cabine, elle murmure :

— C'est moi qui vous oblige à monter au dernier étage.

Et ma pomme, dans la foulée :

— Ça me vaut le plaisir de redescendre en votre compagnie.

Elle ne rougit pas, étant chinoise, mais le cœur y est.

— La soirée était réussie ? fais-je en montrant son étole (des neiges).

— Vous avez déjà assisté à des soirées réussies ? objecte-t-elle.

— Oui, quand je les passe à deux avec une personne comme vous, m'enhardis-je.

— Vous allez vite en besogne, assure Fleur-de-Camomille, sans perdre son sourire dessiné au pinceau sur ivoire.

— Moins vite hélas que cet ascenseur, déploré-je.

Car nous sommes déjà parvenus à destinance.

Au moment que nous sortons, deux hommes se tiennent pique-plante (comme on dit chez nous) devant les élévateurs.

Pourquoi, à cet instant, ai-je un carillon d'alarme qui se déclenche sous ma coiffe ?

En les apercevant, dare-dare (peut également s'écrire dard-dard, voire dard d'art) le routier que je suis flaire un danger. Un je-ne-sais-quoi dans leurs regards, quelque chose d'attentif, de suspicieux et surtout de pas gentil. Aussi, des bosses significatives sous leurs vestons.

Sans en perdre une, je cramponne le bras de la Chinoise.

Elle est offusquée par mon geste, mais le temps qu'elle se dégage, les deux hommes « douteux » sont déjà dans l'ascenseur.

— Pardonnez-moi dis-je à ma compagne de voyage (l'un des plus brefs qu'il m'ait été accordé de faire en compagnie d'une aussi fabuleuse Asiate), il était indispensable que ces deux types me croient en votre compagnie.

— Des ennuis ? demande-t-elle sans marquer un intérêt excessif.

— Qui n'en a pas ? soupiré-je.

Comme nous passons devant les caisses, le concierge de nuit m'interpelle :

— Monsieur San-Antonio, deux messieurs viennent de demander après vous. Ça ne répondait pas dans votre appartement, mais ils ont voulu monter quand même, vous avez dû les croiser dans les ascenseurs…

— Je cours les rejoindre ! assuré-je.

Courbette à la Chinetoque :

— Au bonheur de vous revoir, mademoiselle !

Ayant rebroussé chemin, une fois hors de la vue du concierge, j'enquille la porte secondaire du *Meridien*, celle qui donne sur la rue parallèle. Décidément, les prévisions du Rouquin concernant sa poudre à ronfler sont prises en défaut (ou battues en brèche, si tu préfères l'ampoulé, quoiqu'en général, ce sont les blancs d'œufs qu'on bat en brèche), et mes anesthésiés n'ont pas fait long pour récupérer. C'est déjà l'hallali.

Je fonce au milieu de la chaussée pour stopper un taxoche. Ce genre de rodéo s'opère continuellement à New York. Voilà encore un Indien qui se pointe (Indien vaut mieux que deux tu l'auras, comme l'écrivait le bon Le Poulain). Il s'arrête ; je monte, mais la portière que je veux fermer me résiste. Mon sang ne fait, etc. Mais il ne s'agit pas d'un méchant, seulement de la Chinoise.

— Vous permettez ? fait-elle en déposant contre le mien le plus exquis cul extrême-oriental qui se puisse caresser.

Ma surprise est telle que ma glotte reste coincée comme une boule de pétanque dans mon gosier.

— Où allons-nous ? demande l'Indien qui est un tout petit peu plus patibulaire que sur la photo fixée à son tableau de bord.

Moi, franchement, je n'avais pas encore pensé à ça. Heureusement que ma compagne sauve la situasse.

— *Silver Palace !* jette-t-elle.

Le *driver* opère une décarrade qui écœurerait Senna.

Le plus charmant, c'est que nous restons sans parler le temps du trajet, lequel n'excède pas cinq minutes Fahrenheit. Je suis bourré de curiosité, tu le conçois, mais je ne trouve aucun mot valable pour l'exprimer.

Une fois à destination, je file quelques roupies à l'Indien et suis la jolie créature dans son propre hôtel. Le *Silver*, ça se voit à l'œil nu, c'est le top niveau (il en possède une bonne quarantaine). Je ne sais pas s'il existe un *Gold Palace*, mais je ne crois pas qu'il puisse être supérieur au *Silver*. Je ne te le décris pas parce qu'à une heure aussi tardive, t'en as classe de confectionner des compofrancs.

Elle n'a pas à se nommer au concierge, celui-ci, déférent à en lécher les tapis du hall, présente une clé d'argent (ben voyons) à ma princesse de Chine. Il se casse à ce point en deux que je crains un instant qu'il ne puisse se redresser. Sa vieille doit lui faire des enveloppements de *fuego* quand il regagne son clapier pour soigner ses tours de reins.

Nouvel ascenseur, tout aussi véloce que le précédent. On est lâchés au trente-huitième étage. Pile en face de la cabine, s'offre une double porte aux panneaux incrustés d'argent. *Silver ! Silver !* Partout *silver :* c'est le nerf de la guerre.

Je continue de filocher ma « protectrice » en me disant, par bribes de phrases que, des aventures aussi faramineuses n'arrivent qu'au rejeton de Félicie. Faut être conditionné, pour vivre des trucs pareils sans accumuler les infarctus.

Elle a droit à la suite royale du *Silver Palace*, la princesse. Un salon dans lequel tu pourras mettre le *Nordway* (ex-pauvre *France*) en vitrine quand on le désarmera. A chaque bout, un apparte composé chacun d'une vaste chambre, d'un dressinge, d'une salle d'eau et d'une kitchenette (comme si les mecs qui louent cette cathédrale faisaient leurs œufs brouillés eux-mêmes !).

Ma compagne se déchausse à la manière des dames riches : en lançant ses pompes à travers la pièce d'un double mouvement des pieds.

— Asseyez-vous ! me dit-elle en me désignant un troupeau de fauteuils en train de paître l'épaisse moquette.

Je me dépose prudemment sur l'accoudoir de l'un d'eux, mais il est suffisamment large pour soutenir le valseur de Nancy Nordman.

— Vous pourriez m'expliquer ? finis-je par coasser miséreusement.

— Il n'y a pas d'explication, tranche-t-elle, péremptoire.

Elle me désigne l'une des extrémités du salon.

— Vous pouvez prendre l'appartement de mon mari qui est en voyage ; vous semblez tomber de sommeil et de fatigue...

— J'aimerais au moins savoir...

— C'est inutile, bonne nuit. Si vous vous réveillez tôt, soyez gentil : ne me dérangez pas. Je dors toujours jusqu'à midi.

Elle disparaît de l'autre côté, non sans me laisser son étole (polaire) de vison noir en otage.

15

LES PARRAINS TERRIBLES (1)

Palace, pas palace, les chasses d'eau ont partout un point commun : elles sont bruyantes. Ils peuvent marcher sur la Lune, inventer des miniaturisations forcenées, tout ça, mais nettoyer la merde silencieusement, c'est encore à l'étude. Ils ont beau piocher le problo, ils n'y arrivent pas. Voilà pourquoi, au plus profond, au plus intense de mon grand sommeil, la décharge cataracteuse d'une trombe vient nettoyer mes rêves sous les chutes du Niagara. Te dire le cauchemar que ce vacarme déclenche en moi est inutile. Je ne le ferai pas, et ce pour deux raisons : la première est que tu t'en tapes, la seconde que je l'ai déjà oublié.

Je m'arrache la tronche de l'oreiller. Cinq secondes d'hagardise, je m'offre, suivies de l'angoissante et brutale question : où suis-je ? Ces draps de soie, ce ciel de lit style plume-dans-le-cul-armorié-bidon me laissent perplexe.

Et puis la réalité revient : le *Silver Palace,* l'appartement super-luxe de la belle Chinoise qui,

(1) Chapitre dédié à Jean Cocteau.

par jeu sans doute, m'a sauvé la mise au cours de la nuit.

Ça doit être quelqu'un de huppé pour s'offrir une crèche de ce niveau. Avec le prix d'une nuitée, j'envoie tes cousins Dupont-Martin en vacances aux Bahamas, espère ! En tout cas, elle a bon cœur, cette darlinge. Se comporter ainsi avec un inconnu : chapeau ! Trois mots et un regard salace dans un ascenseur et la voilà mon alliée ! Décidément, et sans vouloir rouler mes rembourrages de veste, le charme du mec ne se dément pas et agit sur les femmes des cinq continents.

Je retrouve une position relaxe dans l'immense plumard. Le genre de couche dans laquelle tu peux aussi bien baiser en travers qu'en long. Quand je pieute seul, j'aime me placer en chien de fusil, sur le côté droit, la tête sur mon coude. C'est la posture idéale pour évoquer quelque beau cul fougueux en s'endormant. Tu peux bandocher à l'aise, ton gros lézard folâtrant sur le drap dans l'attente de conquêtes prochaines.

Mais la dorme ne revient pas, malgré ma fatigue classée monument hystérique. Faut dire que le tireur de chasse de la suite voisine, réveillé par sa miction (ou sa défécation), chope des idées perverses et entend tringler sa camarade de pieu. La dame doit repousser ses honnêtes propositions car le voisin se fâche. Il a une voix épaisse qui, brusquement, me galvanise ! Ne dirait-on pas celle de… ?

Fissa, je saute de ma couche royale pour prendre dans ma poche mon inestimable couteau suisse. C'est le poinçon, une fois encore, qui m'intéresse. J'appuie la pointe d'acier contre le galandage et j'exerce une pression vrillante. Du plâtre fin, puis de la poussière de brique pleuvent sur l'abat-jour de velours de ma lampe de chevet.

A force d'escrimer, je finis par vaincre la cloison. Palace, pas palace, les constructions actuelles sont conçues pour durer une décennie. Passé ce délai, elles sont périmées et il faut les démolir pour en bâtir d'autres encore plus pacotilles que les précédentes. Si on continuait de fabriquer du solide, comme jadis, y aurait dix fois plus de chômeurs sur la planète. Note qu'ils travaillent en revanche sur la longévité de l'homme. Mais ils commencent déjà à s'en mordre les doigts et la bite. S'il est un domaine où il faut au contraire faire éphémère, c'est bien dans celui de l'*homo sapiens*. Déjà qu'on bouchonne de partout ! T'as vu ces files d'attente ? Même devant les crématoires ça engorge. Partout, je te dis : les écoles, les hôpitaux, les pissotières. Chicanes, tickets d'appel ! Tous à la queue, comme Leuleu ! Au suivant ! Il chantait déjà ça, le grand Brel ! Ben quand je le rejoindrai, je lui dirai que ça ne s'est pas arrangé de ce côté-là.

En appuyant, voilà que je me meurtris soudain les phalanges, tout bêtement parce que mon poinçon a traversé la cloison. Je mets ma meilleure oreille contre le nouvel orifice qui nous est né cette nuit au *Silver Palace.*

Mon palpitant chavire, se paie un galop d'essai. Bien sûr que c'est le somptueux organe de Bérurier que je capte avec délices, avec amour (pas avec orgues parce qu'elles couvriraient sa chère voix). Et y a des tordus qui prétendent ne pas croire en Dieu ? Dis, je rêve ! Envoie-me-les que je philosophe avec eux ! Je chercherais mon Groslard à travers les Amériques et il serait à trois mètres Fahrenheit de cet endroit où un invraisemblable concours de hasards circonstanciés m'a amené ? Tu penses qu'un tel prodige serait réalisable sans intervention divine, toi ? Tiens : fume !

J'essaie de regarder par le petit trou. Il suffit de si peu pour pouvoir « découvrir ». Tu peux contempler le pont de Brooklyn à travers le chas d'une aiguille ! Tu le sais au moins, Ducon ? Et tu peux admirer une chatte à travers un trou de serrure ! Simple question d'adaptation optique.

Oh ! je ne vois pas grand-chose, si ce n'est un fessier de dame à la crinière rousse avec, en amorce, une dextre large comme une tortue de mer.

Je préfère écouter.

Qu'ouïs-je ?

Le Gros : Voilions, ma Lady, tu veuilles pas que j'terminasse la noye av'c un chibraque d'c'module, bordel ! Tu croives qu'un saint homme comme ma pomme peut roupiller en s'traînant une chopine pareille, poupée ? *Let me* te la fourrer en camarade ; l'est tant tell'ment à point qu'en troisquat' aller-retour elle balance sa casquette.

Lady Keckett : J'ai déjà dit vous : *no* sans *french* capote, *my dear.*

Sa majesté implose : Mais bordel à cul, j't'aye déjà démontré, la blonde, qu'des capotes, y n'en eguesiste aucun' qui peuve m'aller. J'sus membré d'trop ; c'est d'allieurs c' qui fait mon charme. V'là bientôt trois jours qu'on s'fréquente, et surtout trois nuits. J'ai dévalisé toutes les pharmaceries, tous les druguestors, tous les distributeurs automatiques sans pouvoir dégauchir un préservatif à mon pied ! Tu n'vas pas passer à côté d'la bite du siècle sous prétesque qu't'as peur du Sida ! Putain d'elle ! Mais r'garde-moive, ma Lady, est-ce qu' j'ai une tronche à Sida ?

— Il n'est pas d'insister, *darling* gros, s'obstine la dame. S'il faut, je ferai fabriquer vous *french* capote *at your* mesures ; mais *never* copulation *before !*

— Et tu n'veux pas me turluter le nestor pour m'dégager les centres nerveux, Lady de mes *two ?*

— *With te mouth it's* pareil, refuse Lady Keckett. *Only* avec *french* capote !

— Bon, se soumet le meurtri, j'vas essayer d'en chausser un autre de plus, mais j'comprende pas qu'y peuvent contiende deux litres de flotte ou encore qu'on peuve le gonfler avec la bouche jusqu'à tant qu'y ressemb' à des dirigeabes et que ma pine les fisse claquer. Non, ça, je pige pas. Tu veux essayer d'm'en affubler un, la rouquine ? P't'ête' qu'tes doigts d'fée auront grain de courge là qu'j'échousse pitoyab'ment ?

La dame assure que c'est une *very good* idée. Elle explique qu'elle va préalablement vaseliner la grosse bébête à emprisonner, puis talquer l'intérieur du capuchon, toutes précautions qui semblent judicieuses.

Les minutes qui succèdent sont dominées par un silence crispé que troublent à peine de brèves appréciations, voire des conseils émis d'une voix tendue :

— Gaffe à la manœuv', Ninette ! Fais rouler ! Fais rouler, qu'j'te dis ! Doucement ! Quand t'est-ce t'auras coiffé la tronche, l'boulot s'ra su' la bonne voie.

Tension insoutenable. Je ne perçois plus que la respiration haletante des deux protagonistes.

Puis, chuchoteuse, la voix de Lady Keckett qui n'ose encore triompher trop vite :

— *Good ! It's right ! No* remuer, *my love. Very delicately !*

— T'es marrante, ma gosse. Ça me compresse les tempes du gland ! J' peuve plus respirer de la biroute ! J'ai la collerette qu'étrangle ! En plus ça me fait d'l'effet qu'tu m'tripatouilles le havane à mains nues.

— *Slowly, my big boy !* qu'exhorte la riche Anglaise. Je bientôt arrive *to our ends.* Voilà, le tête est dans la sac ! Hip hip, hurrah !

Juste à ce moment, une courte et sèche détonation rappelant l'expulsion d'un bouchon de champagne retentit. Cris de consternation.

— Tu voyes bien, bourrique, que c'est macache pour ce qu'est d' m'embiberonner l'paf ! L'jour qu'on f'ra des capotes pour les bourrins, alors là, oui, j'aurai p't'êt' ma chance ! fulmine le Mammouth. J'vis dans une société dont ell' est pas à ma m'sure. Qu'y s'agissasse d'ma queue ou d'mon intelligence, j'ai pas ma place dans le concierge des nations !

— *Sorry, sorry !* psalmodie la noble Anglaise. Je étais pourtant près de la butte !

— En attendant, j'reste av'c mon calibre sous le bras, se lamente mon malheureux ami.

Je me dis qu'il serait opportun d'apporter une diversion dans sa détresse physique, c'est pourquoi je vais récupérer mon slip, puis mon pantalon afin d'être présentable à une dame de la noblesse britannique.

Une porte permet d'accéder au couloir directement depuis la chambre, mais elle est fermée à clé et cette dernière a dû rester accrochée dans le dos du concierge. Force m'est donc de sortir par le living. La vaste pièce est obscure comme le derrière d'un Blanc trempé dans du goudron (1) et c'est pourquoi je trébuche contre un obstacle invu de moi. En tentant de rétablir mon équilibre, je pose la main sur quelque chose de mou dont le contact me fait frissonner. C'est froid comme le bras d'un serpent. Je tiens à identifier la « chose », aussi me dirigé-je vers la silhouette d'un lampadaire. Après quelques tâtonnements qui le décoiffent, je trouve son commutateur. Lumière !

Alors là, c'est une engouffrance dans la quatrième dimension.

Figure-toi, ma petite chérie, qu'un homme en smoking est étendu entre les bras tutélaires d'un

(1) Il est louable, de la part d'un grand romancier, de le voir bannir de sa prose toute comparaison à connotation raciste.

Harlem Désir

fauteuil club. Sa nuque repose sur le dossier et ses longues jambes sont allongées sur le tapis, ce qui a manqué me faire chuter.

Le gonzier en question est âgé d'une soixantaine d'années. Il a une belle gueule d'homme grisonnant, des traits aristocratiques. Deux détails importants le concernant : un étui à violon est posé sur la table basse qui jouxte son siège et il est extrêmement mort. Salement mort, ajouterai-je-t-il : comme un goret puisqu'on l'a égorgé en lui enfonçant un objet métallique pointu dans la carotide. Beaucoup de sang s'est échappé par la blessure, a détrempé son plastron amidonné, puis a dégouliné jusqu'au sol en utilisant sa jambe gauche comme chéneau. Le malheureux a dû mettre un sacré bout de temps à mourir. Comment se fait-il que je n'aie rien entendu ? Probable qu'on l'aura estourbi auparavant avec un goumi capitonné pour ne pas laisser de traces.

Ma montre prétend qu'il est 5 heures 40 et je n'ai aucune raison de douter de sa parole. Je bombe à l'appartement de la Chinetoque et toque à sa lourde. Une fois, deux fois, trois fois. Adjugé : j'ouvre ! La chambre est vide, le plumard indéfait. Par acquit de conscience je jette un regard aux gogues ainsi qu'à la salle de bains. *Nobody !* A propos, tu sais que la compagnie *Air Algérie* va changer de nom ? Elle va s'appeler *Aéro Bic.*

Qu'est-ce que je te disais ? Oui : plus de Chinoise ! Ne reste que ses « chinoiseries » parce que tu te doutes bien que je viens de piger les motivations profondes de son altruisme. Cette salope a sauté sur l'occase que je représentais pour buter son vieux. Je suis, elle l'a constaté, un homme en fuite. Bonne affaire ! Un velours pour me faire endosser l'assassinat de son bonhomme. Faut que je te le dise du temps que j'y pense : ce mec, je crois le reconnaître, à cause de son crincrin. C'est Tumor Mémich, le virtuose d'origine hongroise, l'un des quatre ou cinq grands violonistes actuels.

Je retourne auprès du corps pour en être certain. Et alors, tu sais ce que je constate, qui m'avait échappé dans l'effarement de la découverte ? L'objet pointu avec lequel on l'a égorgé n'est autre que mon sésame. Pressée contre moi, dans le taxi, la gueuse n'a eu aucun mal à me le subtiliser. La vache ! Cet esprit de décision ! Ce sang-froid, comme disait Sancho !

J'imagine que la gourgandine asiate a un amant de basse moralité et qu'ils ont décidé d'effacer le maestro pour engourdir son immense fortune. La môme aux yeux bridés croise mon destin à un moment délicat. Elle saute sur l'occase, m'amène après m'avoir chouravé ce qui peut servir d'arme (la preuve). Elle m'envoie à la dorme, alerte son julot. Le gars se pointe, s'embusque tandis qu'elle quitte ostensiblement l'hôtel pour aller se montrer dans un nigth-club. Alibi.

L'époux rentre d'une soirée prolongée au cours de laquelle il s'est produit. L'amant le zigouille et se casse en me laissant le bébé ; à moi de me dépatouiller au réveil ! Charmant ! Simple et d'un fonctionnement irréprochable. Qui donc peut s'arracher d'une telle béchamel ?

A propos d'arracher...

Dominant ma répugnance, j'extrais mon précieux appareil de la gorge du maître et cours le laver à grande eau (bouillante) dans le lavabo de l'Asiatique. Puis je récupère entièrement mes fringues et me trisse dans le couloir. Personne encore, mais la complainte des chasses d'eau se propage. Videz-vous, vessies et boyasses ! C'est l'aube aux doigts d'or qui vient vous essorer, mes drôles ! Faites le vide pour vous mieux remplir au cours du jour qui point.

J'actionne le timbre avec le désespoir de l'énergie, mais après leurs tribulations nocturnes, le couple dort à pierre fendre... Force m'est d'en venir aux poings. Je tremble d'être retapissé par un membre matinal du personnel. Enfin, l'huis s'entrouvre et une vache rousse cligne de son œil énorme par l'écartement.

— Qu'est-ce qui vous prend ? mugit le bovidé.

— Je suis un ami de l'homme à la grosse queue, assuré-je, je dois lui parler d'urgence, milady. Permettez-moi de vous présenter mes devoirs les plus acharnés. Mon ami a très bon goût et j'ai hâte de le complimenter d'avoir su réaliser une aussi merveilleuse conquête.

Cédant au discours que je tiens, la dame me fait entrer. Leur superbe chambre sent la ménagerie, les abattoirs en été et la grève des éboueurs dans un quartier populeux.

Mon Béru repose, nu comme un monstrueux Jésus. Il a une façon très particulière de dormir, Alexandre-Benoît. Il se tient à genoux, son énorme cul offert à toutes les convoitises de passage, la joue dans le pli du coude, le ventre et ses génitoires pendant bas, velu à l'extrême, comme chez tous les primates, ronflant et pétant pour bien montrer que sa machine infernale ne s'arrête jamais.

— *Hello! Baby darling!* le hèle la bonne Anglaise !

Cette personne, je m'aperçois que je ne t'en ai pas assez bonni sur son compte, est très grande, plutôt maigre du haut (ses nichebars trempent dans sa soupe quand elle se met à table nue), par contre elle souffre d'éléphantiasis de la partie sud et son cul pourrait dissimuler une plaque d'égout. Elle a une peau tellement blanche qu'il faut être Bérurier ou un rat aveugle pour ne pas aller au refile en l'apercevant, et elle est d'un roux bizarre, pas lumineux du tout : un roux-roux de vache, c'est ce qui d'emblée m'a amené la comparaison. Des yeux d'un vert tirant sur le dollar fripé, des grains de café à profusion par tout le corps, une chatte quasi sans poils et une bouche qui, par contre, en est garnie. Bref : une belle sujette de Sa Majesté qui était si mignonne jadis quand elle montait le prince d'Edimbourg en amazone.

Décente, elle porte un baby-doll qui commence sous ses seins et s'arrête à dix centimètres de son pubis...

Après quelques nouveaux hélements enjôleurs, Sa Majesté sort du coma. Elle se met à mâcher à vide, puis lâche un long pet pareil à la sirène d'un navire pénétrant dans un port.

Le Gravos abandonne sa pieuse posture, propre

à l'imploration ou à l'enculage, et examine les lieux jonchés de préservatifs éclatés. Comme son regard est parti pour exécuter ce que les cadreurs de cinéma nomment un cent quatre-vingt-dix degrés (Celsius), il m'accroche en fin de comte (comme disait Rodrigue).

C'est un individu inclassable, le Gros. En un tel moment, n'importe qui bondirait, exclamerait, glapirait, bref manifesterait sa surprise de me trouver là. Lui pas. Animal, quoi ! Tu peux montrer la photo de Le Pen ou de Tapie à un clébard, il ne bronchera pas, eh bien c'est du kif pour Bérurier.

— Il est quelle heure ? me demande-t-il seulement.

— Bientôt six plombes, l'informé-je.

— Ah bon. Tu veux voir s'il restererait pas un peu de blanc dans la boutanche de sauvignon qu'est sur la table ?

Par miracle il en reste. Le Mastard tute le précieux breuvage.

— Alors, Grand, me fait-il en claquant une nouvelle louise façon corne de brume sur le Bosphore.

Je le prends sur son propre terrain d'indifférence.

— Alors j'ai pensé à votre problème de préservatifs, dis-je, et je suis en mesure de le résoudre.

Là, il s'éclaire pleins feux, le Gorille !

— T'entends c'qu'y dit, la Blonde ? lance le don Juan à sa partenaire inconsommée. Y l'a un moilien pour m'procurancer une capote anglaise à ma taille ! Ça n'm'étonne pas d'lu. Il est démerde, mon Sana ! Comment t'est-ce tu vas-t-il t'y prend', Grand ? Tu sais qu'j'la pile d'puis qu'j'ai dégauchi c'te' grivoise. Y a pas mèche de la monter à cru, tell'ment elle a la trouille du Sida ! Mais j'finis par m'd'mander si ell' est sincère.

« Quand j'm'ai bien manigancé le braquechi et qu'la v'là excitée comme une puce, la jolie médème s'calme les zémois au gode. L'en a toute une collection dans sa valdingue : en porcelaine, en cayoutchou, en bois, en cuir d'Russie ! Tous les diamèt' ! Des p'tits comme l'annuaire pour s'entr'-prend' l'œil d'bronze, et d'aut', plus conséquents qu'des aubergines, histoir' d's'payer le grand gala d'la Couine à Pas-le-Moral (1) ou à Butine-Game. C'est une panoplie d'famille paraît, y en a même un, çui en or, qu'aurait servi à la couine Victoria !

« Milady, quand elle s'entr'prend l'intime, toute sa batterie y passe ! Et ma pomme de contempler le film X de médème en bavant d'l'escarguinche. Vitos qu'j' peuve la calcer en grande pompe, c'te Lady à la mords-moi-pas-le-zob ! Tu croives qu'elle m'consentirait n'serait-ce qu'une p'tite pogne vite fait, façon auto-stoppeuse reconnaissante ? Que tchi ! Ces Rosbifs, c'est l'égoïsse personnifié. J'ai même pas l'droit d'la brouter, elle craint aussi par la salive. Quand t'est-ce j'vais pouvoir gainer Follette ? »

— Dans un instant, mon Gros.

Il sourcille, déjà inquiet.

(1) Il est à peu près certain que Bérurier parle ici de « Balmoral ».

— C'est toi qui vas m'la confectionner, ma capote ?

— Yes, Sir, et sur mesure encore ! Pas au bodygraphe, je souligne : à tes vraies mesures.

— Et comment t'y prendreras-tu-t-il ?

— L'œuf de Christophe Colomb, mec ! J'utilise deux capotes, et même trois s'il le faut. Je les découpe chacune en quatre dans le sens de la longueur, après quoi je colle les morceaux bord à bord en rassemblant autant d'éléments qu'il en faudra pour faire le tour de ton membre, mon cher ami. Tu connais la qualité de cette colle inventée par Mathias. Avec une seule goutte, c'est un éléphant que tu peux fixer au plafond. T'en mets une autre entre les fesses d'un mec et il est contraint de se faire confectionner un nouveau trou du cul. Allez, Gros : aboule tes chambres à air !

Et me voilà, moi, directeur de la P.J., traqué aux U.S.A., en train de fabriquer une capote pour mammouth à la coiffeuse de Lady Keckett. Le couple me regarde avec une attention crispée. Tout en œuvrant avec des gestes menus de joaillier, je mets Sa Majesté au courant de ce qui s'est passé depuis que nous l'avons abandonné en pleine ivresse sur son lit du *Bervely Hills Hotel*. Lorsque j'ai fini, il tire la conclusion du récit :

— En somme, tu vas avoir les draupers de Nouille York au fion, plus la brigade sauvage qui veut fout' la main su' ton putain d'document ?

— Textuel !

— Tu voyes un moilien d't'en tirer ?

— Je l'entrevois. Si ta milady veut m'accorder son aide, je risque de me mettre au sec.

— Bien sûr qu'elle t'aidera, surtout quand j'y aurai fait l'grand jeu av'c ma capote su' mesure. Ell' s'ra fanatiquée à mort, espère !

— En ce cas voilà mon plan. Tu iras m'acheter de quoi modifier mon aspect. Ensuite nous louerons une bagnole et nous gagnerons le Canada. Une fois là-bas, avec l'aide de l'ambassade de France, je n'aurai aucune difficulté pour rentrer à Paris.

— C'est jouab', admet Bibendum. Dès qu't'auras finis mon imper, j'interprète à mâme sa féerie d'Noël, bien l'avoir à ma botte, c'est l'cas d'y dire, et on s'organise.

— Au fait, tu l'as connue comment, ta rouquine ?

— C'est elle qui m'a connu, mec. J'étais écroulaga à loilpé sur mon pageot, dormant à point nommé, quand c'te connasse se goure d'piaule. J'étais au bungalove 79 et elle au 89. Elle ent' et qu'est-ce qu'elle voye-t-elle ? Mon zob en pleine irruption ! J'croive qu'je fais des rêves ézotériques en pionçant car la plupart du temps j'ai un chibre gros comme un magnum d'Dom Pérignon qui monte la garde. La milady, tu parles d'un émoi quand elle découvre ce monument classé ! Ell' me s'approche, me touche le paf, voir si c'est du vrai véritab'. Constate. Décide z'alors qu'le beau joujou est pour sa moniche. Entr'prend d'm'réveiller, ce dont je. Me chouchoute, me louloute, me promet les monts d'la mère Veil. M'dit qu'elle est richissiste, qu'elle va m'faire une existence d'rêve.

Son Lord est clamsé y a quinze mois au Ténia dans un accident d'chasse. Son porte-flingue qui l'a rectifié en sautant une fourmilière. L'a été décoiffé d'une bastos en plein cigare, ce con ! N'avait pas mis l'écran d'sûreté à sa carabine, l'jobastre. Toujours sûrs d'eux, les Britiches, à vouloir conquir l'Afrique et l'reste du monde ! En pleine poire, paoff ! Balle blindée de 9 millimètres cubes, merci, docteur !

— Et donc tu as suivi la dame ?

— A la condition qu'on vinsse à Nouille York où qu't'avais prévu qu'nous passassions. D'main, donc aujourd'hui, j'allais tubophoner à tous les grands hôtels pour y laisser un message à ton attention.

Je lui souris.

— Voilà, Gros, c'est presque terminé, on devrait procéder à un essayage.

Lady Keckett glousse d'admiration, de reconnaissance, de pré-bonheur. Enfin, elle va pouvoir recevoir l'énorme offrande béruréenne. Le jour de gloire est arrivé ! Sans la moindre gêne, Alexandre-Benoît dégage son panoche, le flatte dans sa main pour lui faire réintégrer sa consistance habituelle. Docile, la bête obéit à la sollicitation et prend une apparence qui ridiculiserait les fameuses quenelles au brochet de la mère Brazier à Lyon.

— Tu veux vérifier si c'est correct, Gros ?

Il empare mon chef-d'œuvre, en affuble Coquette, hoche la tête :

— J's'rais plus à mon aise av'c une tranche d'mieux, Grand. Ces machins-là, c'est comme les pardingues : s'y t'gênent aux entournures, tu perds ta capacité d'mouv'ments.

Je rajoute donc un quartier de caoutchouc à ma création et j'obtiens une espèce de coupole plus ou moins régulière, mais baste, quelle importance ? Comme l'assure spontanément l'intéressé : « c'est pas pour aller dans le monde ! ».

Je ne veux pas faire de triomphalisme, mais il a belle allure, Mister Chibraque avec MA capote ! La Lady doutant de l'étanchéité, on a rempli de flotte ma montgolfière renversée et cette femme timorée a pu constater qu'aucune humidité ne sourdait de l'enveloppe. Alors Attila a chaussé cette gaine protectrice avec une réelle fierté, comme les saint-cyriens enfilaient leurs gants blancs à Verdun, avant l'attaque. Pudiquement, je me retire dans la salle de bains afin de m'y doucher car je me sens dévasté par cette nuit insensée, si riche en péripéties.

Tout en faisant pleuvoir l'eau fraîche salvatrice, je décide de prendre quelque distance avec la réalité. Quand on est trop accaparé par ses préoccupations professionnelles, il convient de s'aérer un peu les méninges. Moi, dans ces cas-là, je choisis un sujet très éloigné de mes problèmes et le « traite » en profondeur. Là, je lance sur le tapis de ma réflexion Jean de La Fontaine... Un perruqué sympa, de prime abord, à la littérature plaisante. Mais pourquoi la faire étudier aux enfants ? Tout ça est si noir, en réalité, si amoral, si incohérent ! Les innocents, qu'ils soient ânes ou agneaux, se font dévorer, donc primauté de l'injustice ! Le héron baise le renard, donc notion de vengeance ! Perrette, cette connasse, perd toute chance d'acquérir une vache en renversant son lait ; mais il venait d'où, ce lait, sinon d'une *vache* qu'elle possède déjà ! Donc, incohérence ! La tortue nique le lièvre malgré sa lenteur, donc négation de la rapidité et, partant, du progrès !...

Des cris superbes m'arrachent à mes réflexions (partisanes, j'en conviens). Clameurs de la chair en liesse. C'est la fête des sens ! L'apothéose du fion ! Fabuleux duo : la Callas et Chaliapine réunis ! Le grand air de « Je jouis » interprété conjointement en anglais et en bas normand. L'orchestre fait donner ses cuivres. La petite flûte ? Le premier violon ? Le hautbois ? Chez Plumeau ! La harpe ? On n'en cause même pas. Cela est géant, cela est dantesque ! Cela fait penser aux cris d'un porc saigné qui se viderait sur une musique de Wagner. Le tout entremêlé de râles, de rots, de pets. Un tohu n'ayant d'égal que son bohu ! Et le sommier, dis ? Tu l'entends, ce malheureux, gémir dans la tempête qui tant pète ? Les chants désespérés sont les chants les plus beaux. La Lady est à bout de tout. Elle bieurle des *god*, des *good*, des Florence Gould ! Le vieux Lord est trucidé une deuxième fois et pour toujours, banni du Gotha, ses mânes sont conspués, la pauvre bitoune qu'il a pu tremper avec sa Lady jetée en pâture aux noirs corbeaux charognards de l'oubli.

Soudain, je pense qu'une arrivée pareille, faut pas la rater. Sans avoir un tempérament de voyeur, on se doit d'être là au moment de la consécration finale ! C'est liturgique, un truc pareil ! T'es impliqué ! T'as pas le droit de l'ignorer, ce serait un crime contre l'humain, un blasphème, une irréparable profanation. Alors je me ceins d'une serviette et gagne la chambre.

J'arrive pour le bouquet final. L'instant où milady étant arc-boutée des deux mains contre la commode avec le Gravos derrière elle, celui-ci la termine à dix coups seconde. Sa limerie est à ce point rapide que la rétine humaine a peine à suivre. Faudrait tourner ça au ralenti, comme on pratique pour suivre la trajectoire d'une balle de fusil. Tout tremble ! Ça pue le caoutchouc brûlé ! La dame n'est plus qu'une torpille hurlante et la commode qu'un fagot de bois (hévéas et palissandre).

Le Mastard touche à sa fin. Il a une recrudescence de va-et-vient inchiffrable sans le concours d'un matériel sophistiqué. Puis, ponctué d'un cri grégaire, un cri surgi du fond des temps, il flanque à sa partenaire un ultime et violent coup de bas-ventre qui fait s'écrouler la coiffeuse.

Lady Kackett choit dans des décombres de bois et de flacons parmi lesquels elle reste inanimée.

Quant à Béru, il demeure debout, haletant, les bras pendants, abasourdi par la folle intensité de son coït.

— Sublime ! murmuré-je dans son dos, animé d'une authentique sincérité. L'un des plus fabuleux coups de bite qu'il m'aura été accordé de voir. Et je pense même LE plus beau. Une telle intensité, une telle fougue, une telle furia sensuelles, je ne savais pas que cela pouvait se produire.

Tu prends ta place définitivement parmi les géants de la queue, Alexandre-Benoît. Si j'ai des enfants un jour, je leur narrerai cette troussée à laquelle il m'aura été donné d'assister.

Il se tourne face à moi.

Je l'espérais radieux : il est sombre.

— Mouais, fait-il, en attendant on n'est pas sortis de l'auberge !

— Pourquoi ?

— Merci pour ta capote sur mesure, mec ! Vaut mieux qu'tu fusses flic qu'tailleur !

Et il me désigne sa biroute tuméfiée par la séance. Joufflue, pataude, dodelinante, violacée, donc NUE !

— Y avait une taille en trop, mon pote : ton préservateur est resté chez Maâme Milady !

Eh ben tu vois, les Anglais, je dirai ce que je voudrai, mais dans les cas graves ils savent se montrer à la hauteur de la situation.

Quand on l'a eue arrachée aux bris de bois et de verre, et portée jusqu'au lit, Bérurier lui a expliqué l'avarie de machine dont ils ont été victimes. L'irréparable était donc perpétré et la glorieuse semence du Gros s'égaillait à sa guise ; de plus elle allait devoir récupérer « la chose ». La veuve de Lord Keckett a fermé les yeux un instant, puis elle a soupiré :

— Soit ! que la volonté du Seigneur s'accomplisse ; mais je tiens à déclarer ici que, si par malheur l'affreuse maladie s'abattait sur moi, je la subirais courageusement, sans regretter une seconde les sensations uniques qu'il m'aura été accordé de connaître entre vos bras, Alexander-Binoite.

Nous la félicitons pour son attitude courageuse et je lui certifie sur l'honneur que mon camarade est plus sain que le pain de campagne sortant du four, ou que la graine du haricot dans sa coque. Il ne s'est jamais drogué autrement qu'avec du beaujolais village, n'a sodomisé aucune petite frappe de rencontre et ne baise aucune putain pour la simple raison que les honnêtes femmes les suppléent avec fougue et en trop grand nombre pour qu'on ait besoin d'aller payer des professionnelles moins performantes.

Réconfortée — mais avait-elle encore besoin de l'être ? — Lady Keckett déclare qu'elle n'a plus qu'une idée en tête, qui est de recommencer.

A quoi le Gravos rétorque que très volontiers, mais qu'il souhaiterait s'alimenter auparavant, demande légitime à la suite d'un exploit sexuel aussi impressionnant.

Un copieux petit déje est donc commandé au room-service et, en attendant qu'on nous le livre, je vais m'enfermer dans la salle de bains.

Breakfastbouffant, nous ourdissons un plan relatif à mon départ des U.S.A. La chère Lady Keckett nous propose de nous rendre chez son beau-frère, qui fait de l'élevage de visons dans le Massachusetts. Il possède une vaste propriété à cinquante *miles* de Boston où nous pourrions passer quelques jours en toute tranquillité. La frontière canadienne étant toute proche, ce serait un jeu d'enfant que de la franchir sans encombre. Cette suggestion déclenche notre enthousiasme. La nouvelle conquête du Mastard ajoute que, pour nous rendre dans le Massachusetts il sera mieux d'affréter une limousine que de louer une bagnole. Elle a encore une autre idée géniale : elle ira acheter une immense malle-cantine qu'elle se fera livrer au *Silver Palace*. Nous « l'aménagerons » pour que je puisse m'y lover et c'est dans cette malle que je pourrai quitter l'hôtel.

Comme toutes les richissimes désœuvrées, Lady Keckett est ravie de participer à une aventure qui la change des luxueuses torpeurs quotidiennes. Décidément, sa vie vient d'être télescopée par ces *Frenchies* incroyables, aux bites monstrueuses et aux existences périlleuses.

Et c'est ainsi que nous décarrons du *Silver Palace,* vers le milieu de l'après-midi, à l'heure tranquille où, au Kenya, les lions vont boire.

Je dois dire que son histoire de malle-cabine, mémère, j'y croyais pas trop. Ça me paraissait un peu Bibi Fricotin comme principe. Ça m'évoquait les films d'avant-guerre : les premiers Fernandel qu'on nous passe parfois à la téloche avec un avant-propos circonstancié comme quoi on va assister à un chef-d'œuvre, et puis bon, hein ? D'accord ! La malle-cabine (c'est ma cabine à moi), y a qu'aux States qu'on peut trouver un pareil monument. Cent soixante de long, sur quatre-vingts de large et cent de haut ! On pourrait y loger Béru ! Naturellement, je perce des trous discrets à l'endroit de la tête. On fauche un oreiller sur le rayon du haut du dressinge et mémère a acheté une couvrante. J'essaie cette espèce de cercueil et ça boume au poil. Je demande à mes amis, quand je suis à l'intérieur de « malmener » la malle, ce qui me permet de mettre au point la position de blocage indispensable pour que je ne ballotte pas.

Paré ! En avant toute !

Deux bagagistes m'embarquent par le monte-charge réservé à cet usage. En cours de descente, ils disent — entre eux — qu'il faut être une vieille timbrée d'Anglaise pour voyager avec ce catafalque qui pèse une vache (merci, les gars !)...

On m'arrime dans un coffre de limousine où la malle ne tient pas complètement. Faut laisser le couvercle du coffre entrouvert et le maintenir dans cette position à l'aide de sandows. Et, fouette cocher, nous voilà partis.

J'avais encore jamais eu l'occasion de réfléchir à bord d'une malle-cabine. C'est enrichissant. D'abord parce que tu te trouves dans le noir et donc pas distrait, ensuite parce qu'étant à peu près privé d'exercice, tu ne peux te livrer qu'à des « mouvements cérébraux ».

Dans cette posture d'économie, je gamberge en toute relaxation. Je me dis que l'assassinat de Tumor Mémich n'a pas été découvert, sinon on aurait entendu le ramdam des poulets new-yorkais et ceux-ci seraient venus questionner les voisins de chambre afin de leur demander s'ils avaient remarqué de l'insolite. Conclusion, la perfide Chinoise n'est pas rentrée à l'hôtel et comme, en partant, je n'ai pas retiré le *Do not disturb* fixé au pommeau de la lourde, les femmes de chambre ne sont pas allées faire le ménage de la suite royale du maestro. Ce répit est bon à prendre. Si les perdreaux avaient investi le *Silver,* ma fuite aurait pu mal se passer.

Et puis, merde, l'idée me vient qu'ils vont trouver suspect que la voisine du violoniste ait quitté son appartement le jour même du meurtre. Le coup de la malle ne va pas passer inaperçu. Ils en tireront les conclusions qui s'imposent, les Nick Carter de « la Grosse Pomme ». Voudront retrouver dare-dare ces étranges clients si pressés de les mettre quand on zingue leur voisin ! Voilà que je biche les mouillettes dans mon sarcophage. Tu parles qu'elle est facile à repérer, la grosse limousine, avec sa malle qui lui déborde du rectum ! Je me livre à des calculs serrés. Au moment où nous sommes partis, tout était calme. Il se peut qu'on ne trouve le cadavre que tard dans la soirée, ou qui sait même demain ? Elle branle quoi, la Chinoise ? Admettons que le pot aux roses ait été découvert tout de suite après notre départ, il faut un bout de temps pour alerter les perdreaux, qu'ils se pointent, que le bigntz habituel se mette en place, que les investigations gagnent les appartements proches, qu'on s'intéresse au comportement de Lady Keckett et de son gros copain franchouillard, qu'on diffuse le signalement de la limousine... Tu chiffres ça à combien, toi ? Deux heures ? Moins ? Parce que quoi, dis-tu ? Ah ! parce que les flics ricains sont des as, EUX ! Pourquoi tu crois malin d'ajouter ce « Eux », tête de EUX ? O.K. ! admettons que ce soient des fortiches et qu'ils passent le turbo, on peut tout de même compter sur au moins une heure de grâce.

J'évoque la carte des Etats-Unis. Boston est à combien de N.Y. ?

Il faut en tout cas plus d'une plombe en bagnole ; ça roule mollo dans cet immense pays.

Alors prions et attendons.

Cette décision me branche sur Félicie, tu penses bien. Je me dis que je suis une belle ordure de pas l'avoir appelée depuis la chambre de Sa Grâce.

Ça lui aurait fait tellement plaisir, m'man, d'entendre la voix gaillarde de son grand. Bien sûr, je l'aurais chambrée en lui affirmant que tout baignait dans le beurre des Charentes (son préféré), mais n'est-ce pas ce qu'elle attend, après tout ? Chère vieille ! Qui vit pour moi chaque seconde de son existence et que je n'entoure pas suffisamment de tendresse ! Un jour, je paierai tout ça puisque, comme l'a dit saint Machin, on n'est pas riche de ce qu'on a fait, mais pauvre de ce que l'on n'a pas fait ! J'essaie toujours de placer cette devise devant moi : en point de mire. Mais je regarde ailleurs. C'est con, non ? A quoi sert que des types bien aient vécu pour nous si nous ne tenons pas compte de leur enseignement ?

Tu vois qu'on peut être recroquevillé dans une malle et faire un examen de conscience.

Le cadran lumineux de ma Pasha me rend compte de la durée du trajet. J'en suis à deux heures vingt lorsque enfin la limousine stoppe. Un moment supplémentaire s'écoule, puis des bras que je juge musculeux, vu la manière ailée dont je suis arraché de la bagnole, s'occupent de mon transfert. J'entends, à la sonorité des pas, qu'on traverse un hall, puis je perçois qu'on se fait un ascenseur. Nouveau cheminement, ma prison véhiculaire heurte le montant d'une porte. L'une des personnes qui me porte lâche un juron en italien : « *Mortacci!* », ce qui vaut mieux pour moi que de lâcher la malle.

Enfin on me dépose, les deux serrures parallèles jouent, le couvercle est ouvert et une intense lumière blonde m'éblouit.

Une large main, velue de brun, comme exprimerait un écrivain femelle dont j'ai oublié le nom (mais c'est pas grave : personne ne l'a jamais connue) s'offre obligeamment pour démaller le bel homme ankylosé que je suis devenu, avec des fourmis partout, y compris sous les roustons.

On me hisse d'une forte traction et ton bon petit diable jaillit de sa boîte à malices. La première chose que j'aperçois, est une grande photo couleur du Président George Herbert Walker Bush flanquée d'un drapeau américain fiché sur un socle à tube. Mon *first* sentiment c'est que l'éleveur de visons, beau-frère de Lady Keckett, est bougrement patriote. Je constate que je me trouve dans une vaste pièce revêtue de boiseries claires.

Devant une grande baie en arc de cercle se trouve un bureau d'acajou surchargé d'appareils informatiques : cadrans, claviers, écrans. Derrière ce fourmillement évoquant une exposition de la

FNAC, se tient un homme très corpulent, aux cheveux de neige et au teint rougeaud. Il porte un complet bleu, une chemise blanche, une cravtouze à rayures noires et bleues. Il se coltine deux valises à soufflets sous chaque œil et son regard sombre me rappelle celui d'un crotale (de Chavignole) qui me chambrait, un jour, au reptilarium de São Paulo.

Il y a des antipathies qui s'expriment au détour de la vie, d'homme à homme, voire d'animal à homme. Le crotale de São Paulo, appelé aussi serpent à sonnettes because les écailles terminant sa queue, se laissait regarder par des centaines de personnes quotidiennement sans marquer de sentiments hostiles, et puis je me suis arrêté devant lui et on aurait dit soudain que je l'intéressais et qu'il m'en voulait de provoquer cet intérêt. Son regard est devenu d'une insoutenable intensité. J'y lisais une fureur infinie prolongée par une formidable malédiction. J'ai essayé de soutenir ces deux yeux de l'enfer dardés sur moi. Mais quand j'ai compris qu'il pouvait demeurer ainsi jusqu'à la fin de son existence, j'ai rengracié et suis parti, emportant un cruel sentiment de malaise et d'échec.

Tout ça pour t'informer de ce que je ressens face à un bonhomme qui me fait songer audit crotale.

Ma moulinette farceuse s'emballe. Je me dis que ce que je redoutais s'est hélas produit. Dans ma putain de malle je n'ai pas entendu l'arraisonnement de la limousine. J'ai dû prendre cette halte pour un stop de carrefour, ou un engorgement de la circulance. Toujours est-il qu'en fait d'élevage de visons je me retrouve dans le bureau d'un haut fonctionnaire d'où je sortirai inculpé d'assassinat. Ça me pend au nez comme un sifflet de deux sous, comme on dit puis dans mes terres natales du Bas-Dauphiné. L'homme aux cheveux blancs et au regard de vipéridé m'adresse un signe de tête qui peut passer pour un salut, puis me désigne un siège en face de lui.

Il chausse des lunettes cerclées d'or pour consulter le papier étalé devant lui.

— Monsieur San-Antonio, depuis plus de six mois vous êtes directeur de la Police judiciaire de Paris ?

— C'est exact.

— Carrière extrêmement brillante, ajoute-t-il.

— Merci.

Il ôte alors ses besicles, les dépose devant soi et murmure :

— Qu'est-ce qui vous a pris de vous engager dans cette croisade ?

La question me déconcerte ; je la trouve étrange, dans un sens.

— De quelle croisade parlez-vous ? éludé-je-t-il.

— Oh ! non, fait-il avec une grimace d'ennui, on ne va pas sottement finasser. Vous n'êtes pas un voleur à la tire, je ne suis pas un inspecteur de police. J'appelle croisade cette impulsion qui vous a amené à abandonner vos récentes fonctions pour venir aux U.S.A. enquêter sur l'assassinat de J.F.K.

Cette fois, j'en prends plein les moustaches, et même plein les badigoinces.

Il reprend :

— Vous seriez journaliste encore, assoiffé de sensationnel, à la limite je pourrais comprendre. Mais de la part du directeur de la P.J. en personne, voilà qui est inconcevable. Quand bien même, monsieur San-Antonio, il y aurait sur cette déplorable affaire une vérité différente de la vérité officielle, à quoi cela vous avancerait de la découvrir ?

Il croise ses mains et se confectionne une mentonnière provisoire.

— Question de vanité ? Gloriole française ? J'ai peine à le croire de la part d'un homme auquel tout sourit : vous accomplissez une magnifique carrière, vous écrivez des livres qui vous assurent une matérielle confortable, les femmes ne rechignent pas à vous accueillir dans leur lit, Mme votre mère, que vous vénérez, se porte comme un peuplier...

— Un charme, corrigé-je en souriant.

En fait je ris jaune parce que voilà un bonhomme qui sait déjà tout de moi et je ne serais pas surpris s'il citait la marque de mon slip ou mon plat préféré. Toujours est-il qu'une évidence me saute aux yeux : il ne me reste plus qu'à jouer cartes sur table. Je ne suis pas de force, comprends-tu ?

— Vous ne répondez pas à ma question, qu'attendez-vous de l'affaire Kennedy ?

Son regard s'intensifie, à ce stade, celui du

crotale de São Paulo est aussi féroce que celui du bon Tino Rossi quand il chantait *Marinella*.

— Monsieur..., fais-je, espérant qu'il va enfin se présenter, mais je peux toujours aller à la chasse au dahu en attendant !

Les civilités, cézigue, malgré son aspect de gouverneur de l'Alabama, il s'en fait un coussin !

— Monsieur, l'attentat de Dallas remonte à trente ans, ne pourrait-on admettre que cette pénible affaire appartient désormais à l'Histoire universelle et qu'elle concerne de ce fait tous ceux qui s'y intéressent ?

Il est agacé par mon objection. C'est le genre droit-au-but, cézigo. Il fait un bruit d'importuné avec la langue et se lève. Sa silhouette massive se détache devant la baie vitrée. Je m'aperçois qu'il a les épaules un tantisoit voûtées, ce qui le fait paraître encore plus gros, mais cela n'enlève rien à son aspect redoutable.

Il se tourne vers moi brusquement :

— J'aimerais, dit-il, que vous me racontiez toute votre enquête depuis le début jusqu'à ce que vous ayez mis la main sur le foutu message du docteur Garden.

— A quoi bon, soupiré-je, la formulation de votre question prouve que vous avez suivi mes faits et gestes à la loupe.

— Je les ai pris en marche seulement, mon cher. Me manque le début. Et... la fin, naturellement.

Autant lui donner satisfaction.

Avec mon sens de la narration bien connu je

dévide une fois de plus l'historiette. Lui bonnis tout, ou presque...

— Quel dommage qu'on vous ait nommé directeur de la Police, déclare-t-il, vous êtes un homme d'action très rare, monsieur San-Antonio. D'ailleurs c'est si vrai que vous continuez d'agir non pas comme un chef, mais comme un exécutant. Cela dit, vous devez bien réaliser qu'il nous faut ce foutu morceau de ferraille. Si vous voulez mon sentiment profond, je suis archiconvaincu qu'il ne contient aucune révélation nouvelle concernant l'affaire, mais je ne puis néanmoins prendre le risque de renoncer à cette chose.

— Je crains pour vous que vous ne deviez vous faire une raison, réponds-je. Le « message » de Garden se trouve en France désormais. Je l'ai confié hier soir à l'un de mes collaborateurs qui est rentré à Paris via le Canada.

— Vous faites allusion à M. Xavier Mathias ?

— Exact.

Il branche un appareil et fait pivoter un écran vidéo mobile de manière à le placer face à moi. Ils sont très au point (13 au poing) dans ce service, puisque chez eux la vidéo interne est en couleur. Sur l'écran, je découvre un local sans fenêtre, chichement meublé d'un lit, d'une table, et d'une chaise à une place. Je me crois de retour à Alcatraz ! Mathias est assis sur le lit, dos au mur, en train de lire le *Financial Time*.

Ainsi donc il s'est fait alpaguer en un temps record, ce grand glandu ?

J'adresse une courbette complimenteuse à mon vis-à-vis.

— Quand comprendrez-vous que vous n'avez plus les moyens de nous bluffer? soupire ce dernier. Vous êtes dans une nasse, vous et vos zélés auxiliaires. M. Mathias ne possède pas la plaque métallique et ignore où elle se trouve. Il a subi un test de vérité et nous a appris que vous aviez dissimulé l'objet avant de le rejoindre au *Meridien.* Si vous ne nous remettez pas ce foutu message de plein gré, vous passerez par cette délicate épreuve, vous aussi. Ensuite nous vous relâcherons et les Fédéraux ne tarderont pas à vous appréhender pour le meurtre de Tumor Mémich.

Décidément, il sait tout, ce gros saligaud.

— Je ne l'ai pas tué, réponds-je, le plus sobrement possible.

— Je m'en doute, mais vous aurez du mal à en convaincre la police d'abord, la justice ensuite. De toute façon, nous veillerons à ce que la chose fasse scandale en France. Votre carrière sera interrompue net, monsieur le directeur. Déshonneur en fanfare ; la France sera trop petite pour que vous puissiez y cacher votre honte !

— Charmant programme ! admets-je en m'efforçant de sourire.

Là-dessus, la porte s'ouvre et Lady Keckett entre dans le bureau, sans frapper, en familière des lieux. Elle ne m'accorde pas un regard et s'approche du *Big* aux crins blancs.

— La situation se débloque, Harry ? demande cette chère femme.

— Doucement, répond Harry qui ajoute : de

toute manière, elle ne peut pas ne pas se débloquer !

Je défrime la rouquine avec une pointe d'admiration. La salope ! Comment elle nous a enveloppés dans du papier de soie, dis donc ! Pourtant je suis du genre suspicieux. Mais là, cette bouffeuse de pafs m'a eu avec sa folie sexuelle et sa hantise du Sida. Te nous a composé un personnage haut en relief que je ne suis pas près d'oublier et — je pense — Bérurier non plus...

— Je suppose que nous ne sommes pas à Boston ? fais-je au « regard de crotale mal réveillé ».

— Effectivement. Vous êtes à Washington.

— Alors, si vous voulez récupérer la plaque d'alu, il va me falloir retourner à New York.

— A quoi bon vous infliger ce nouveau transport, monsieur le directeur ? Où qu'elle se trouve, vos indications suffiront pour que nous remettions la main dessus.

— N'en croyez rien. Moi-même, je vais avoir quelque mal à la dénicher.

Il fronce le nez.

— Arrêtez vos conneries françaises, San-Antonio, je sens que je vais perdre mon sang-froid, et cela m'arrive rarement. Vos entreprises scoutes ont fait long feu et le temps presse. Je ne souhaite pas aller jusqu'à l'irréparable avec vous et vos deux types, mais si vous continuez vos putains de simagrées, je pressens que votre voyage aux States va s'achever par un terrible accident de bagnole. Nous possédons dans le Service un spécialiste qui réussit les meilleurs du continent américain. Son gag, c'est les piles des ponts autoroutiers. Il attache ses passagers avec des liens de chanvre avant de les arroser d'essence, ainsi que l'habitacle de la bagnole. Il connaît des autoroutes de dégagement où il ne passe que peu d'autos. Lorsque la voie est libre, il lance son véhicule contre une pile et saute avec brio, en grand cascadeur qu'il est. Tout crame, à commencer par les liens. On vous rapatriera dans des cercueils d'enfant qui seront encore trop grands pour vos restes.

Le salaud a lâché sa hargne. Il est rare que les gros soient bilieux comme ça !

La fausse Lady Keckett se tient tout contre lui et lui masse la nuque, ce qui est bon pour les atrabilaires. Je pige que (bon Dieu, mais c'est bien sûr !) il se l'embourbe, la rouquemoute, Harry. Une réchaudière de ce calibre, c'est une affaire à emballer !

— Compliments pour vos méthodes radicales, plaisanté-je. Laissez-moi parler au lieu de vous énerver comme un morbac qui vient de se fourvoyer dans la culotte d'une centenaire. Tenez, on va jouer au jeu des devinettes. Vous êtes un étranger traqué dans New York, vous avez une plaque métallique de la dimension d'une carte postale à cacher. Attention : il s'agit d'une cachette SÛRE. Que faites-vous ?

Un instant, je pense que son irritation va aller croissant, mais sont-ce les attouchements savants de la mère Lady qui le mettent en condition apaisante ? Voilà qu'il accepte le jeu.

— Il y a la possibilité de la confier à un ami ?

— Je n'ai pas d'amis ici.

— Alors je ne vois que deux possibilités : l'expédier par la poste ou la déposer dans une consigne.

— Une chose qui revêt un intérêt presque plané taire, vous la jetez dans une boîte aux lettres, Harry ?

Ça ne le trouble pas que je l'appelle par son prénom. Ici, c'est la coutume : sitôt que tu fais la connaissance de quelqu'un, au bout de cinq minutes, vous vous appelez par vos préblazes.

— Quant à la consigne, mon pauvre ami, c'est une cache vieille comme le film policier ! Vous êtes tributaire du temps et d'une clé, si bien qu'en aucun cas je n'appellerais cela « une bonne cachette ».

— Vous avez trouvé une autre solution meilleure ?

— Plusieurs.

— Qui sont ?

— Eh bien ! je me suis rendu chez un habilleur de Times Square ouvert la nuit pour y acheter une veste. Dans la cabine, j'ai décousu la doublure du vêtement, j'ai logé la plaque dans une basque du veston, puis j'ai recollé la doublure, disposant continuellement d'une colle surefficace. J'ai dit à la vendeuse que je prenais la veste mais que, n'ayant pas ma carte de crédit sur moi et très peu d'argent, j'allais verser cinquante dollars pour qu'elle me la mette de côté. Elle a accepté et a même consenti à me délivrer un reçu où étaient mentionnées les références de ce vêtement.

— Ingénieux ! complimente la môme d'Al Capote.

— Une fois dehors, reprends-je, il m'est venu une meilleure idée. Seulement, cette idée-là, y a qu'à New York qu'il est possible de la réaliser. Alors je suis retourné prendre ma veste, en alléguant qu'un ami venait de m'avancer l'argent. J'ai affrété un taxi piloté par un Noir en lui demandant de me conduire à Harlem. Je ne sais pas s'il vous arrive d'arracher votre gros cul de votre grand fauteuil, Harry, et de vous rendre parfois à New York, mais je suis convaincu que, dans l'affirmative, vous ne levez pas votre petit doigt boudiné pour aller à Harlem.

« C'est un quartier qu'on dit dangereux. Il le fut, il l'est un peu moins si on sait faire la part du feu. Vous n'ignorez pas qu'un grand nombre d'immeubles sans locataires ont été désaffectés en attendant qu'on les restaure ou les démolisse. Les façades sont aveuglées par des briques ou des planches ; portes et fenêtres étant condamnées, les squatters ont été contraints de vider les lieux, à l'exception de quelques obstinés qui parviennent à creuser des brèches pour faire leur terrier dans ces masures. Je me suis fait déposer près de l'*Apollo,* parce qu'il constitue un point de repère facile, puis j'ai erré dans les alentours jusqu'à ce que je trouve ce que je cherchais, à savoir un vieil immeuble muré.

« Quand j'ai eu jeté mon dévolu sur l'un d'eux, je me suis débrouillé pour le forcer sans me faire remarquer. Déterminer une cachette à l'intérieur a été un jeu d'enfant car je n'avais que l'embarras du choix. Vous comprenez à présent pourquoi je vous dis qu'il me faut en personne me rendre là-bas ? J'aurais beau vous fournir un maximum de précisions, je ne parviendrais pas à vous téléguider convenablement car il me faut RETROUVER l'endroit. Les indications les plus serrées que je vous fournirais de mémoire vous contraindraient à remuer une partie du quartier avant de trouver l'aiguille dans cette meule de foin. »

Mon interlocuteur passe sa grosse main aux ongles carrés sur ses joues teintées de couperose.

— O.K., murmure-t-il. O.K., vous allez y retourner, mon vieux. Accompagné, naturellement ! Mais pas d'entourloupes surtout, sinon vos deux bonshommes risqueraient de mourir dans un accident de la circulation !

16

PRÊCHEUR D'ISLAND (1)

Je te parie une chanson de carabins contre une chanson courtoise de Conon de Béthune que c'est un féministe convaincu, le gros Harry. Déjà, qu'il eût dépêché dans le circuit la fausse Lady Keckett constituait une sérieuse indication, mais quand je vois ce qu'il m'attrique comme « gardes du corps », mes ultimes doutes s'envolent. Deux gonzesses, mon pote ! Pour la première fois de ma carrière me voilà placé sous l'étroite surveillance de mousmés, exclusivement. Une Noire, une Jaune.

La Jaune, si tu insistes, je peux t'en faire cadeau (bien que sa bouche arrive pile à la hauteur de ma braguette) car, franchement, elle n'est pas jojo. Le pot d'échappement plus bas que sur la nouvelle Lamborghini, les cannes torses, la face plate, les yeux en trou de zob et pas visibles à l'œil nu, la bouche si mince et si minuscule que pour prendre sa température par voie buccale, elle est obligée d'oindre de vaseline son absence de lèvres. L'uni-

(1) Chapitre dédié à Pierre Loti.

que attrait de cette fille (pour les amateurs), c'est son énorme poitrine vaste comme le pont du porte-avions *Clemenceau,* si cher à mon ami Renaud.

La Noire, par contre, ô pardon, attention les yeux ! Le mot « beauté » est trop fastoche, trop galvaudé. Viens reluquer la petite grand-mère et t'auras les glandes ébouriffées. Elle me rappelle notre driveuse de Los Angeles, en plus éclatant encore. Elle est teinte en blond et ça lui donne un aspect irréel. Cette gonzesse, elle marnerait pour un grand couturier parisien ou romain, au lieu de fonctionner pour un gros con, à assurer d'obscures et basses besognes, y aurait son portrait dans tous les luxueux magazines de mode ! Je sais pourquoi elle est blonde (et défrisée, œuf corse) : ses yeux sont vert émeraude.

Harry me les présente en ces termes :

— Miss Victoria (c'est « Fleur-de-Chrysanthème ») et Miss Lola (c'est la déesse d'ébène). La première, monsieur San-Antonio, a deux spécialités parmi tant d'autres : elle est championne de karaté et reine du lancement du couteau. Elle est capable de transpercer un as de cœur à vingt-cinq mètres. La seconde, quant à elle, est championne de tir au pistolet : dix sur dix en précision, dix sur dix en rapidité. Vous voulez montrer à monsieur, Lola ?

Pauvre ami ! T'as le temps de rien voir. Tu te demandes si elle a seulement remué ! Et pourtant la voilà avec un flingue en pogne ! De la haute performance. Si César Muguet, notre moniteur de tir voyait ça, il réclamerait sa retraite anticipée et irait fourguer son Colt au marché aux Puces !

— Joli, non ? me demande implicitement le Gros-sac.

— On croit rêver !

— Vous voilà donc informé, mon cher.

— Un homme inverti en vaut deux, renchéris-je. Prenez bien soin de mes deux bébés en mon absence.

— Soyez tranquille ; d'ailleurs votre absence sera brève. Il ne s'agit là que d'un aller-retour.

Fectivement, c'est en avion que nous quittons Washington. Un petit Jet de six places, blanc comme un pot de yaourt. Il nous attend sur un terrain d'aéro-club au nord de la ville. On s'embarque. Derrière le pilote se tient la Japonaise, face à moi, les sièges étant disposés latéralement au coucou. La sublime Noire s'assoit à mon côté. Détail impressionnant : ma ceinture de passager comprend un verrouillage supplémentaire qui s'actionne avec une clé que la môme empoche. Elle porte un ensemble de cuir beige à col de fourrure et croise ses admirables jambes : oh que ça fait mal ! La Japonaise est plus modestement fringuée d'un jean fatigué et d'un blouson vert pisseux qui s'harmonise avec son teint.

Dans le pâle soleil, je vois luire la Maison-Blanche, au loin, et bientôt nous survolons l'immense cimetière d'Arlington où une flamme brille sur la tombe de J. F. Kennedy !

Sacré Johnny ! Il m'en fait voir, celui-là ! C'est vrai, ça, il a raison Harry : quelle mouche m'a piqué pour que je me mette à guerroyer ainsi dans le fol espoir d'élucider le mystère de sa mort ? C'est pas mes oignons. Et puis, de toute manière, le passé s'est refermé sur son destin. Ils lui ont fait craquer le couvercle, au fringant Président, et il est redevenu poussière. Qu'importe maintenant que ce soit Pierre, Paul ou Jacques qui l'ait dessoudé au côté de sa gonzesse, laquelle a eu un veuvage exemplaire sur le yacht du père Onassis. La vie, bordel, tu parles d'une rigolerie ! Pourtant, je m'attache à contempler la tombe, là-bas, avec sa loupiote du souvenir... Souvenir mon cul, Mister Président ! Des marchands de cacahuètes et des cow-boys de cinéma vous ont poussé dans l'oubli. Ne subsiste plus de vous que l'image de votre tronche éclatée, celle aussi de votre gente dame cherchant la sortie de secours de l'Histoire à quatre pattes sur le coffre de la Lincoln. C'est cela, en réalité, « se faire la malle » !

Et pendant ce temps, votre frangin s'apprêtait à faire boucler Alcatraz.

Tout s'enchaîne bien, merci.

Le réseau (que je devine occulte) du Crotale est bien organisé. C'est sur un autre aéro-club que nous nous posons en souplesse. Une tire nous attend au pied de la passerelle. On ne perd pas de temps.

Le chauffeur est un Noir, comme celui du taxi que j'avais choisi pour m'emmener à Harlem. Futile précaution, d'esprit très français. Comme si des malandrins noirs allaient se dispenser de m'arraisonner parce que mon chauffeur est un *colored !*

La Jaune s'assied près du conducteur, la Noire près de moi. Cette dernière murmure :

— Le patron vous a prévenu, n'est-ce pas ? Soyez persuadé que Victoria et moi nous nous tiendrons sur nos gardes jusqu'à ce que nous soyons de retour dans son bureau, tous les trois.

— Vous faites partie d'une chorale, j'espère ? demandé-je en forme de réponse (si j'ose dire).

— Pourquoi ?

— Vous possédez une voix irrésistible ! Je vous imagine, le dimanche matin, à l'église, dans un quartier noir du district de Columbia, vêtue d'un tailleur bleu marine et coiffée d'un chapeau rouge, genre capeline, chantant un de vos merveilleux cantiques tel que *Ô Jésus, Ta gloire est infinie.*

Elle ne répond pas, mais je pense qu'elle sourit intérieurement.

La Japonouille, illico de la ramener :

— On va nous conduire devant le music-hall *Apollo,* nous quitterons cette voiture et ce sera à vous, dès lors, de nous guider.

Jalouse ! Ah ! ce qu'elles sont chiantes, les mochetés. Tu crois qu'elles tenteraient de se faire pardonner leur laideur par des assauts de gentillesse ? Fume ! Elles pissent du vinaigre et chient du poivre moulu, comme dans la chanson.

On traverse des banlieues chiantes avec des alignées de petites maisons merdiques qui se tiennent par la main le long des routes. Des pubes tellement vieilles qu'elles raviraient le génial Séguéla. Si j'avais pas de boulot, c'est avec ce mec-là que j'irais travailler. Tu verrais ce qu'on dépoterait comme trouvailles, les deux ! On aurait « la force tranquille », espère !

On passe devant l'aéroport La Guardia. Bientôt ça épaissit et la banlieue devient grouillante. On attaque Harlem par le fond, si l'on peut ainsi s'exprimer (et on peut : qu'est-ce que je fais en ce moment ?). C'est chaque fois une émotion pour moi de débarquer dans cette métropole occidentale peuplée de Noirpiots. La négrillade ! Un des plus grands crimes de l'humanité. Mais t'as vu leur vengeance, aux *colored ?* « Vous nous volez à l'Afrique ? O. K. vous nous aurez ! » Et les voilà à limer comme des fous, les chers esclaves ! Tel qui rit de Vendredi, dimanche pleurera ! Tu parles s'ils y sont allés à la ramonade, les surbraqués ! Pas feignasses du coup de reins ! Grand match Oncle Sam contre Oncle Tom, arbitré par Oncle Ben ! Et qui est-ce qui l'a dans le prose ? L'Oncle Sam ! N'était pas de force, le vieux con au gibus étoilé. Un Ricain, c'est quoi, si tu réfléchis ? Du Rosbif et de la Batavia mélangés. Un buffet froid, en somme ! Note qu'ils vont commencer à se fortifier grâce au sang noir qui se met à circuler dans leurs tuyaux. Un jour, quand ils seront tous café-au-lait, t'auras enfin un peuple valable.

Du temps que je débloque, on est arrivés devant l'*Apollo*. Je demande au chauffeur de conduire jusqu'à la seconde rue et de s'y engager si le jeu des sens interdits le permet.

C'est possible. Je reconnais illico « mon » immeuble. Il est haut d'une dizaine d'étages, sa façade noire est sinistre car on a muré les orifices en cimentant des briques. La désolation, je te dis ! Autrefois, il y avait un commerce en bas : une blanchisserie ! A Harlem, c'est foutral, non ? Le rideau de fer gondolé est baissé, rouillé, et un artiste de la rue a peint dessus un paysage représentant Haïti sous la neige !

Je demeure perplexe en constatant qu'on a déjà obstrué la brèche m'ayant permis de pénétrer dans la bâtisse. Ne perdent pas de temps. Doit y avoir un service de surveillance, payé par les propriétaires, qui veille à la non-squattérisation de leurs tas de pierres.

Je dis à mes gardiennes ma déconvenue :

— Il y avait un trou dans cette fenêtre hier, et il a été rebouché aujourd'hui.

La Jaune reste impavide. Fait un pas, vite, en direction de la porte. Elle s'arc-boute sur ses jambes Louis XV, décrit des moulinets avec son bras en aile atrophiée de manchot, pousse un cri sauvage et balance son petit poing dans le mur de briques. Si tu ne me crois pas, va te faire mettre (et je sais que tu iras par plaisir), mais un trou béant se fait dans la sommaire cloison. Elle agrandit l'ouverture à coups de talon cette fois et pénètre dans l'immeuble achevant de mettre en fuite une horde de gaspards. Elle prend une forte torche électrique dans son sac-giberne et éclaire les lieux désolés. Sinistros. T'as une entrée décrépite avec, à gauche, une cage d'ascenseur sans cabine qui bée sur le vide ; son câble inutile pendouille dans le puits sombre. Au fond : l'escadrin.

— Entrez ! m'enjoint Lola.

J'obéis ; elle me suit. Au froissement que je perçois, je n'ai pas besoin de me retourner pour savoir qu'elle vient de dégainer son outil de travail.

— Où est-ce ? questionne la Japonaise.

— Deuxième étage !

Nous nous engageons dans l'escalier. Nos pas résonnent comme tu ne peux pas savoir, écrirait la marquise de Sévigné si elle vivait encore. A chaque étage les portes des appartements ont été récupérées et ces vides en grappe accroissent l'intensité de l'écho.

Premier niveau... On monte toujours. Second !

Je me rappelle avoir pénétré dans le logement du fond. Il se composait de trois pièces à la belle époque. Je suis allé cacher la plaquette dans ce qui fut la cuisine. Il y avait une fissure, au niveau d'un conduit d'aération, c'est là-dedans que j'ai glissé cette bordélique plaque d'aluminium. Pour la « ravoir » comme dit ma femme de ménage, il me faut utiliser mon couteau helvète.

J'explique la situation à mes « dragonnes ». De nouveau, l'Asiatique agit. C'est Miss Je-suis-partout, décidément. Elle s'agenouille pour récupérer ce qui a fini par acquérir force de document secret.

Je me dis que si le facétieux avait écrit là-dessus : « Merde à celui qui le lira », ça serait une bonne chute ! Mais t'aimerais pas : bien trop cartésien, tu penses ! Il te faut du concret. T'ingurgites n'importe quelle culterie ricaine à la téloche, des choses que je mourrais de honte si c'était mon cousin Gaston qui les ait commises. Mais toi, du moment qu'on te dit à la fin « C'est l'antiquaire qui a tué sa concierge, laquelle l'avait surpris en train de sodomiser le facteur des recommandés », t'es joyce.

Elle a déjà saisi, à l'aide d'une pince à épiler (qu'est-ce qu'elle peut s'épiler, elle est lisse comme ma montre ?) le coin de la plaque quand un remue-foyer se fait dans l'immeuble. Cavalcade forcenée dans la cage d'escadrin. Victoria s'est levée d'un bond. Surgissent alors quatre Noirs plus tibulaires encore que ce que tu peux imaginer. Des jeunes, des colosses, cheveux coiffés à la Hun, baskets, jeans, blousons de cuir à même la peau : l'uniforme, quoi ! L'un d'eux a un couteau, les trois autres des barres de fer. Ils rigolent à pleins crocs dans le faisceau des lampes.

— Bienvenue au club ! lance le zig au ya.

Un autre déclare :

— Y a une chouette gonzesse ; c'est moi qui la tire en premier ! La Jaune est moche, c'est Sammy qui va se la faire et Bob va se payer le mec qui est beau gosse !

C'est flatteur, non ? Tu vois que je ne vante pas quand je te raconte que j'ai un succès fou, tout azimut.

Lola entre en piste. Elle brandit son feu et ordonne :

— Foutez le camp, les gars, y a maldonne !

L'ennui c'est que, nos loupiotes se trouvant braquées sur les cosaques, l'arme se trouve dans l'obscurité et comme elle est noire ils ne peuvent la voir. Le garçon au couteau a le crâne rasibus avec juste une brosse à habits sur le dessus du dôme.

— Qu'est-ce que tu dis, connasse ? Tu donnes des ordres ? Défringue-toi tout de suite et pompe mon nœud pendant que Bob t'enculera, il adore ça !

Moi, si je te disais qu'il m'énerve ce grand gourou constellé de cicatrices. Alors, poum ! voilà l'Antonio en exhibition ! Coup de pied sur sa main qui tient l'eustache ; l'arme choit. Je lui colle une manchette à la glotte et il va rejoindre son lingue sur le sol en produisant des gargouillis comme l'estomac de Béru quand il s'est par trop gavé de tripes à la mode de Caen.

C'est aussitôt le rush des archers aux barres de fer.

Alors là, tu verrais quelque chose d'inoubliable si tu étais à mon côté au lieu de péter dans le plumard de ta bonne femme que t'as même plus le courage de baiser ! Mais t'as raison : vaut mieux bouquiner ce livre, c'est plus jouissif.

L'Asiate vient d'entrer en scène et, du coup, ce sont les punks qui rient jaune. Ce décrassage, mon pote ! Ah ! je comprends que le papa Harry ne jure que par elle ! Les pales d'un mixer, l'aminche ! T'as pas le temps de mater, ça dégrinole tout seul, tu perçois juste le bruit des horions et la chute des barres de fer sur le sol.

En moins de jouge, voilà les quatre mecs au tapis, soit allongés, soit à genoux, soit encore assis. Ils secouent la tronche comme si une guêpe leur butinait les cages à miel.

— *Go out!* gueule la Japonouille. *Quick!*

Le quatuor (de sac et de cordes) se traîne jusqu'au couloir, escorté par la petite houri (1).

Ils refluent jusqu'à l'escalier. J'entends la voix acide de Fleur-de-courgette qui déclare :

— Si vous revenez, même avec des renforts, on vous fera éclater la gueule à tous!

La bande se casse sans insister.

La démarche menue de la lutteuse ne fait presque pas de bruit, malgré la réverbération.

J'ai ramassé sa torche tombée et lui place la lumière dans les carreaux.

— Vous avez été extraordinaire, assuré-je tout en lui administrant un magistral coup de crosse à la tempe.

Championne de judo et de tout ce que tu voudras ou non, elle s'écroule sans proférer le moindre son. C'est silencieux dans l'âme, un Asiatique. Maintenant, moi qui te connais comme si ta mère m'avait fait, tu vas me dire : « C'est bien beau d'assommer la Jaunette d'un coup de crosse, mais où as-tu pris l'arme, gros madré ? » A quoi je répondrai : « C'est le pistolet de Lola,

(1) De nos jours, une houri est une mégère. Initialement, il qualifiait une vierge ou une très belle femme!

voyons. » Et ta pomme, dur à satisfaire, d'insister : « Comment est-ce que tu te l'es procuré ? »

Ce qui m'amène à t'expliquer que, pendant que Victoria (la reine... du judo) faisait le ménage avec les punks, j'ai chiqué au gars enamouré auprès de la superbe Noire (ne venais-je pas de la débarrasser de l'homme au méchant couteau ?) et avec une fulgurance digne de Papin (1) lui ai placé un monstre coup de boule entre les carreaux qui l'a affalée comme une vieille voile. S'emparer de son feu a été un jeu d'enfant (de salaud).

Et maintenant, les indomptables du gros Harry gisent sur le sol cradoche recouvert de gravats, de très vieilles merdes séchées et de papiers ignominieux. N'a pas fallu longtemps à Mister Sana pour se défaire des deux amazones malgré leur réputation d'invincibilité. Conférence au sommet d'urgence. Je peux profiter de l'embellie en récupérant le texte de Garden et en m'évaporant. Seulement papa Harry n'aimerait pas ça et ferait payer mon entourloupe à mes deux coéquipiers chéris. Si un jour il meurt étouffé, le Crotale, ce ne sera pas par des scrupules.

La voix de mon petit lutin intime se met à chuchoter des trucs à l'oreille de mon subsconcient. Comme il a toujours été de bon conseil, je lui obéis.

(1) Je ne fais pas allusion à celui qui a découvert la force élastique de la vapeur, mais à celui qui n'a pas inventé l'eau chaude.

Notre chauffeur noir attend, un peu plus loin, adossé au capot de sa tire. Il fume un cigare qui pue comme l'incendie des abattoirs. Sa fumée âcre, poussée par la brise en provenance de l'East River, m'emplit les narines, me donnant envie de tousser...

Je lance un coup de sifflet de trident (Béru dixit). Ça se fait beaucoup aux States, le coup de sifflet. J'ai vu des dames en vison qui se filaient deux doigts dans la bouche pour héler un bahut.

Le grand brun se retourne et je lui fais « *come in* » avec la main. Il porte une tenue qui pourrait passer pour militaire : pantalon et blouson en gabardine beige. Il vient à moi, d'un pas alerte.

— Ces demoiselles vous réclament, lui dis-je : elles ont besoin de vous.

Je le précède dans l'escalier et, au lieu de m'arrêter au second, je continue d'ascensionner jusqu'au terminus de l'immeuble, ce qui vous en met plein les pattounes : dix étages, à la tienne !

D'une allure déterminée, je pénètre dans un des logements. Le chauffeur me suit toujours, sans méfiance. Je m'efface pour le laisser passer. Il passe. Manque de trépasser du solide coup de crosse que je lui administre. Ne me reste plus qu'à le ligoter solidement, usant pour cela de ses lacets de souliers, de sa cravate et de son tee-shirt. A la fin, j'enfonce l'une de ses chaussettes dans le clapoir afin de le dissuader de crier. J'espère qu'il a les pinceaux propres ? Dans l'obscurité, je me rends pas compte.

Les frangines, c'est avec leurs collants que je les

ai entravées. Et également avec leurs ceintures et leurs soutien-loloches. A la fin c'est pas triste comme spectacle. La Noire en petite culotte blanche, les seins nus, c'est de la grande émotion qui te flanque un courant à haute tension dans la membrane chercheuse. Cette fille, après l'avoir tirée quatorze fois, tu te relèverais la nuit pour la sauter une quinzième !

La rue morte, à peine éclairée par des lampadaires trop espacés, te permet toutes les audaces, aussi prends-je mon temps pour installer ces deux gentilles demoiselles dans l'immense coffre de la Chevrolet. Elle est si vaste, cette malle, que la Japonaise y tient en long, sans devoir replier ses jambes.

Ce qu'il y a de chiant dans la vie moderne c'est qu'on est toujours talonné par le temps. On veut faire entrer le maximum d'actes dans un minimum de durée.

Là, je me dis :

« Dans combien de temps le gros Harry va-t-il commencer de mouronner dans son beau burlingue de Washington ? Avait-il convenu avec ses gonzesses qu'elles lui téléphoneraient sitôt qu'elles seraient en possession de la plaquette ? Si oui, la marge n'est pas grande : d'ici une plombe il se remuera le cul, l'Enflé. S'il attend, par contre, notre retour dans la capitale fédérale, alors j'aurai, comme dirait Son Obésité Béru « un lapsus de temps » d'à peu près trois heures. Insuffisant pour gagner le Canada par la route et je prendrais un risque extravagant en passant la frontière avec ces deux pépés à demi nues dans mon coffre. Non, mon Tonio, ne rêve plus. Tu dois jouer ce coup avec les moyens du bord et le jouer très vite. Après tout, t'es génial, non ? »

Imagine un clébard en train de gerber dans le pavillon d'un hélicon basse pendant qu'on en joue et t'auras une idée approximative de ce qu'est la voix d'Harry à cinq plombes du mat'.

— Je vous réveille, mon père ? m'enquiers-je aimablement.

— Qui êtes-vous ? grommeluche le Crotale.

— Ben, San-Antonio. Qui voulez-vous que je sois ?

Ça paraît l'asphyxier un brin. Mille questions lui grenouillent la pensarde ; il parvient à en émettre une.

— Comment avez-vous eu ma ligne secrète ?

— Par vos girl-scouts, mon cher vieux. Vous savez, quand vous voyez écrit ces deux mots : « femme » et « secret », cherchez l'intrus !

— Où êtes-vous ?

— En lieu sûr. Mais dites donc, vous fonctionnez au gin ou au bourbon ? Votre voix fait songer à une bassine pleine de nouilles qu'on renverserait dans un escalier.

— Arrêtez de faire le malin et passez-moi Victoria !

— Elle n'est pas en mesure de répondre, non plus que la belle Lola.

Il manque dégobiller ses vieilles amygdales poreuses, ce gros con.

— Attention ! beugle-t-il, attention ! J'ai deux mecs à vous !

— Et moi deux gonzesses à vous, Harry. On pourrait essayer de les accoupler pour leur faire faire des petits ? Je suis pour le croisement des races.

— Espèce de...

— Laissez ces points de suspension en place, Harry, je suis un haut fonctionnaire du gouvernement français, m'insulter créerait un incident diplomatique, car tout ce que nous sommes en train de nous dire est enregistré.

Il gronde comme un dogue affairé gronde sur sa pâtée quand un roquet de passage vient lui respirer le dargiflard.

— J'ai un chouette marché à vous proposer, Harry. Il est simple comme l'œuf de Christophe Colomb, le type sans qui vous seriez irlandais ou teuton à l'heure qu'il est.

— Quel marché ? demande mon terlocuteur qui paraît un peu moins ivre qu'il y a un instant.

— Vous rentrez chez vous, vous prenez un bon bain, vous buvez deux litres de café fort et vous allez chercher mes copains. Ensuite vous rappliquez tous les trois à New York, au consulat général de France. Vous me rendez mes pieds nickelés, moi je vous rends vos pétasses, lesquelles, entre nous soit dit, sont plus fortes en esbroufe qu'en efficacité. Ça, c'est la première clause du marché, mon gros. Ce cérémonial de l'échange d'otages une fois réglé, nous nous installons à une table vous et moi, en tête à tête, et on dessertit la plaque d'aluminium du docteur Garden. J'en prends connaissance et je vous la remets à titre définitif. Pesez bien cette proposition, Harry, elle est vachetement crémeuse pour vous. En agissant ainsi, certes je saurai la vérité, si tant est qu'elle s'y trouve, mais sans en avoir la moindre preuve. S'il me prenait la fantaisie de la révéler, elle passerait pour une hypothèse supplémentaire. Cela dit, je ne veux chercher aucune noise à l'Amérique ni aux Américains. En France, nous avons pris la saine habitude de nous lancer dans des guerres que vous êtes obligés de finir pour nous, j'ai la reconnaissance du sang !

Il m'écoute sans piper, je ne perçois même plus son grognement de bulldog.

— Vous êtes toujours là, Harry ou vous dormez ?

— Je réfléchis.

— C'est bon signe, la réflexion étant le meilleur remède contre l'impulsion, toujours fâcheuse.

Au bout d'un moment, il demande :

— Ainsi le consulat de France détient des citoyennes américaines contre leur gré ?

La vache ! En voilà un qui ne perd pas les pédales facilement.

— N'essayez pas de me contrer sur le plan de l'illégalité, ni de créer un incident diplomatique, vieux filou. Non, les autorités françaises de New York n'ont aucun comportement illicite, voire inamical envers les Etats-Unis d'Amérique.

— La conclusion que j'en tire est double, déclare ce retors. Cela signifie, soit que mes filles séjournent chez les Français de leur plein gré, ce dont je doute, soit qu'elles se trouvent ailleurs, ce que je crois...

— Et alors, ça changerait quoi qu'elles séjournent ailleurs ?

Il repique sa rogne, le Crotale. Son regard reptilien doit distiller de la haine pur fruit.

— Ça changerait que je ne vais pas me pointer avec vos deux gugusses sans avoir mes filles en échange, gros malin !

Je lui glisse un soupir de souffleur de verre dans le conduit auditif.

— Dites-moi, Harry, vous est-il arrivé une seule fois, au cours de votre lamentable vie, d'avoir confiance trente secondes en quelqu'un ? Je parie que vous avez dû faire analyser le lait de votre maman avant de téter son sein, de peur qu'il contienne des toxines. Réfléchissez un peu que le consulat de France de New York est situé sur le territoire des U.S.A., je ne suis à l'abri qu'à l'intérieur. Sitôt son seuil franchi, vous pouvez me faire alpaguer à votre convenance. Or, je n'ai pas l'intention de passer des années dans cette taule, à l'image du cardinal de Pologne qui est resté je ne sais plus combien de temps placardé à l'ambassade U.S. de Varsovie ! Nous traitons un marché. Et c'est quoi un marché ? Une convention qui satisfait deux parties. Rengainez vos rapières et retrouvons-nous comme je l'ai dit ; faut en sortir, non ?

Soudain, il est détendu. Et sais-tu pourquoi,

Eloi ? Parce qu'il vient de se déterminer. Choisir, souvent, c'est se libérer.

— O.K. ! fait-il. O.K. ! Je marche. Mais dites-vous que si ça foire, votre mère risque d'avoir un gros chagrin.

Là-dessus, il émet un hoquet de poivrot qu'il avait eu du mal à contenir jusque-là.

17

LA BAISE DE CASTRO (1)

La France, on dira ce qu'on voudra, par exemple qu'elle n'a plus de positif que ses fromages, ses vins et ses parfums, bon, je veux bien. Mais tu peux ajouter aussi ses diplomates. Partout, à l'étranger, quand j'ai eu besoin d'aide, j'ai pu compter sur les mecs du Quai, n'importe leur coloration politique. Ils se sont toujours mis en quatre pour m'aider. Le consul général de France à Nouille York ne faillit pas à la tradition. Ma qualité de directeur de la P.J. me vaut d'être reçu immédiatement. Un homme bien : jeune, élégant, chaleureux. Sans entrer dans le vif du sujet, je lui explique que j'ai des démêlés avec une branche occulte de la C.I.A. La situation est explosive : ces vilains tiennent deux de mes collaborateurs en otages, et moi, en revanche, je dispose de deux de leurs agentes, lesquelles se trouvent présentement saucissonnées dans le coffre d'une voiture « empruntée ». Il me faut trouver une planque plus confortable et de toute sécurité pour ces

(1) Chapitre dédié à Henri Beyle, dit Stendhal.

belles et pour moi en attendant qu'il soit procédé à un « échange ».

— Il est évident, monsieur le consul, conclus-je, que vous ne pouvez pas séquestrer deux fonctionnaires américaines que j'ai kidnappées, sans douceur je le reconnais, mais auriez-vous un « conseil » à me donner ?

Il a un visage agréable, au regard pétillant.

Il pince le bout de son nez entre le pouce et l'index, puis, saisi d'une idée subite, décroche son interphone et appuie sur une touche.

— Enzio ?

— Oui, monsieur le consul.

— Venez !

Et Enzio est venu.

C'était un gus qui ressemblait à Travolta à l'époque des griottes. Basané, velu, coiffé en arrière à la gomina. Il devait s'en déflaquer des kilos sur la tronche car sa chevelure lui composait une espèce de casque noir qui brillait comme la lignite à la lumière des lampes.

Il regardait certainement la télé au moment de l'appel car son regard sombre semblait avoir été malaxé par les images de la foutue lucarne.

— Vous dormiez ? lui a demandé mon interlocuteur.

— Non, monsieur le consul : je regardais la boxe à la télé...

On lui avait cassé son coup avec cet appel, mais il ne paraissait pas nous en vouloir.

— Comment va la Petite Italie (1) ? a demandé le consul.

Enzio a fait une triste moue :

— Elle rétrécit de plus en plus, monsieur le consul : Chinatown la grignote.

— Il vous reste tout de même des amis, là-bas ? J'entends des amis... sûrs.

— Naturellement, monsieur le consul.

— En ce cas, je vous confie ce monsieur qui a un problème à résoudre et qu'il m'est impossible d'aider, malgré les hautes fonctions qu'il exerce à Paris... Assistez-le de votre mieux, Enzio.

— Certainement, monsieur le consul.

Ça s'est passé comme je te le dis.

Enzio, je ne sais pas trop ce qu'il maquillait au consulat de France, ce flambant Rital ; quelque chose me chuchote (mon lutin ou mon petit doigt) qu'il savait se rendre indispensable. Ça se voyait grand comme une enseigne de cinéma qu'il était terriblement démerdard, ce mec. A preuve, quand je lui ai eu dit qu'il me fallait un endroit sûr pour faire passer la nuit à deux tigresses, il m'a demandé :

— Elles ont des bandeaux sur les yeux, monsieur ?

— Non, mon cher.

Il est allé chercher du sparadrap large comme la main dans son apparte. Quand il est revenu, il était content parce que King Joyce venait de se

(1) Quartier italien de N.Y.

faire allonger de première par Vittorio Bardone, le champion d'Italie.

— Avant qu'on fasse quoi que ce soit, aveuglez-les ! m'a-t-il ordonné. Il ne faut pas qu'ensuite elles puissent se repérer.

Après quoi, j'ai connu la famille Vardinetti. T'as vu jouer *Rocco et ses frères,* un classique ? Eh bien, c'était ça l'ambiance. Ils étaient cinq : papa, maman et les trois fils. Les garçons étaient fabriqués dans du bronze et arboraient des tignasses rousses peu méditerranéennes, à croire qu'un Polak était venu secouer leur arbre généalogique une ou deux générations plus tôt.

Enzio avait dû leur arranger des bidons car ils semblaient le vénérer.

Ils disposaient d'une maison étroite, bâtie dans une cour, avec un hangar où ils bricolaient des bagnoles de toutes sortes. Ça avait l'air d'être ça, leur job : le camouflage de tires volées. Ils en modifiaient la couleur, grattaient les numéros de moteur et leur posaient de nouvelles plaques minéralogiques, tout ça en vidant des fiasques de chianti et en bouffant de la mozzarella in carrozza ! Trois ogres sur lesquels la *mamma* régnait sans partage ; des mecs d'apparence douce mais qui devaient être capables de te balancer un mec importun dans l'Hudson avec des godasses de ciment aux pinceaux.

Je leur ai bien expliqué que mes deux fumelles c'était de la dynamite, et que rien que la Japonaise pouvait les mettre groggy tous les trois en gardant une main liée dans son dos. Ils ne m'ont pas trop cru, néanmoins ils ont enchaîné mes greluses avec quatre paires de menottes dans leur pièce du fond. Par acquit de conscience, j'ai dormi avec mes prisonnières, et si je me suis retenu de calcer Lola, c'est parce que je suis un gentleman qui n'a jamais abusé d'une femme hors d'état de se défendre.

Quand elles ont gémi pour signifier qu'elles avaient besoin d'aller aux chiches, c'est la vieille Vardinetti qui leur a apporté un vieux pot de chambre ramené de Castella Nuove, jadis, et qui les a aidées à s'en servir pendant que j'allais écluser quelques godets de *vino rosso* avec ces messieurs.

Chose curieuse, cette courte nuit passée en compagnie de ces gens simples et rudes m'a ragaillardi. Je me disais que maintenant, je tenais le couteau par le manche et que d'ici peu de temps, j'emmènerais Félicie en week-end dans notre région originelle. Ça nous arrive, tous les trois ou quatre ans, de retourner aux sources pour un pèlerinage sentimental ; on a des tombes là-bas, et même de la « parenté éloignée » à laquelle on va dire bonjour pour s'assurer qu'elle vieillit plus vite que nous.

Le consul m'a accordé la disposition du hall, qui est un territoire pratiquement neutre, en somme. Nous étions jour férié et personne ne viendrait nous déranger. D'ordinaire, il y a un factionnaire dans l'entrée, derrière un petit bureau, mais, *today,* il doit faire la masse gratinée aux côtés de sa bobonne.

Je suis installé à sa place, sur sa chaise de travail, les jambes allongées loin, les paupières en code. Un *Times* de dix kilos est posé devant moi, que je n'ai pas le courage de parcourir. Ces baveux new-yorkais sont extravagants par leur nombre de pages, de cahiers. Ils contiennent tant de publicité qu'il faut partir à la recherche du texte à travers cet amas. Je me demande si la pube est bien rentable dans cet annuaire quotidien ? Sans doute, car les Ricains ne balancent pas leurs budgets inconsidérément.

A demi assoupi, j'attends la venue de Harry et de mes hommes. C'est chiant d'attendre lorsque l'heure du rancard n'a pas été précisée. Chaque fois qu'une tire stoppe aux abords du consulat, j'ouvre un œil d'hippopotame somnolant dans son marigot. Avant de me reléthargier, je sors de ma fouille la terrible plaquette qui a tué déjà pas mal de monde. Elle est grossière, bêtasse. Composée d'un couvercle de boîte de conserve, je te l'ai dit beaucoup plus avant, mais avec ta mémoire plus courte encore que ta bite tu as déjà oublié. A l'aide d'un objet contondant, Garden a aplati ce couvercle, puis il l'a découpé de manière à constituer une enveloppe développée. Ensuite, il a plié sa feuille de métal, a glissé dedans son message et a martelé les parties repliées pour écraser les rabats et les plis afin de constituer une plaquette extrêmement mince. J'ai dit, tout au long de ce plaisant ouvrage, que la plaquette était d'aluminium ; ce faisant, j'ai commis une erreur. L'aluminium ne s'oxyde pas, n'est-ce pas ? Or, celle-ci est piquetée de rouille. Alors ? Vulgaire fer-blanc ? (Comme disait Douglas.)

C'est au cours d'un de ces examens que la silhouette massive du Crotale se dessine sur le verre dépoli de la double porte en fer forgé. Vitos, je planque ma plaquette dans le tiroir du factionnaire absent, lequel doit être occupé à brouter la moulasse de sa légitime si j'en crois les onze heures dix figurant au tableau d'affichage de ma tocante (1).

Je cours délourder et le père Harry est là, massif, dans son costar bleu et un imperméable blanc en harmonie avec sa crinière.

— Vous êtes virginal ! lui dis-je.

— Ne commencez pas, grogne cet ours mal léché (qui accepterait de le lécher d'ailleurs ?) en pénétrant dans le consulat.

Il n'est pas seul, un petit homme blond fade, à peau blême, affligé d'une myopie extravagante l'accompagne.

Il me le présente cérémonieusement, d'un coup de pouce par-dessus son épaule :

— Professeur Zigorsky.

Bien que ne comprenant pas l'utilité de cet homme de science dans le cas présent, je le salue pourtant.

(1) Qu'à juste raison, Jean Dutourd écrit « toquante » dans le « catrain » qu'il a composé pour Frédéric Dard dans son délicieux ouvrage intitulé « Vers de circonstance ».

— Voulez-vous vous défaire de votre imperméable ? proposé-je.

— Pas le temps.

Je désigne les banquettes et fauteuils de cuir proposés par la France aux culs américains (en majorité).

— Asseyez-vous !

— Pas le temps.

Je lui souris :

— Attention, Harry : ce sont les gens pressés qui meurent les premiers, ce qui est logique. Dites, vous vous blindez tous les soirs ? J'ai l'impression que vous teniez une muflée de première classe, cette nuit.

— Arrêtez vos sarcasmes, San-Antonio ; ce que ces salauds de Français me cassent les couilles avec leurs foutues parlotes ! Où sont mes filles ?

— Où sont mes garçons ?

— Je vous les rendrai quand j'aurai récupéré mes deux collaboratrices.

— Mais non, fais-je, les voilà !

Il se retourne et paraît stupéfait en voyant entrer Bérurier et Mathias.

Les deux hommes viennent à moi. Béru hilare, Mathias penaud de s'être laissé alpaguer comme une fleur après avoir quitté le *Meridien*. On échange des accolades surchoix. Harry les interrompt sans ménagement.

— Stoppez vos effusions de pédés ! hurle l'homme au regard de reptile fâché. Je veux mes deux bonnes femmes et tout de suite !

— Hypocondriaque avec ça ! soupiré-je. J'ignore votre âge, mon gros, mais vous avez eu un sacré bol d'y parvenir. Vos deux pétasses vous sont déjà rendues et se trouvent dans votre voiture. J'avais prévu que vous finasseriez et viendriez sans mes deux bambins, alors des amis à moi guettaient votre arrivée et ont procédé à l'échange.

Il sort comme un fou mais son absence est brève. Bientôt il réapparaît, le visage neutre, donc calmé.

— Bien, dit-il. Maintenant que le premier point est réglé, passons au deuxième. Ne me faites pas le coup du « l'objet est à la banque, les banques sont fermées aujourd'hui, revenez demain », ça ne marcherait pas !

Il me décape les rognons, ce mec !

— Mais bougre de grosse gonfle, m'emporté-je, ne commencez pas à gueuler avant d'avoir reçu ! Je l'ai, la plaquette, elle est là, regardez !

J'arrache le tiroir du petit burlingue dans ma précipitation et l'enveloppe de fer-blanc choit sur le marbre du hall.

— Prenez un siège et venez en face de moi, Harry, on va enfin la dépuceler !

— Minute, le professeur va vérifier qu'elle n'a pas été ouverte récemment !

Le blafard Zigorsky s'avance et s'empare du maudit objet. Il m'écarte sans tu sais quoi ? Oui : vergogne. Comme ça, d'une bourrade culière, s'assoit à la place que je me proposais d'occuper, sort une loupe de son imperméable et se met à examiner l'objet, millimètre après millimètre, avec une circonspection de philatéliste.

A la fin, il renfouille sa loupe.

— Alors ? demande Harry.

Le professeur éternue et sort son mouchoir. Pas en papier (cette dégueulasserie soi-disant plus hygiénique que les mouchoirs de toile, seulement quand il crève, merci bien, Damien !). Chose curieuse, mais que seul mon subconscient enregistre et dont il me rendra compte plus tard, le gros sac à merde d'Harry en fait autant. Et brusquement me voici pris de vertige, annihilé complet. Je n'ai que le temps de me déposer sur une banquette proximiteuse. Béru qui n'a pas cette présence d'esprit s'écroule dans un fracas de camion chargé de pommes de terre dont une ridelle a cédé, Mathias titube. Tout se brouille. Et c'est *the black,* le noir infini, profond.

Juste un angelot qui passait par là m'adresse un pied de nez entre les cordes de son luth. Il paraît gouailleur et semble me demander :

« Qui est-ce qui l'a dans le cul, Mister Director ? »

18

LETTRE (1)

SAN-ANTONIO
Directeur de la Police Judiciaire
PARIS

à

HARRY BUCHMAN
Directeur des Services Spéciaux (très spéciaux)
C.I.A.
WASHINGTON

Cher Gros Harry,

Je viens d'arriver à Paris avec mes collaborateurs, et ma première pensée est pour vous.

Bravo ! Je me doutais bien que vous chercheriez à me baiser ; vous l'avez fait avec brio et, en vaincu fair-play, je vous félicite. Je mesure ce qu'a

(1) Conclusion dédiée à la marquise de Sévigné.

été votre déconvenue, lorsque après avoir décacheté cette putain d'enveloppe, vous avez constaté que le message qu'elle renfermait était illisible. Que je vous explique, *dear* Harry, ce qui s'est passé. Comme vous savez tout, vous n'ignorez pas que nos ambassades et consulats généraux, tout comme les vôtres, sont équipés d'appareils de décryptage. Je leur ai confié la fameuse enveloppe en leur expliquant ce que j'attendais d'eux. Les Français parlent beaucoup, vous avez raison de le proclamer, mais il leur arrive également d'agir.

Dans un premier temps, ces aimables techniciens ont réussi à photographier (aux infrarouges, je suppose), le texte du message inclus dans le fer-blanc. Je vous le dis tout de suite, il est de la main même du sénateur Della Branla, et sur son papier à en-tête encore ! L'encre avait un peu pâli, mais le document se lit néanmoins très aisément.

Dans un second temps, ils ont exposé notre gadget à je ne sais quels rayons, assez longtemps pour que le texte en soit effacé ; après quoi, mon bon ami, ils ont laissé macérer l'enveloppe dans une eau additionnée de dissolvant et ce durant plusieurs heures. Le pli ne pouvant être totalement étanche, le papier logé à l'intérieur s'est gonflé et a subi ensuite, au séchage, une contraction qui a achevé de détruire les traces en relief que laisse la plume sur le papier. De la sorte, en fin de compte, c'est je crois bien le Gros Harry qui l'a dans son gros cul !

Il est probable, aussi étrange que la chose puisse paraître, que vous ne connaissez pas TOUTE la vérité sur l'affaire Kennedy. Par pure charitéchrétienne, et peut-être aussi par sympathie, allez donc savoir, je vous en expose les grandes lignes.

Certes, la C.I.A. a trempé dans cette sordide histoire comme le pense tout un chacun, mais elle n'était pas seule, grand Dieu non ! Il est très rare de voir tant de gens différents acharnés à faire mourir un même homme. Vous me suivez, Harry ?

Je vois d'ici votre trogne violacée, vieux faisan ; vous êtes au bord de l'apoplexie en apprenant que je vous ai fait marron, moi, un bavard de *Frenchman !* Resaisissez-vous, mon gros ; dans votre job dégueulasse, il faut savoir avaler les couleuvres aussi facilement que le bourbon.

Je disais donc que ce malheureux J.F.K. a défunté de la volonté homicide d'un tas de gens. Cela a commencé par une fronde de sénateurs à la tête desquels Della Branla ! Horrifiés par la politique du Président, ces bonnes gens sont convenus qu'il devait disparaître. Cette opinion est devenue projet, puis le projet complot. Votre saloperie de C.I.A. a été contactée : elle s'est aussitôt déterminée en faveur de l'assassinat. Seulement, *achtung !* Doucement les basses ! Elle savait que l'affaire ferait un bruit terrible et provoquerait des ondes de choc à l'infini. Alors l'idée a jailli, lumineuse. Elle n'agirait pas directement, mais *ferait agir*. Pour cela, elle constituerait une espèce de consortium de mécontents.

Il s'est agi pour elle de rassembler tous ceux qui, en ce monde d'alors, rêvaient de voir la cervelle du beau Johnny sur le corsage rose de la mignonne Jackie. Contre J.F.K, il y avait les Russes qu'il avait bafoués avec l'affaire des missiles implantés à Cuba ; il y avait Castro, l'ennemi voisin ; il y avait les Cubains en exil que Kennedy s'était abstenu de soutenir lors de la Baie des Cochons ; il y avait les politicards dont il contrecarrait les louches manœuvres ; il y avait enfin et surtout ceux qui attendaient la fin de son règne pour pouvoir commencer le leur. Le génie des maîtres d'œuvre (de basses œuvres) fut *de noyauter les assassins en puissance, de les laisser s'organiser séparément, mais de les orienter tous sur la date de l'attentat.* A chaque partie de préparer à sa guise son panier pique-nique, mais le déjeuner sur l'herbe aurait lieu à la même date, au même endroit.

C'est pas du grand art, ça, gros bouffi ? De plus en plus, le public sait qu'il y a eu plusieurs tireurs pour tuer Kennedy. Tu parles ! Si j'ose dire, il y en avait bien davantage, disséminés tout au long du parcours présidentiel. Dallas était truffé de tueurs ce jour-là et le brave J.F.K. ne craignait pas de finir sa journée à la verticale.

La diabolique méthode offrait l'avantage inestimable de brouiller les pistes à jamais. Comment les enquêteurs pourraient-ils trouver une piste solide et cohérente dans cet embrouillamini de flingueurs et de sponsors de l'assassinat ? Tout s'entremêle, se superpose et finit par créer un phénomène de kaléidoscope. Et tout cela fut lentement conçu, échafaudé, mis au point et perpétré.

Chère grosse loche, j'ignore ce que vaut ce document rédigé par un bagnard et demeuré plus de trente ans caché dans une cellule d'Alcatraz. Il n'aurait pas grand crédit, je pense. C'est pourquoi je viens de le classer, accompagné d'un long rapport circonstancié de mon enquête, dans les archives secrètes de l'honorable maison qui m'emploie. Je suppose que les noms célèbres qu'il contient, ajoutés à certaines révélations, sont le plus sûr garant de ma sécurité, car j'ai la phobie des piliers de ponts autoroutiers.

Oublions donc nos petits démêlés, *dear Harry*. Si un jour vos louches manigances vous amènent à Paris, faites-moi signe. Je vous emmènerai dans un café du boulevard Haussmann ayant pour non *Ma Bourgogne* où je vous initierai aux meilleurs vins de comptoir de la capitale ; ça vous changerait de l'infect bourbon à cause duquel votre foie doit ressembler à un étron de chien sur un trottoir.

Faites un gros poutou de ma part à la môme Lola. Dites-lui que je pense à elle chaque fois que je saute une dame, c'est-à-dire tous les jours. Des deux mains vôtre

San-Antonio

RAJOUTS

Maman sent la naphtaline parce qu'elle a sorti son vieux manteau de drap noir pour se rendre à l'enterrement du père Constaman, mort avant-hier d'une crise d'urémie.

— Je vais aller avec toi, décidé-je. Comme cela, nous serons au moins deux à ses funérailles, et puis je lui dois bien cet hommage.

***

Mathias affiche une frime décomposée. Figure-toi qu'il a ramené une bonne vieille chaude-pisse d'autrefois des Etats-Unis. Comme il n'a tiré qu'elle, là-bas, c'est fatalement Mary Princeval qui la lui a filée. Et tu diras, après ça, que les States sont en avance sur nous !

***

Bérurier s'est fait radier de sa banque à cause de ses caillettes qui ont empesté pendant plusieurs jours la salle des coffres, bien qu'il les eût mises « sous vide ».

Cela dit, il a une belle consolation : Pinaud vient de le mettre en cheville avec un fabricant de préservatifs qui va lui confectionner des capotes à ses mesures. Il faut vivre avec son temps ! En contrepartie, Alexandre-Benoît permettra qu'il fasse photographier son gros mandrin, habillé par ses soins, et s'en serve pour sa publicité. Le nom de la nouvelle marque est trouvé : les préservatifs « Al Capote » ! Ça va faire fureur et Béru percevra des royalties.

***

Quant à moi, R.A.S.

Ah ! si : une petite étudiante friponne que j'ai rencontrée au ciné, en faisant la queue.

Peu après, c'est elle qui a fait la mienne !

Le train-train habituel, tu vois.

Juste de quoi fouetter un chat !

FIN

Achevé d'imprimer en juin 1992
sur les presses de l'Imprimerie Bussière
à Saint-Amand (Cher)

— N° d'imp. 1433. —
Dépôt légal : juillet 1992.
Imprimé en France